Roger Abravanel
Luca D'Agnese

La ricreazione è finita

Scegliere la scuola, trovare il lavoro

Rizzoli

ISBN 978-88-17-07571-8

Prima edizione: aprile 2015
Seconda edizione: maggio 2015
Terza edizione: luglio 2015

Realizzazione editoriale: Compos 90 srl, Milano

La ricreazione è finita

Ai nostri figli, augurandoci che scelgano
il proprio futuro guidati dalle loro passioni
più che dal nostro affetto.

Introduzione

Oggi in Italia la disoccupazione è un problema drammatico, ma ogni anno oltre 300.000 giovani trovano un lavoro dopo gli studi. Com'è possibile fare parte di questo gruppo di fortunati? E come si può trovare il lavoro «giusto»?

Innanzitutto liberandoci dai tanti luoghi comuni e pregiudizi che condizionano le nostre scelte. Provando a conoscere quel mondo aziendale che oggi in Italia offre il 70 per cento dei posti di lavoro e che sta passando con una rapidità impressionante da un modello industriale, fatto di fabbriche e forza lavoro specializzata nell'eseguire compiti e procedure, a uno postindustriale, dove le procedure le eseguono i computer e chi lavora deve saper interagire con gli altri e prendere decisioni in autonomia. Questo nuovo mondo richiede nuove competenze, che la scuola italiana troppo spesso non riesce ancora a formare. Crediamo quindi sia necessario aiutare studenti, genitori e insegnanti a pensare in modo diverso, a non fermarsi agli stereotipi, a conoscere prima di scegliere e a formarsi in modo adeguato. Perché oggi il lavoro c'è, anche se spesso i nostri giovani sono impreparati a intercettarlo.

Questo accade soprattutto perché, a differenza di quel che si crede, le competenze richieste oggi a chi lavora non sono di tipo tecnico, specialistico o tecnologico, ma consistono nella capacità di interagire in modo efficace con l'organizzazione aziendale e con le sue regole. Questo significa possedere la cosiddetta «etica del lavoro», che vuol dire sapere cosa fare e farlo anche senza un capo che ci sorveglia, essere in grado di risolvere problemi e di interagire con gli altri. Sono le *soft skills*, per usare un inglesismo molto diffuso tra gli addetti ai lavori. Solo con queste competenze le aziende riescono a valorizzare il capitale umano, che è la vera fonte di vantaggio competitivo nella società postindustriale, in cui le capacità delle persone contano più delle macchine e delle fabbriche.

Il vero motivo per cui, al di là della crisi, la disoccupazione giovanile in Italia è così drammaticamente alta è che le aziende non trovano abbastanza giovani con queste capacità. Il curriculum scolastico, nel nostro Paese ancor più che in altri, non è orientato a formarle, non stimola l'iniziativa, l'interazione, la responsabilità e lo spirito critico degli allievi. Serve un vero e proprio curriculum del Ventunesimo secolo e tocca ai ragazzi e ai loro genitori occuparsene. Ciò vuol dire concentrarsi sulla scelta del percorso di istruzione più adatto e delle sedi migliori per realizzarlo: ci sono in Italia differenze enormi tra le varie scuole e università, e sono ancora troppo pochi quelli che scelgono in modo informato. Ma è anche necessario fare esperienze formative al di fuori delle istituzioni scolastiche, nel mondo del lavoro o del volontariato.

La nostra prospettiva potrebbe rischiare l'accusa di «aziendalismo», di glorificare il mondo delle aziende svilendo quello della scuola. Quest'accusa nasce da una visione, che giudica la scuola e l'azienda su un presunto piano morale: la scuola è «buona» perché pubblica, gratuita ed essenziale nell'educare gli studenti, mentre l'azienda è «cattiva» perché punta al profitto sfruttando i dipendenti, l'ambiente e i consumatori.

Questa prospettiva non è utile, soprattutto a chi cerca lavoro. È vero, alcune imprese italiane sono arretrate, non rispettano le regole e non contribuiscono alla crescita dell'economia, e noi stessi l'abbiamo denunciato più volte. Tuttavia chi vuole iniziare a lavorare non può prescinderne e deve chiedersi in che modo potrà essere utile all'azienda che lo assume. Chiunque offra qualcosa, deve capire in profondità ciò di cui l'altro ha bisogno: è il principio essenziale non solo dell'economia di mercato, ma delle relazioni umane.

Allo stesso modo, il mondo della scuola deve chiedersi di cosa veramente hanno bisogno i suoi studenti. Non per respingere i valori della cultura e adottare un atteggiamento biecamente utilitaristico, ma perché la formazione, anche culturale, deve rispondere alle esigenze della società.

La nostra tesi è che a un giovane con la giusta determinazione, un atteggiamento positivo (quello che gli anglosassoni chiamano *can do attitude*) e solide capacità, anche un Paese poco meritocratico come il nostro offra oggi un'opportunità senza precedenti. A condizione però che si dia il giusto significato al termine «meritocrazia», che significa competizione, ricerca dell'eccellenza. E soprattutto essere individualmente responsabili di ciò che si fa. Crearsi degli alibi è un errore formidabile che può condizionare la vita.

Questo saggio è organizzato in quattro sezioni. Nella prima mostriamo quali sono i pregiudizi e i luoghi comuni che portano a scelte sbagliate, quelle che «fabbricano» disoccupati. Nella seconda descriviamo i cambiamenti nel mondo del lavoro, l'impatto che hanno sulle competenze oggi necessarie alle aziende e sulla difficoltà dei giovani a trovare un impiego. Nella terza analizziamo la capacità della scuola italiana nel formare queste competenze, e troviamo un quadro seriamente preoccupante. Nella quarta parte cercheremo, infine, di dare qualche suggerimento per creare un efficace curriculum del Ventunesimo secolo, attraverso la scelta della scuola, dell'università, delle esperienze extrascolastiche, fino alla ricerca del lavoro.

I

I giovani e il lavoro: miti e pregiudizi

1

La famiglia: una fabbrica di disoccupati

«Riceviamo dalla famiglia le idee con cui viviamo e la malattia di cui moriremo.»
MARCEL PROUST

Il Welfare italiano è fondato sulla famiglia. Nel nostro Paese il sussidio di disoccupazione è modesto, ma abbiamo la spesa pensionistica più alta d'Europa: ciò vuol dire che la pensione dei nonni mantiene i nipoti, figli di genitori precari. Ma proprio la famiglia, struttura portante fortissima di una società debole, mentre sostiene i suoi membri in difficoltà e svolge così un'importante funzione suppletiva, per converso è responsabile del perdurare di miti e luoghi comuni dagli esiti nefasti per il futuro lavorativo dei più giovani, trasformandosi in una vera e propria «fabbrica di disoccupati». Vediamone alcuni tra i più dannosi.

Il lavoro «di famiglia» è il più sicuro

L'Italia è il Paese dei mestieri ereditari: notai figli di notai; studi di avvocati tramandati da tre, quattro generazioni; dinastie di professori universitari. L'ereditarietà del lavoro rappresenta certamente un privilegio, ma l'aspetto morale non è l'unico da considerare: questa cattiva abitudine pone problemi anche molto concreti, che hanno a che fare con una sorta di «inquinamento» del percorso formativo dei ragazzi.

Se il genitore non è una persona importante con le relazioni giuste o un'azienda avviata, infatti, ciò che il giovane eredita spesso è solo la sua vocazione frustrata. Quella dell'impiegato che ha fatto un po' di carriera e vuole che il figlio ne segua le orme, frequentando liceo e università per prendere il famoso «pezzo di carta». Quella del medico che spinge il figlio a provare e riprovare, magari senza successo, il test di ingresso a medicina e intanto gli fa perdere anni preziosi.

Non sono solo stereotipi. I professori delle scuole medie inferiori, per esempio, sanno bene che in Italia la scelta tra liceo e istituti tecnici o professionali dipende molto più dal mestiere e dal ceto dei genitori che dalle reali capacità e attitudini dei figli. In questo modo si alimenta un circuito di liceali che abbandonano dopo il primo anno, o che vengono bocciati perché privi delle competenze necessarie ad affrontare scuole difficili. Molti tra questi arrivano sul mercato del lavoro tardi, con percorsi di studio deboli o incompleti e hanno grosse difficoltà a trovare lavoro. Perché le difficoltà di impiego di un neodiplomato senza particolari competenze o di un laureato molti anni fuori corso sono enormi. E crescono con l'aumentare dell'età.

La scelta degli studi fatta per assecondare le aspirazioni dei genitori non porta solo a laureati disoccupati, ma anche al caso opposto. Pensiamo a quei ragazzi che, pur venendo da famiglie modeste – grazie soprattutto alle scuole elementari, in Italia decisamente buone –, recuperano il gap culturale delle famiglie e si presentano alle fine delle medie con la capacità, la determinazione e il potenziale per intraprendere anche gli studi più difficili e laurearsi brillantemente. Ma, appunto per colpa delle tradizioni familiari, questo potenziale non viene sfruttato e si sceglie una scuola superiore cosiddetta «professionalizzante» (istituto tecnico o professionale), rinunciando all'università per andare a lavorare subito dopo la maturità. E questa è una delle ragioni per le quali in Italia il numero di laureati è troppo basso.

Di questi ragazzi, che potrebbero aspirare a livelli di istruzione superiori a quelli che ottengono, si parla poco, perché non sono nelle statistiche dei disoccupati (hanno infatti un lavoro), ma rappresentano uno spreco di risorse altrettanto grande di quelli che considerano l'università un parcheggio e finiscono per cercare il primo lavoro a trent'anni.

Lo spreco è enorme perché questi giovani sono tanti. Lo dimostrano due statistiche sorprendenti, che discuteremo in dettaglio più avanti: una secondo cui la percentuale di quindicenni italiani che, pur provenendo da famiglie svantaggiate, hanno le capacità per andare bene a scuola è tra le più alte del mondo; l'altra secondo cui, in proporzione, l'università italiana è frequentata in misura minore da persone di basso reddito che quella (carissima) degli Stati Uniti. Alla faccia di decenni di retorica egualitaria.

Le scuole sono tutte uguali

Perché le famiglie italiane non si danno da fare per cercare le migliori scuole e università per i loro figli, come fanno quelle asiatiche, anglosassoni e nordeuropee? Perché purtroppo la maggioranza di loro continua a credere che siano tutte uguali.

Invece non è così e, anche se nel nostro Paese le informazioni sulla qualità delle scuole e delle università non abbondano, la maggioranza di studenti e famiglie non usa neanche le poche che ci sono. Così le scuole vengono scelte più o meno alla cieca: in base alla vicinanza a casa o in funzione di quanto sono belle le aule e se dispongono di lavagne elettroniche, o secondo altri criteri che non hanno nulla a che vedere con la qualità didattica.

La ricchezza e varietà delle esperienze didattiche non è certamente facile da misurare, ma è fondamentale, e i ragazzi e i genitori devono fare molto di più per individuare e scegliere le scuole giuste. Vale anche per le università, dove il criterio più ricorrente per la scelta è la vicinanza a casa e non le opportunità di lavoro: queste, incredibilmente, vengono prese in considerazione solo da uno studente su tre, nonostante a riguardo disponiamo di dati piuttosto precisi.

Prima si studia, poi si lavora

Arrivare al primo lavoro oltre i ventiquattro, venticinque anni è un handicap gravissimo di troppi ragazzi italiani. Che però non nasce solo dall'aver scelto un percorso formativo sbagliato o dal non aver avuto la determinazione di completarlo, ma anche dal principio errato che vede l'istruzione e il lavoro come due fasi separate della vita.

Secondo questa logica, lavorando si impara poco. Non ci si forma, ci si perfeziona. Si acquista esperienza (al singolare), ma si fanno poche esperienze. È la logica del lavoro in fabbrica, o dietro una scrivania, che presuppone di fare le stesse cose per tutta la vita. In questo ordine di idee, la scuola serve a imparare un mestiere che si farà fino alla pensione, è una sorta di gestazione del lavoratore.

Ma il mercato del lavoro è cambiato e oggi bisogna avere un bagaglio di competenze molto maggiore di trent'anni fa. Così si allunga ulteriormente questa gestazione specializzandosi, prendendo un secondo diploma o una seconda laurea, e si rimanda di qualche anno ancora l'ingresso nel mondo del lavoro. La specializzazione, però, interessa poco alle aziende se non è stata accompagnata da esperienze professionali vere. Anche se si tratta di impieghi part-time o estivi, così diffusi tra i ragazzi del Nord Europa e degli Stati Uniti e una rarità nel nostro Paese. Perché per molte famiglie borghesi l'idea che il figlio faccia un lavoro manuale, «umile», quando è all'estero, magari per imparare una lingua, può essere accettabile, ma nella propria città sarebbe strano, al limite dell'umiliazione. E così i ragazzi italiani arrivano a scoprire troppo tardi cosa è davvero il lavoro.

Vale la pena aspettare per laurearsi con la lode

Una caratteristica abbastanza unica dell'università italiana è quella di dilatare a piacere il tempo degli studi. In molti altri Paesi la stragrande maggioranza degli studenti consegue la laurea nei tempi stabiliti, e la differenza tra più bravi e meno bravi la fanno i voti e soprattutto l'università che si è frequentata. I «fuori corso» esistono solo da noi. Per converso, in Italia i voti di laurea sono quasi tutti alti, e la differenza tra studenti più o meno capaci e determinati spesso consiste nel tempo impiegato a laurearsi.

Chi ha meno capacità, o meno voglia di impegnarsi, prepara pochi esami alla volta, rifiuta i voti bassi e rimanda l'esame alla sessione successiva, e così finisce col laurearsi fuori corso.

Spesso, oltre alle famiglie, sono gli stessi professori universitari a favorire questa tendenza. Lo fanno quando, per farsi un'idea di chi hanno di fronte, guardano la media sul libretto e non l'età del candidato, o quando assegnano tesi di laurea che richiedono un anno di lavoro, condannando gli studenti a finire fuori corso.

Ma il mondo del lavoro vede le cose in maniera opposta. Per le aziende essersi laureati in tempo è molto più importante del voto finale, e non solo per una questione d'età. Laurearsi in corso è anche una dimostrazione del fatto che si sanno rispettare gli impegni, che si è capaci di fare delle scelte, studiando di più quando necessario o accettando qualche voto inferiore alle attese, pur di raggiungere l'obiettivo. Perché sul lavoro i progetti vanno consegnati in tempo, e le cose devono essere fatte bene quando serve, senza costosi perfezionismi.

Chi si laurea tardi, inoltre, appare alle aziende come una persona che non ha grande interesse per il lavoro, che evidentemente può aspettare e ha scarso desiderio di indipendenza dalla famiglia. Alla fine dimostra poco spirito fattivo.

Eppure per tante famiglie italiane la laurea con lode, il diploma incorniciato, vale più di un percorso concluso in tempi ragionevoli.

Per trovare lavoro bisogna aspettare che passi la crisi

Non sono molti i ragazzi italiani disoccupati che affermerebbero che per cercare lavoro stanno aspettando che passi la crisi. Eppure, nei fatti, è spesso così. È così ogni volta che si rinuncia a un'opportunità perché inferiore alle proprie aspettative, che non si lascia la propria regione se non offre opportunità di impiego, che non si cerca lavoro all'estero. In generale, quando non ci si impegna abbastanza e ci si lascia prendere dal fatalismo pessimista nel quale ci induce il contesto economico negativo.

Non che manchino gli esempi opposti: con questa crisi sono sempre di più i ragazzi che accettano stipendi da fame, che pur con una laurea in tasca vanno a lavorare in un call center, che emigrano in altri Paesi. Ma accanto a loro rimangono, e sono tanti, quelli che queste scelte non le fanno. O le rimandano. E intanto perdono anni preziosi.

Questo non fare nulla, magari passando da un concorso pubblico a un altro, rende il curriculum molto meno interessante di quello di una persona intraprendente che si è cimentata anche in lavori del tutto diversi.

Dello stesso problema soffrono anche quei giovani che entrano nel mondo delle professioni con stage o altre forme di praticantato più o meno gratuite e restano in quella sorta di limbo, senza nessuno sbocco, per anni. È una situazione diffusissima tra aspiranti avvocati, commercialisti o architetti. Ma bisognerebbe avere la capacità di riconoscere che questi impieghi ai margini delle professioni sono a volte una grande perdita di opportunità, non solo perché si viene pagati poco, o affatto, ma perché non si cresce e dopo cinque anni non si fanno più esperienze nuove.

Un avvocato di trentacinque anni che ne ha fatti dieci di praticantato, o riesce a trovarsi una clientela e avviare un proprio studio professionale (ma se non ci è riuscito in dieci anni, perché dovrebbe riuscirci ora?), oppure avrà molte più difficoltà a trovare un lavoro in azienda rispetto a un altro avvocato che nei dieci anni precedenti, dopo aver fatto un po' di pratica, ha lavorato in un call center o come free lance nelle vendite.

I giovani italiani e le loro famiglie devono capire che il periodo tra i venti e i trent'anni rappresenta un capitale preziosissimo da investire nella crescita professionale. Restare in attesa significa bruciarselo per sempre.

Il lavoro si trova solo con le raccomandazioni

Troppe volte i ragazzi si sentono raccontare storie di giovani diplomati o laureati che mandano curriculum a destra e a manca senza avere risposta, e si convincono così che per trovare lavoro in Italia sia obbligatorio avere la famosa raccomandazione. Si rivolgono allora alla propria famiglia, che li indirizza a un conoscente (preferibilmente in debito di un favore) e, se sono fortunati, vengono piazzati a fare un lavoro che non amano e che non sanno fare. Altrimenti aspettano all'infinito che qualcosa accada.

Chi si stupisce del fatto che la maggioranza dei curriculum non riceve risposta non ha capito che il mondo è cambiato. Oggi, anche grazie a internet, le aziende hanno un «pubblico» di milioni di giovani, tutti in concorrenza tra loro. E questo, se moltiplica la concorrenza, di fatto moltiplica anche la meritocrazia.

Le famiglie italiane non hanno compreso che una volta ottenuto un diploma o una laurea il lavoro è tutt'altro che assicurato e che ciò ha ben poco a che fare con la crisi: da anni ormai anche le aziende selezionano il personale non più solo sulla base del mestiere che teoricamente i candidati conoscono (il geometra o l'ingegnere), ma sulla base delle loro caratteristiche personali, e questa è una tendenza destinata ad accentuarsi.

Per questo la ricerca di un impiego va molto al di là dell'invio di curriculum a tappeto per posta elettronica. Trovare lavoro è a sua volta un duro lavoro, ma di solito i giovani italiani non sono capaci di costruirsi una proposta vincente per il datore di lavoro che sarebbe più in grado di valorizzare le loro competenze. E se internet peggiora la situazione perché aumenta la concorrenza, dall'altro è una grande opportunità per crearsi una rete di contatti professionali estremamente utili. Purtroppo, come vedremo, i giovani italiani sono bravissimi a utilizzare Facebook per mostrare le foto delle proprie vacanze, ma poco capaci di sfruttare le immense possibilità di LinkedIn, il social network migliore da usare nel mondo del lavoro

Oggi la maggioranza dei ragazzi italiani che finiscono la scuola e l'università, non utilizzano quanto potrebbero questo strumento così efficace. Per loro il network digitale è quasi sempre e solo *social* (farsi degli amici e comunicare con loro) e non professionale.

Le famiglie italiane sottovalutano enormemente l'importanza della selezione da parte delle aziende nel capire le competenze dei giovani.

E sottovalutano l'importanza di un nuovo protagonista essenziale del mondo del lavoro.

Le agenzie di lavoro interinale sfruttano i disoccupati

Le agenzie di lavoro interinale sono ormai tra gli attori principali che operano sul mercato del lavoro. Purtroppo però, nella vulgata, fanno la parte del cattivo. Sono generalmente viste come alfieri della precarietà, dispensatori di lavori senza prospettive. Nell'immaginario degli italiani il loro business è accostato al caporalato, la pratica per il reclutamento dei braccianti nelle campagne di cinquant'anni fa. Chi coltiva queste idee, oltre a fare un torto alle migliaia di professionisti che operano seriamente in questo settore, rischia di precludersi, per ignoranza o pregiudizio, una delle maggiori prospettive di ingresso nel mondo del lavoro.

Questo perché negli anni il ruolo delle agenzie interinali è cambiato senza che la maggioranza degli italiani se ne accorgesse. Non assumono solo lavoratori già scelti dalle aziende con contratti più flessibili, ma sono diventate veri esperti nella selezione del personale.

Grazie alla loro esperienza offrono talvolta opportunità molto più mirate ed efficaci per lo sviluppo delle persone di quanto facciano le aziende che assumono direttamente i candidati. Un giovane che si inserisce bene e poi viene assunto dall'azienda, infatti è per loro un successo economico e di immagine, mentre uno che lavora male, e che l'azienda rifiuta, è un investimento perduto.

Da questo punto di vista potrebbero essere i maggiori alleati dei neodiplomati e neolaureati, con i quali condividono (o almeno dovrebbero condividere) il credo essenziale che il tempo è denaro.

Emigrare è un male

L'emigrazione ha segnato la storia d'Italia con vicende spesso dolorose. C'è poco da stupirsi che la sola parola faccia rizzare i capelli in testa a tante famiglie, specie al sud, quando la si associa al destino dei propri figli.

Ma l'emigrazione ha molte facce. Negli Stati Uniti, ad esempio, la popolazione è molto più mobile che in Europa (anche perché parlano tutti la stessa lingua) e i ragazzi americani cominciano fin dal college a mettere molte miglia tra sé e la propria famiglia d'origine, e continuano anche in seguito a spostarsi frequentemente di Stato in Stato alla ricerca di nuove opportunità. La Silicon Valley è fatta di emigrati di lusso.

Anche in Italia si emigra, ma, dobbiamo dirlo, non abbastanza. Per quanto riguarda la mobilità verso l'estero (di quella interna al nostro Paese parleremo diffusamente più avanti), le statistiche ci vedono il fanalino di coda dell'Europa, in termini sia di mobilità effettiva sia di disponibilità.

Anche quando chi emigra va a svolgere lavori estremamente qualificati, la reazione è per lo più negativa e si parla di «fuga dei cervelli». Il pregiudizio antiemigrazione non riconosce il lavoro all'estero come un'opportunità e come la conferma che, almeno in qualche caso, il nostro sistema universitario prepara ancora talenti di livello mondiale, ma ne vede solo il sintomo della mancanza di prospettive in Italia. Che è sì un problema, ma non certo per la «fuga dei cervelli» oltre confine, quanto per l'assenza di cervelli stranieri che vengono nel nostro Paese. Di questo nessuno si lamenta, nonostante sia un drammatico indicatore della scarsa capacità attrattiva del nostro sistema universitario.

Finché si ha un lavoro, si può stare tranquilli

Preoccuparsi di cercare opportunità di lavoro non dev'essere una prerogativa di chi è disoccupato. Né deve riguardare solo chi è insoddisfatto del lavoro che ha. I tempi dell'impiego a vita sono finiti, e chi per un lungo periodo ha perso il contatto con nuove opportunità d'impiego, se viene licenziato o litiga col suo capo rischia di ritrovarsi con un problema irresolubile.

Questo non significa trascorrere tutto il proprio tempo alla ricerca di un altro lavoro. L'impegno personale che deriva dall'avere la mente concentrata su quello che si sta facendo è essenziale per il successo di ogni impresa.

Significa essere coscienti che le opportunità d'impiego, per chi ha già un lavoro, si creano non solo leggendo gli annunci sui giornali o mandando curriculum, ma creando e coltivando una rete di contatti: con gli ex compagni di università, gli ex colleghi (e l'ex capo) con cui si è fatto uno stage, l'azienda che ci ha chiamato per un colloquio e che ci ha detto «il suo profilo è interessante, ma dovrebbe fare prima un po' di esperienza». E poi c'è la rete che si crea nel lavoro che si fa: clienti, fornitori, consulenti, il collega e il capo che cambiano lavoro. Non solo quelli con cui si è o si è stati a stretto contatto.

Diversi studi sulle reti di relazioni sociali hanno dimostrato, infatti, che la ricerca di un nuovo lavoro è il momento in cui le persone apparentemente più distanti giocano un ruolo essenziale. Chi ci è troppo vicino sul lavoro spesso condivide con noi le stesse relazioni professionali e questa quasi totale sovrapposizione non può rendercelo davvero utile.

Invece è essenziale che la rete di rapporti sia più ampia possibile, perché il mondo del lavoro è oggi un ambiente di interazioni meno rigide e molto più complesse di quello in cui è cresciuta la generazione degli attuali cinquanta-sessantenni.

Questi, in sintesi, alcuni dei miti e dei pregiudizi che spesso rendono le famiglie delle vere e proprie fabbriche di disoccupazione. Si tratta di vecchi abiti mentali legati a un mondo del lavoro che non esiste più e che, se non verranno dismessi rapidamente, sono destinati a condizionare sempre più pesantemente il futuro dei giovani.

Ma non è solo colpa delle famiglie. Esistono moltissimi stereotipi sul mondo del lavoro, spesso alimentati dai media e ingigantiti dal sentito dire, che confondono la strada (e le idee) a chi è in cerca di un'occupazione.

2

I falsi miti sulla disoccupazione

> «Avete già deciso che disoccupati volete essere da grandi?»
>
> NOEBASTA, TWITTER

Non è solo colpa della crisi

Ad agosto 2014 la disoccupazione giovanile in Italia ha superato il 44 per cento. È il dato più alto dal dopoguerra e colloca il nostro Paese al terzo posto nelle classifiche Ocse, dopo Spagna e Grecia. I media, la politica e i dibattiti economici si sono giustamente concentrati su questo dramma. Le ricette su cosa fare sono diverse, ma sulla causa sembrano tutti d'accordo: è colpa della crisi.

Certamente lo stato disastroso dell'economia italiana in quella che appare una vera e propria «crisi infinita» (in cui siamo tristemente accompagnati dagli altri Paesi del sud Europa) e lo stato precario delle economie di molti Paesi industrializzati, giocano un ruolo importante nella drammatica crescita dei giovani senza lavoro. Ma a guardare alla disoccupazione solo attraverso la lente della crisi economica si commette un grave errore.

Certamente questa congiuntura pesantissima sta giocando un ruolo significativo nei mercati del lavoro, facendo crescere la disoccupazione in tutti i Paesi colpiti. Ma se negli altri Paesi la crisi danneggia indistintamente tutte le fasce di età, se guardiamo al rapporto tra giovani e vecchi disoccupati notiamo che invece in Italia i giovani sono molto più penalizzati. Un indice di questa sproporzione è il fatto che la percentuale di disoccupazione giovanile è tre volte e mezzo quella di disoccupazione complessiva (44 per cento contro 13 per cento). È il valore più alto tra i Paesi occidentali, come mostrato nel grafico, molto maggiore di quello di Grecia e Spagna (dove la disoccupazione giovanile è poco più del doppio di quella generale) che pure hanno livelli di disoccupazione (e una crisi) peggiori dei nostri.

Rapporto tra disoccupazione giovanile (15-24 anni) e totale, 2012

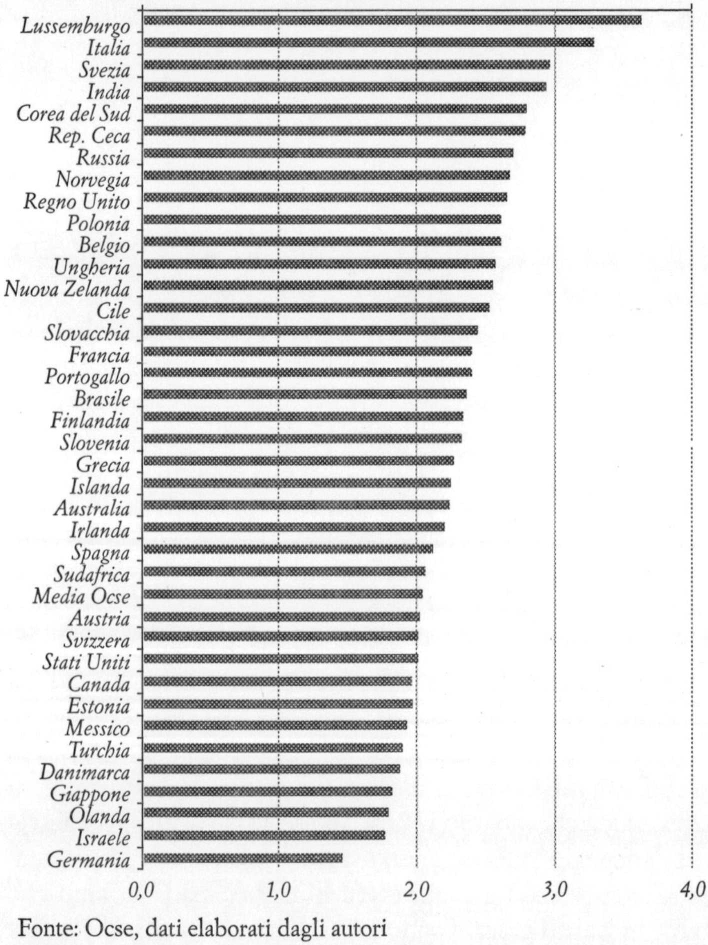

Fonte: Ocse, dati elaborati dagli autori

Quanti giovani senza lavoro?

Un primo aspetto su cui è necessario concentrarsi e che dovrebbe essere fonte di preoccupazione, quindi, è il basso numero di giovani che lavorano. Sembrerebbe equivalente a dire che la disoccupazione è alta, ma non è così. La differenza la fa una variabile che gli economisti chiamano «partecipazione al mercato del lavoro».

Quelli che le statistiche definiscono «disoccupati» sono persone che non hanno un lavoro ma che lo cercano attivamente iscrivendosi al collocamento. Tra i quindici e i ventiquattro anni, la fascia d'età a cui le statistiche si riferiscono per misurare la disoccupazione giovanile, coloro che hanno un lavoro o le persone attive che lo cercano sono meno di un terzo del totale, e di queste quasi la metà (il famoso 44 per cento) non riesce a trovarlo. Purtroppo questo modo di leggere i dati falsa la realtà, perché trascura un numero assai consistente di persone che non hanno un lavoro e neppure lo cercano. Nella fascia di età considerata sono all'incirca quanti sono i disoccupati ufficiali, che sono 700.000 giovani. Per questo motivo l'Ocse ha coniato la definizione di Neet, ovvero *Not in Education, Employment or Training*, accorpando i disoccupati e quelli che non sono alla ricerca di lavoro, non studiano né fanno corsi di avviamento professionale.

Se prendiamo questo indice, la situazione italiana è assolutamente drammatica, di gran lunga la peggiore d'Europa. In Spagna, dove la percentuale di disoccupazione giovanile è maggiore che da noi, i ragazzi che lavorano sono in assoluto più che in Italia, perché la partecipazione è più alta ed è inferiore il numero dei Neet. Insomma, trovare lavoro è difficile, ma in altri Paesi ci si prova più che da noi.

Ma chi sono, oltre ai disoccupati, i Neet italiani? Ci sono gli «scoraggiati», quelli che non si iscrivono neanche al collocamento perché sicuri che non serva (una realtà purtroppo drammatica in alcune aree del sud, in cui la disoccupazione giovanile supera il 60 per cento). Ci sono ragazze che ancora (nel 2015!) si affidano al matrimonio e diventano casalinghe senza mai aver lavorato. Ci sono infine alcuni che il lavoro non lo cercano anche se potrebbero trovarlo, perché magari è faticoso, poco appagante o lontano da casa. Sono quelli che il ministro Tommaso Padoa Schioppa definì «bamboccioni».

I giovani italiani tra i quindici e ventiquattro anni che lavorano sono pochi, quindi, uno su sei. Si potrà pensare che ciò avvenga non solo perché ci sono i Neet, ma anche perché a quell'età un giovane spesso studia. Ma questa risposta consolatoria cade di fronte a un ulteriore confronto, altrettanto impietoso: la maggioranza dei Paesi occidentali ci batte su tutti e due i fronti: i giovani studiano di più ma lavorano anche più che da noi. Prendiamo l'Olanda, che sul fronte dell'istruzione è di gran lunga più avanti dell'Italia. Ebbene, in Olanda lavora il 60 per cento dei giovani tra i quindici e i ventiquattro anni, quasi il quadruplo che in Italia. Lavorano più giovani che in Italia anche in Francia, Germania e Regno Unito, tutti Paesi dove i livelli di istruzione sono mediamente maggiori che da noi.

Bamboccioni, sfortunati o impreparati?

Ai Neet, abbiamo visto, appartiene la categoria dei presunti «bamboccioni». Ma quanti sono? Secondo i politici, molti: dopo il ministro dell'Economia Padoa Schioppa, che coniò l'espressione, ci fu il sottosegretario al Welfare del governo Monti, Michel Martone, che definì «sfigato» chi si laurea a ventotto anni; completò l'opera il ministro Fornero, sostenendo che spesso i giovani disoccupati sono *choosy*, ovvero «schizzinosi» rispetto alle opportunità di lavoro.

Certamente non mancano in Italia i giovani che inseguono lauree di scarsa appetibilità per le aziende e trascinano i loro studi fino all'età matura, ma il loro numero ha un impatto molto ridotto sulle statistiche dei disoccupati tra i quindici e i ventiquattro anni, perché i laureati sono pochi. Ha invece un impatto sulle statistiche relative alla fascia d'età immediatamente successiva, quella dei Neet tra i venticinque e i ventinove anni, ovvero di coloro che si affacciano spesso per la prima volta al mondo del lavoro e non trovano opportunità per quelle che credono essere le loro competenze. E così aumentano le fila dei disoccupati e di quelli che il lavoro non lo cercano prima dei trent'anni.

A nostro avviso, il problema centrale della disoccupazione giovanile, al di là dei facili moralismi e delle giustificazioni fataliste, è che i giovani italiani sono spesso impreparati. In troppi hanno un'istruzione insufficiente: esiste ancora un numero significativo di ragazzi con la sola media inferiore e i laureati sono pochi, mentre il mondo del lavoro ha sempre meno bisogno delle competenze tradizionali delle scuole tecniche (o addirittura delle medie inferiori).

Ci sono poi quelli che studiano a lungo e male, ovvero che non arrivano a laurearsi o non apprendono durante il loro percorso quell'insieme di competenze che serve oggi molto più del titolo di studio per inserirsi in un mondo del lavoro profondamente cambiato.

Lavori in via d'estinzione e nuove occupazioni

Una ricerca della Martin School della Oxford University, pubblicata nell'agosto 2013, valuta che entro vent'anni quasi la metà dei lavori attualmente presenti nell'economia americana potranno essere interamente svolti da un computer. Questi lavori «in via d'estinzione» grazie (si fa per dire) allo sviluppo dell'intelligenza artificiale includono non solo quelli prettamente operativi come gli impieghi in fabbrica e nei call center, ma anche professioni specialistiche nei campi dell'ingegneria, della scienza e del management.

Ma non si deve fare l'errore di pensare che la tecnologia

sia l'unico cambiamento che sta intervenendo nel mondo del lavoro, ce ne sono altri ugualmente importanti. Innanzitutto il completamento del passaggio da una società industriale a una società di servizi (ovvero il «terziario», più o meno avanzato). Poi la globalizzazione, che ha pervaso gran parte dell'economia, creando posti di lavoro in imprese che esportano in nuovi mercati (si pensi alla crescita del «made in Italy» in Estremo Oriente) e inducendo molte aziende a spostare gli operai nei Paesi a basso costo, sostituendoli con lavoratori più qualificati nel Paese di origine. Non solo: anche molti quadri intermedi sono stati eliminati, per ridurre i costi e snellire i processi decisionali. Tutto questo ha creato un enorme potenziale per l'innovazione, non solo tecnologica, ma nei modelli d'impresa, nell'approccio al cliente e nell'organizzazione. E ha stravolto il mondo del lavoro perlomeno quanto internet e la tecnologia. L'80 per cento dei posti di lavoro nati negli ultimi trent'anni è stato creato in aziende che prima non esistevano.

La maggioranza dei lavori «in via d'estinzione» (o in forte contrazione) è costituita da quella fascia intermedia di mansioni che venivano tipicamente svolte da persone con un diploma di scuola superiore, mentre le professioni (riservate ai laureati) sono state intaccate in misura assai minore.

Tra i pilastri dell'economia industriale c'erano i vecchi lavori da «impiegato di concetto» negli uffici, per cui un tempo andava benissimo il diploma: ragioniere in contabilità, geometra negli uffici del Comune, qualsiasi licenza liceale in tante amministrazioni, liceo linguistico per la segretaria aziendale. Qui la tecnologia e la nuova organizzazione hanno stravolto gli uffici e molte attività un tempo svolte da questi lavoratori sono eseguite dai sistemi informatici o da altre persone nei ritagli di tempo: i «quadri intermedi», quando ancora esistono (le aziende hanno ridotto anche loro), certamente non hanno più la segretaria e si scrivono da soli lettere e rapporti.

Un altro profilo in forte contrazione è quello degli operai

tecnicamente qualificati, sia perché le fabbriche contano sempre meno nella economia postindustriale, sia perché la tecnologia migliora la produttività delle mansioni tecniche anche nei servizi. Ma c'è anche un'altra difficoltà: in un mercato che complessivamente si sta riducendo, i giovani operai specializzati devono affrontare la crescente concorrenza della forza lavoro anziana a causa dell'innalzamento dell'età pensionabile.

C'è poi la questione dei lavori che richiedono poca o nessuna qualifica professionale, dagli operai non specializzati nell'industria *low-tech/low-skill* (ad esempio in fonderia, nei magazzini delle fabbriche eccetera) alle mansioni di profilo più basso nei servizi (camerieri, manovali, braccianti, addetti alle pulizie). Nel manifatturiero le occupazioni di questo tipo sono scese, per via della delocalizzazione in Paesi a basso costo del lavoro, mentre nei servizi (dove in valore assoluto sono cresciute) per l'aumento di concorrenza da parte dei giovani immigrati.

I lavori da operaio specializzato e da impiegato richiedevano (e a volte, quando sopravvivono, richiedono tuttora) competenze tecniche specifiche, spesso imparate a scuola: tornitore, elettricista, dattilografo, ragioniere. Queste competenze, nei nuovi impieghi che stanno rimpiazzando quelli vecchi, sono sostituite da qualità molto diverse.

Anche in Italia ci sono tanti «nuovi» lavori nei quali i giovani con le giuste competenze dovrebbero trovare sbocchi perché la domanda potenziale c'è: venditori capaci di proporre prodotti sofisticati ancora poco diffusi (per esempio le assicurazioni vita, le pensioni integrative); infermieri e fisioterapisti nei nuovi centri di cura ambulatoriale e day-hospital, che dovrebbero sostituire gli ospedali inefficienti da chiudere; addetti alla cura degli anziani in case di riposo più attraenti di quelle attuali, al posto delle badanti extracomunitarie; *web developer*, *web designer*, *web marketer*, web-qualunque altra cosa, figure professionali che producono e vendono servizi in grado di rimpiazzare in tutti i settori lavori amministrativi obsoleti.

Quindi, se pur con molti ritardi, anche il mondo del lavoro italiano è cambiato tantissimo e le nuove occupazioni ci sono, eccome. Ancora più spesso i lavori hanno mantenuto il vecchio nome ma sono cambiati in modo così radicale da rendersi irriconoscibili a chi li guardi con la prospettiva di trent'anni fa.

Proprio per questo è necessario capire in profondità il mondo del lavoro di oggi, per non cadere nella trappola di pregiudizi, stereotipi e falsi miti costruiti su una società che non esiste più. Per non cadere nella tentazione di un pessimismo generico e distruttivo. Per intraprendere un percorso scolastico adeguato, in grado di fornire le competenze necessarie alle nuove professioni. Per cercare nei posti giusti un lavoro che spesso c'è, ma non si vede. Per scegliere la propria strada con cognizione di causa, rispettando le proprie inclinazioni ma tarando le proprie ambizioni sulla realtà. Una realtà in rapida trasformazione, sempre nuova e forse ancora confusa, ma carica di prospettive inattese per chi voglia e sappia cercarle.

II

Il lavoro che cambia

3

La differenza c'è ma non si vede

«Il cambiamento è il processo con il quale il futuro invade le nostre vite.»
ALVIN TOFFLER

Il lavoro nelle aziende è cambiato moltissimo negli ultimi anni. È difficile accorgersi dei cambiamenti avvenuti nelle aziende se non li si sperimentano direttamente. Sulla carta i nomi dei lavori sono gli stessi di cinquant'anni fa: operaio, caporeparto, venditore, albergatore, pizzaiolo, parrucchiere, dentista, bancario, architetto. Il progresso tecnologico fa capolino nei nomi di professioni come il *web developer* o l'esperto di terapia genica, ma sono, in fondo, mestieri di nicchia.

La realtà è che la società postindustriale ha cambiato il *modo* in cui lavoriamo, e non solo perché usiamo un computer o uno smartphone. I cambiamenti sono stati tanti e profondi, con una fortissima influenza sulla nostra vita quotidiana e sulla natura di ciò che dobbiamo saper fare per riuscire nel nostro mestiere. Basti pensare a quanto è aumentata l'autonomia dei dipendenti, a come si è sempre più in contatto con persone fuori dall'azienda e a come il «capo» abbia cambiato ruolo.

Lontani dal capo

Il check-in e la catena di montaggio. Un aeroporto ben gestito è come una grande catena di montaggio di automobili: enormi flussi in entrata e in uscita, gestiti con la logica del *just in time*;[1] grandi infrastrutture e macchinari; una moltitudine di partner (compagnie aeree per l'aeroporto, fornitori e concessionari per la casa automobilistica) che collaborano per il risultato finale. Ma le analogie tra la Fiat e l'aeroporto di Fiumicino finiscono qui: fare l'addetto al check-in è molto diverso dal montare tergicristalli, e questa differenza vale per quasi tutti i servizi, anche per quelli forniti da strutture in scala industriale come gli aeroporti.

Innanzitutto per l'enorme numero di imprevisti. Ritardato arrivo dell'aeromobile, maltempo, uno sciopero degli addetti bagagli a Madrid che blocca l'equipaggio diretto a Roma e il volo per Parigi che lo aspetta. Poi c'è il contatto con i clienti: overbooking, voli cancellati, ritardi e scioperi con i passeggeri accampati in aeroporto, bagagli fuori misura, anziani, bambini, disabili da accompagnare. Tutti vogliono una risposta, naturalmente cortese.

Il lavoro richiede meno competenze tecniche del montaggio dei tergicristalli (che pure non è semplice), più capacità di gestire gli imprevisti e interagire con i clienti. Non improvvisando, ma applicando le procedure dove possibile e chiamando il caposcalo quando le procedure non funzionano.

Oltre all'imprevisto e ai clienti, infatti, c'è la distanza dal capo. Che non controlla se e come l'addetta al check-in ha risposto al cliente, nel caso la valigia pesi mezzo chilo in più:

[1] *Just in time* (letteralmente «appena in tempo») è un'espressione molto nota nel mondo industriale e proviene dall'approccio che negli anni Settanta venne utilizzato per la prima volta dall'industria giapponese per rivoluzionare il modo di produrre automobili nella catena di montaggio. Il vecchio metodo di produrre prodotti finiti per il magazzino in attesa di essere venduti fu sostituito con il metodo secondo cui si produce solo ciò che si riesce a vendere in tempi brevi, e le centinaia di componenti di un'auto arrivano sulla catena di montaggio «al momento giusto», con grandi miglioramenti sull'affidabilità, la gestione delle scorte e il servizio al cliente.

se ha fatto passare l'eccesso di bagaglio senza sovrapprezzo forse è stata una decisione giusta perché ha accontentato il cliente, o sbagliata perché ha fatto arrabbiare il cliente successivo, che ne ha una che pesa davvero troppo e deve pagare. Questo tipo di decisioni (e in un aeroporto bisogna prenderne tante) il capo non le può controllare, al contrario del suo equivalente in una catena di montaggio che può più facilmente verificare se ogni operaio segue la procedura richiesta.

In un servizio come l'aeroporto gli addetti sono produttori, sono venditori e assistono i clienti. Un'intera azienda in una sola persona.

I nuovi operai senza ufficio. Un film di Paolo Sorrentino di qualche anno fa, *Le conseguenze dell'amore*, si chiude con un'immagine molto poetica: un vecchio amico d'infanzia del protagonista, operaio addetto alle linee dell'alta tensione, lavora sospeso nel vuoto tra cime montuose innevate. È un personaggio importante del film per il suo ruolo simbolico e impersonifica l'idea di un lavoro duro, fisico e pericoloso, ma anche semplice e a contatto con la natura.

Oggi operai di questo tipo ci sono ancora, anche se sono molti meno di qualche anno fa, ma il lavoro è cambiato. Nel 1996 l'Enel aveva per la distribuzione in Campania oltre 3000 operai, oggi sono 500. Un tempo l'operaio, ogni mattina, andava in ufficio per ricevere dal caposquadra la lista dei lavori della giornata, caricava gli attrezzi in auto e partiva per il suo giro, svolgendo quasi sempre attività di tipo manuale, dopodiché ritornava in ufficio a compilare il rapporto sugli interventi effettuati.

Oggi può ricevere la lista su un tablet (collegato al Gps dell'automobile), che gli permette di partire da casa e seguire un percorso ottimizzato. Una volta sul posto, può effettuare gli interventi di controllo e verifica delle apparecchiature (la quantità di elettronica è cresciuta enormemente) o di manutenzione; negli interventi più complessi, invece, il suo compito è quello di fare da «padrone di casa» per le ditte specializzate, assicurandosi che abbiano le consegne corrette e che vengano prese tutte le misure di sicurezza. A lavoro finito, chiude la procedura sul tablet e passa all'intervento successivo.

La tecnologia ha aumentato la produttività e ha ridotto la presenza delle strutture sul territorio. L'operaio è oggi il «gestore» di una vera e propria fabbrica. In Campania una squadra di due operai gestisce in media un territorio di settanta chilometri quadrati con oltre 10.000 clienti (che sono poi 20.000 abitanti e diverse centinaia di aziende), e apparecchiature di rete del valore di una decina di milioni di euro: si tratta dell'equivalente di una fabbrica di medie dimensioni che serve una piccola città.

Il tempo di un operaio dell'Enel oggi è molto più prezioso di qualche anno fa (ce ne sono cinque/sei volte di meno) e nel suo bagaglio professionale sono avvenute due rivoluzioni: una più evidente, l'altra nascosta. Il cambiamento visibile è la crescita del contenuto tecnologico del suo lavoro: l'elettronica delle stazioni, il tablet, il Gps. L'altra rivoluzione, forse più importante, riguarda l'autonomia con cui deve gestire le sue decisioni e le interazioni con gli altri. Ha meno bisogno di prima del contatto diretto col capo, non deve passare nemmeno dall'ufficio; viceversa la complessità dell'interazione con entità esterne, ad esempio nei briefing di sicurezza con le ditte di manutenzione, è cresciuta di diversi ordini di grandezza. L'enfasi crescente sulla sicurezza (Enel ha ridotto gli incidenti sul lavoro dell'80 per cento negli ultimi cinque anni) ha trasformato quello che era prima un aspetto un po' burocratico, un modulo da riempire per iscritto, con la descrizione dell'area di cantiere, in uno scambio cruciale di informazioni in cui l'operaio deve non solo spiegare, ma assicurarsi che gli altri abbiano capito.

L'infermiere quasi medico. In un ospedale, soprattutto se moderno ed efficiente, capita di imbattersi in alcuni giovani in camice bianco con un aspetto distinto e (qualche volta) un accento straniero. A volte li si sente chiamare «dottore». Sono gli infermieri di nuova generazione, quelli specializzati con un corso di laurea breve. La sanità sta cambiando in tutto il mondo e sono necessarie nuove competenze: non servono solo chirurghi capaci di operare con un laser, radiologi che leggano radiografie a 10.000 chilometri di distanza o tecnici specializzati per fare le Tac. Anche la professione dell'infermiere è cambiata. Ovviamente bisogna sapere ancora misurare la temperatura ai pazienti, fare le iniezioni, assistere i non autosufficienti, ma oggi serve anche qualcosa di più.

Questo perché, dopo la fase traumatica di una malattia (una rottura di femore, un infarto, un intervento operatorio eccetera), inizia la fase di riabilitazione, che negli ospedali più moderni è addirittura in un centro separato, dove chi prende in carico il paziente sono soprattutto infermieri molto qualificati che lo seguono in tutto il suo percorso di riabilitazione, anche per settimane. Secondo Massimo di Pietracaprina, responsabile delle risorse umane della clinica Humanitas – un ospedale milanese molto all'avanguardia da questo punto di vista – si tratta di una vera rivoluzione rispetto al modo di lavorare tradizionale. Nei nuovi ospedali specializzati nel recupero post-traumatico gli infermieri devono seguire tutte le terapie, modificarle d'accordo con il medico, collaborare con fisiatri e fisioterapisti e seguire anche il recupero psicologico del paziente.

Sono quindi dei veri angeli custodi del paziente dopo il trauma. Devono sapere interagire con lui, leggere e interpretare i risultati degli esami, porsi delle domande, lavorare con gli altri. Insomma, devono essere autonomi e prendere decisioni senza che ci sia un capo a suggerirgliele. Un lavoro molto diverso, quindi, da quello che solo dieci anni fa portava lo stesso nome.

Tutti in contatto con tutti

Il nuovo specialista del marketing. Le cronache finanziarie ci offrono sempre più spesso incredibili storie di successo di imprenditori della rivoluzione digitale, spesso giovanissimi, che creano da zero aziende che diventano giganti globali (come Facebook) o che, molto più spesso, vengono acquisite dai giganti per cifre astronomiche. Il premio per l'inventiva e il fiuto imprenditoriale non è mai stato così grande e così rapido.

Ma un altro aspetto della rivoluzione digitale sta cambiando il rapporto tra individuo e azienda in un modo più silenzioso e più profondo, perché tocca molti di quelli che fanno lavori normali. A maggio 2013 l'«Economist» ha pubblicato un articolo che analizzava la rapida crescita della figura dell'addetto al marketing che opera sui social network in tante aziende anche molto tradizionali, come quelle dei beni di consumo.

È uno strano signore che, per usare una terminologia da marketing tradizionale, svolge un cocktail di lavori diversi: una parte da *brand manager* (chi promuove le vendite del prodotto e la percezione del marchio da parte dei consumatori attraverso una serie di decisioni commerciali e di comunicazione), una parte da «copy» dell'agenzia (chi scrive i testi delle pubblicità), una parte da responsabile delle ricerche di mercato e dei sondaggi e una parte da addetto al call center, che riceve le telefonate di apprezzamento o lamentela dei clienti.

Cosa fa? Segue i commenti sui social network che riguardano il marchio al quale lavora, interpreta le tendenze e gli umori dei consumatori e risponde in tempo reale affrontando le lamentele e le critiche ma anche sfruttando l'occasione per vendere il prodotto con qualche commento azzeccato. Uno dei momenti magici di questi signori è stato quando durante la finale del Super Bowl, l'evento più seguito sulla tv in Usa e per il quale gli inserzionisti pubblicitari spendono una fortuna, un blackout ha lasciato i telespettatori della zona di New York al buio, con solo i loro smartphone, tablet e portatili in funzione, avidi di chat e commenti in rete. Il premio al tweet più azzeccato è andato al responsabile social network dei biscotti Oreo, che ha commentato: «Blackout? Non preoccupatevi, potete scofanarvi i nostri biscotti sul divano anche al buio». 40.000 «mi piace» in pochi minuti. Costo zero, alla faccia degli inserzionisti del Super Bowl.

Il marketing tradizionale è come una campagna militare vecchio stile, in cui gli ufficiali (i *brand* o *product manager* che dir si voglia) manovrano le truppe fatte di forze vendita, campagne pubblicitarie, sconti, nuovi prodotti e formati agli ordini dei loro generali, i direttori marketing e commerciali. Oggi, decine di addetti al marketing online sono in prima linea e hanno sotto le dita delle vere armi di distruzione di massa (a volte di autodistruzione), ma non sempre possono chiedere direttive al quartier generale. Accanto all'esempio eccezionalmente fortunato del tweet dei biscotti Oreo, gli uffici marketing di molte aziende hanno accumulato diverse ferite fatte di commenti sarcastici o arrabbiati che spuntano in rete e che si trascinano dietro un'ondata di consensi.

L'azienda vecchio stile parlava ai suoi clienti solo con le parole levigate e rassicuranti della pubblicità, scelte negli uffici dell'agenzia e accuratamente vagliate in decine di riunioni. Nel nuovo mondo ci sono decine di specialisti di marketing dei social media che digitano le parole dell'azienda sulle loro tastiere. Una guerriglia, se volete, più che una campagna militare. Ma in cui ogni scaramuccia può rivelarsi vitale.

Il nuovo venditore di occhiali. Solo vent'anni fa il venditore di occhiali arrivava dal cliente, apriva il campionario, chiedeva cosa volesse e cercava di prendere l'ordine (si concentrava, cioè, sul cosiddetto *sell-in*). Non era uno specialista del prodotto e per vendere contava sulle sue relazioni coi negozianti costruite negli anni e le sue capacità di affabulazione. Età media cinquant'anni, quasi sempre maschio e una sola carriera per tutta la vita, quella del venditore. Oggi è tutto completamente diverso: in un'azienda leader come Luxottica, per esempio, il venditore deve capire assieme al negoziante di cosa hanno bisogno i suoi clienti e aiutarlo nella vendita, magari con una vetrina più attraente, la formazione del personale e la gestione dell'inventario. Il buon venditore non è più quello che riempie il magazzino del negozio, ma quello che aiuta il negoziante a svuotarlo (concentrandosi anche sul *sell-out*).

I venditori di oggi sono più giovani, maschi e femmine, e sono specializzati per *brand*, del quale sanno spiegare con passione e competenza le caratteristiche. Sono capaci di comunicare ma anche di analizzare e non trascorrono tutta la loro carriera nelle vendite, ma occupano diversi posti in azienda, dal marketing allo sviluppo prodotto.

Per esempio i venditori di Oakley, occhiali ad alte prestazioni usati spesso nello sport, sono loro stessi sportivi e ciò li rende i giudici più severi delle qualità tecniche di un paio di occhiali. Se si passa per gli uffici di Luxottica, si riconoscono subito i venditori di Oakley perché calzano sneakers, hanno tatuaggi e riempiono i loro uffici di attrezzi sportivi.

I venditori Oakley lavorano a fianco delle venditrici di marchi di lusso come Chanel: ragazze eleganti, capaci di scegliere i tailleur giusti per esaltare la ricercatezza e la storia della maison francese. Conoscono profondamente il prodotto e sono capaci di spiegare le ragioni tecniche ed emozionali che conferiscono esclusività e unicità a una montatura artigianale e a una lente polarizzata.

Come nel caso dell'addetto al social marketing, anche il venditore di occhiali dev'essere sempre più concentrato sul cliente finale, intuirne le esigenze e le aspirazioni, entrare in contatto con lui.

C'è call center e call center. Il lavoro dell'addetto al call center rappresenta nell'immaginario di molti una *summa* degli stereotipi negativi del mondo del lavoro: precariato, ritmi massacranti, assenza di prospettive.

Anche dal punto di vista dei clienti, dall'altra parte del telefono, la situazione appare drammatica: quando abbiamo un problema, succede spesso che il malcapitato che ci risponde non sappia che pesci pigliare. Magari cerca di aiutarci, ma troppe volte non riesce a essere risolutivo. Quando poi è l'operatore del call center a chiamarci per cercare di venderci qualcosa, la frustrazione è ancora maggiore. Se anche ci trova in un «momento buono», in cui effettivamente abbiamo qualche minuto da dedicargli, capiamo già dopo cinque secondi che non vogliamo comprare nulla. Allora i più timidi ascoltano per gentilezza, non sapendo come porre fine all'inutile conversazione senza apparire scortesi; alcuni troncano la comunicazione senza tanti complimenti; altri infine, spesso le persone più anziane, acquistano per errore o eccessiva accondiscendenza. Quasi sempre, alla fine, ci domandiamo: «Vi pare questo un modo utile di guadagnarsi da vivere?».

Ma il mondo dei call center è giovane ed evolve rapidamente. Basti pensare che fino agli anni Novanta esistevano solo i vecchi centralini dedicati alla segnalazione dei guasti o alla richiesta di informazioni. Tutto cambiò quando, oltre al nome in inglese, arrivarono i computer e sistemi informativi più evoluti che permisero agli operatori di richiamare a video rapidamente le informazioni e di rispondere più in fretta alle domande.

La concorrenza, prima nelle telecomunicazioni poi in altri servizi come l'energia elettrica e il gas, moltiplicò il traffico telefonico verso i numeri dedicati ma condusse anche a pratiche quantomeno *borderline* nell'utilizzo di contratti precari «a progetto» per lavori che di progettuale avevano ben poco. Una manodopera a basso costo veniva impiegata in campagne di vendita non molto mirate, con i potenziali clienti scelti un po' a caso e con risultati tutt'altro che soddisfacenti.

Oggi molte cose stanno cambiando di nuovo. Innanzitutto dobbiamo distinguere tra il call center che riceve le telefonate (cosiddetto *inbound*) e quello che le fa (*outbound*), tipicamente per vendere qualcosa. Nel primo mestiere non conta quante telefonate si ricevono, ma quante si risolvono. Se riesco a tranquillizzare il cliente ma non risolvo davvero il suo problema, lui richiamerà. E l'azienda per cui gestisco il call center dovrà pagare due volte: da un lato avrà maggiori costi nel call center, dall'altra si troverà un cliente arrabbiato. L'*outbound* è diverso: ci si affida alla percentuale di persone che, statisticamente, comprano. E si cerca di fare più telefonate che si può, spesso senza andare per il sottile, né in termini di soddisfazione del cliente, né di competenza degli operatori.

Secondo Massimo Canturi, amministratore delegato di Comdata, leader italiano nel mondo del *customer care*, le aziende valutano in modo diverso dal passato il servizio delle società di call center. Prima facevano un sondaggio tra i clienti che avevano chiamato il call center chiedendogli se fossero soddisfatti della risposta. Il più delle volte questi erano soddisfatti se gli operatori si erano dimostrati cortesi e disponibili: molte persone sono comprensive con un giovane beneducato che si dà da fare per loro. Ma oggi le aziende chiedono un'altra cosa ai loro clienti: se consiglierebbero ai loro amici di servirsi da loro. A questo punto il giudizio del cliente si sposta dall'esperienza della conversazione al suo risultato: se ho un problema con un operatore telefonico e non lo risolvo, l'operatore al call center potrà anche essere simpatico, ma alla fine cambierò fornitore.

Comdata ha assunto tantissimi giovani negli ultimi anni, molti dei quali con lauree brevi in Lettere o in Legge. Sottoccupazione? Fino a un certo punto. Quando un cliente chiama, l'operatore deve capire cosa vuole, e spesso non è affatto ovvio. La bolletta è sbagliata perché non tiene conto dello sconto offerto dalla promozione? Capire a quale promozione si riferisce il cliente, se non ha letto la clausola scritta in piccolo che spiega (si fa per dire) in una lingua incomprensibile quando si applica lo sconto, o se invece c'è un errore nelle registrazioni dell'azienda, è una faccenda complicata.

Ciascuno di noi ha esperienza di incomprensioni al telefono: «Parliamone di persona che è meglio» diciamo spesso quando c'è il rischio di non capirsi e vogliamo dedicare più tempo e più attenzione a spiegare qualcosa. Le espressioni del viso aiutano la comprensione reciproca. Invece, afferrare un concetto mentre si cerca tra le schermate dei vari sistemi informatici mentre il cliente perde la calma, richiede il multitasking di un sedicenne e la pazienza di un sessantenne. Un mestiere senza età, ma non certo un mestiere per tutti.

L'artigiano-negoziante. In una calle veneziana, non lontano dal museo Goldoni, c'è un negozio con centinaia di maschere. Il negozio è bello, come tanti altri che si trovano a Venezia e che si fregiano di avere ripreso la tradizione dei *mascareri*, gli antichi artigiani del Cinquecento. Ma ciò che è più interessante è quello che si vede andando a visitare il laboratorio, in una stradina laterale.

La stanza è piccola, ma ci sono una ventina di sedie per una piccola conferenza. Il proprietario, un uomo di quarantacinque anni con il camice da artigiano, parla a braccio in italiano, davanti a un gruppo di turisti stranieri. Intanto suo figlio traduce in un ottimo inglese.

L'artigiano racconta alla sua platea affascinata che il mestiere del *mascarero* è risorto nel 1979, insieme alla tradizione del carnevale di Venezia, dopo duecento anni di interruzione. Racconta la tradizione delle maschere veneziane, che venivano usate durante il carnevale ma non solo: nel resto dell'anno erano un efficace strumento a disposizione della Venezia libertina, nella quale molti uomini e donne andavano per la strada e non volevano farsi riconoscere. Illustra poi dal vivo il processo di lavorazione artigianale di una maschera, che è oggi identico a quello di cinquecento anni fa, sagomando la scultura in argilla per preparare un calco in gesso nel quale si inserisce la carta che poi viene bagnata. La cartapesta viene quindi tagliata, lavorata e colorata. Il *mascarero* indossa poi diverse maschere e racconta la storia e l'utilizzo di ognuna. Racconta come la Commedia dell'arte, soprattutto quella di Carlo Goldoni, avesse contribuito a renderle famose nei teatri di mezza Europa.

Il *mascarero* è colto. Dimostra di essere un abile artigiano, ma potrebbe anche essere un professore di liceo. Infatti è laureato all'Accademia delle belle arti e ha iniziato questa attività una ventina di anni fa, improvvisandosi artigiano, negoziante e conferenziere. Alla fine della breve conferenza i turisti si spostano nel negozio, dove il figlio maggiore, laureato in sociologia, in un ottimo inglese serve quelli che vogliono acquistare una maschera. I clienti sono collezionisti privati, semplici turisti, negozi, aziende, organizzatori di feste in tutto il mondo. Ovviamente si può acquistare anche online, dal sito del negozio.

I *mascareri* di Venezia sono un esempio dei nuovi artigiani del Duemila. Creano piccole aziende, soprattutto nel commercio e nei servizi, sfruttando le recenti opportunità del commercio (nel caso dei *mascareri*, la rivitalizzazione del carnevale veneziano e internet) e i punti di forza del territorio (i ventitré milioni di turisti che arrivano a Venezia ogni anno). Producono in casa ciò che vendono a livello globale, utilizzando internet. Hanno imparato la manualità dell'artigianato della maschera e la gestione di un negozio, ma sono anche bravi a comunicare con i clienti. Sono pieni di iniziativa, risolvono i mille problemi pratici di ogni giorno ma sono anche colti e appassionati al contesto nel quale hanno sviluppato il proprio business. Sono profondamente ancorati alla realtà locale, ma sanno muoversi benissimo a livello globale.

Dalla gerarchia al team

Il caporeparto come coach. La fabbrica del Duemila è ispirata a principi organizzativi spesso opposti a quelli applicati fino agli anni Novanta. L'operaio, un tempo impegnato su postazioni di lavoro fisse in un'attività manuale di pura esecuzione, isolato dai colleghi perché indossava cuffie antirumore, oggi decide cosa fare in continua interazione con gli altri. Nella nuova fabbrica il lavoro è molto più partecipativo, gli operai cambiano postazione, controllano gli indicatori di produttività e di qualità della linea, e sono responsabilizzati sul lavoro della squadra di produzione.

Nel secolo scorso chi supervisionava le linee di produzione, era un ex operaio con un profilo da sergente dell'esercito. Chi le supervisiona oggi è un ingegnere con un ruolo di *coach* della squadra, se necessario con il supporto di psicologi per insegnargli a gestire le relazioni con gli operai che dipendono da lui. Questo nuovo ruolo di *capo*, che da controllore diventa leader, non si trova solo nelle fabbriche, ma anche nei servizi. Nelle organizzazioni di *customer service* sofisticate come Comdata e Admiral, i capi degli operatori che rispondono al telefono guidano un gruppo di cinque, sei persone e sono chiamati *team leader.* Non si tratta solo di una metafora sportiva per rendere più simpatico e «giovane» il ruolo del capo. Il *team leader* deve preoccuparsi dei risultati ottenuti dal gruppo, ma quando le richieste diventano complesse i risultati non si misurano solo col numero di telefonate a cui si risponde ogni giorno. Conta molto di più risolvere davvero i problemi dei clienti.

Per questo motivo il *team leader* deve preoccuparsi della formazione e delle competenze, ma anche della motivazione e del morale dei componenti della squadra. Ma attenzione, il *team leader* non è un *cheer leader*, e le tecniche motivazionali troppo superficiali, fatte solo di pacche sulle spalle, applausi al collega più produttivo e musica diffusa dagli altoparlanti all'inizio del turno, alla lunga servono poco. Quello che conta è essere dei veri *capi*, che influenzino profondamente le persone attraverso l'esempio, l'insegnamento, il premio, la carriera. Un altro mondo rispetto ai capi del passato.

Il bonus ai colleghi. Google ha rivoluzionato il mondo della promozione, facendo esplodere la pubblicità su internet, che è diventata un concorrente formidabile di quella tradizionale in tv e sui giornali.

I protagonisti del business della pubblicità tradizionale hanno dovuto riconvertirsi alla tecnologia digitale. Perché internet, a differenza dei giornali e della tv, permette all'inserzionista di conoscere molte più cose sulle persone che guardano la sua pubblicità: per quanto tempo la guardano, se dopo vanno su qualche altro sito per saperne di più sul prodotto, se confrontano i prezzi, se comprano.

Nel commercio, le tradizionali capacità di relazione con i clienti si sono integrate con nuove competenze di tipo analitico, per interpretare e spiegare al cliente tutti questi dati. Così, mentre chi fa pubblicità in televisione da sempre sa che «la metà di quello che spende non serve a niente, solo che non sa qual è la metà che non serve», chi fa pubblicità digitale può conoscere qual è il ritorno di quello che spende e come spendere meglio.

Google è l'azienda che ha sviluppato forse più di ogni altra al mondo le tecnologie per catturare questi dati. Inoltre, poiché il suo motore di ricerca è il più usato in assoluto, può sapere meglio di qualunque altro operatore quante persone hanno visto quella immagine o digitato sul motore di ricerca per cercare il prodotto, quanti hanno comprato e chi sono.

Il potere di conoscere questi dati ha anche creato una intera categoria di lavoratori del marketing e della vendita di Google, anche in Italia. In generale questi giovani che si occupano di marketing e vendita della pubblicità online, rispetto ai loro colleghi che vendono inserzioni sui media tradizionali non hanno il profilo di venditori vecchio stile, ma molto più di consulenti che capiscono le esigenze del cliente, sanno interpretare i dati (e quindi hanno competenze quantitative e analitiche), sono aperti a pensare in modo innovativo e sono in grado di comunicare in modo molto diverso. Non «compra questi spazi perché così fanno i tuoi concorrenti», ma «offri questo prezzo alla vendita all'asta degli spazi online, perché così avrai il massimo ritorno sull'investimento».

L'organizzazione aziendale di Google riflette questa rivoluzione di marketing. In particolare il *teamwork* qui è essenziale, perché si creano vere e proprie reti di giovani che collaborano tra loro. Per esempio, tra Paese e Paese, quando si vuole trasferire un approccio innovativo per la valutazione dell'efficacia della pubblicità online. Ma anche all'interno dello stesso Paese, magari perché il team che si occupa del marketing dei motori di ricerca scopre un'opportunità per il team che si occupa del marketing di Youtube.

È per questo che Google dà un enorme valore a chi collabora con gli altri, anche sapendo che la propria unità non ci guadagna nulla. E ha lanciato un innovativo meccanismo di incentivazione, non decisa dai capi o dalla direzione del personale, ma dai colleghi. Ogni persona che lavora in azienda ha a disposizione un certo numero di premi, ciascuno di 100 euro, da destinare ai propri colleghi che lo hanno aiutato. Ovviamente, più della cifra, conta il riconoscimento.

Lavorare non è mai stato facile, ma le nuove tecnologie, le nuove forme organizzative e il commercio globale creano complessità davvero nuove, di cui spesso non ci rendiamo conto anche se le viviamo tutti i giorni.

L'idea che le macchine, sostituendo le persone, creino un esercito di disoccupati si è sempre rivelata semplicistica e, alla fine, sbagliata. Moltissimi sono diventati disoccupati, purtroppo, ma tanti altri hanno trovato nuovi lavori, e guarda caso, è proprio nei Paesi dove la tecnologia avanza più rapidamente che l'economia cresce di più e si aprono maggiori opportunità per chi ha le competenze giuste.

4

Cosa vogliono le aziende

> «Abbiamo bisogno di persone brave, non solo di brave persone.»
>
> Henry Ford

Cosa chiedono oggi i datori di lavoro a un giovane appena assunto? Le competenze tecniche di base sono date per assodate: per un infermiere le basi dell'anatomia, per un'addetta al check-in di un aeroporto l'inglese, per un impiegato della contabilità la partita doppia. Solo in una minoranza di casi si chiedono ai neoassunti competenze tecniche che si acquisiscono con lunghi studi di tipo specialistico.

Ma allora cosa c'è in cima alla lista dei requisiti? Ci sono quelle che, con un'espressione inglese molto in uso nel mondo aziendale, sono dette *soft skills*, che in italiano si tradurrebbe in «competenze morbide», cioè meno facilmente definibili, per distinguerle dalle competenze cosiddette «dure», che sono appunto quelle tecnico-specialistiche. Si definisce *soft*, per esempio, la capacità di interagire con gli altri o quella di saper prendere decisioni. Non sono conoscenze, ma veri e propri tratti della personalità e valori individuali che migliorano il modo in cui una persona si inserisce nell'organizzazione.

Gli studiosi di scienze cognitive distinguono tra «sapere qualcosa» (*know what*) e «saper fare qualcosa» (*know how*). Il primo sapere presuppone conoscenze teoriche ed è al centro delle competenze «dure», come sapere chi ha scritto la *Divina Commedia* o come si progetta il motore di un'automobile. Il secondo è una capacità a volte istintiva, come saper nuotare senza avere conoscenze di idraulica. Le *soft skills* hanno una componente essenziale di «saper fare».

Per le aziende l'importanza di queste ultime emerge chiaramente dai sondaggi fatti da McKinsey in nove Paesi nell'ambito del suo progetto *Education to Employment* (E2E) nel 2012 e del progetto *21st Century Skills*,[2] intervistando i datori di lavoro americani su cosa cerchino nei giovani che vogliono assumere. In questi sondaggi, le competenze tecniche della disciplina figurano solo al decimo posto nelle richieste dei datori di lavoro. Tutti gli intervistati invece hanno concordato sul fatto che le *soft skills* rappresentano il criterio più importante nella decisione di assumere o meno qualcuno. Un'espressione che sintetizza il radicale cambiamento di mentalità rispetto al passato è che i neodiplomati e neolaureati che queste aziende cercano devono essere capaci di essere «tutti dirigenti». Ovvero devono essere in grado di prendere decisioni, trattare con le persone e tenere i comportamenti «giusti»: tutte caratteristiche che, nel secolo scorso, distinguevano i dirigenti dagli impiegati.

Ebbene, oggi le aziende richiedono che tutti i lavoratori posseggano queste competenze. Non sono più necessari operai, venditori, impiegati che eseguano solo procedure e rispettino con zelo le decisioni prese dai capi, ma lavoratori in grado di diventare essi stessi «capi». Devono sapersela cavare da soli di fronte alle difficoltà senza continuamente chiedere aiuto, organizzando il proprio lavoro, risolvendo problemi. Di conseguenza, alle imprese interessano caratteristiche personali che hanno a che fare con i valori individuali e con la capacità di relazionarsi con gli altri.

[2] Il *21st Century Skills* è un progetto avviato dalle più grandi aziende americane con accademici ed esperti della formazione per definire uno schema di riferimento delle competenze necessarie sul lavoro del Ventunesimo secolo. Lo scopo è anche di indagare le sue eventuali implicazioni sulla didattica.

Federico Vione, amministratore delegato di Adecco, agenzia interinale che in Italia seleziona e assume 600.000 persone l'anno, ci ha detto: «Ci interessa poco cosa il giovane abbia studiato, abbiamo un budget di più di 20 milioni per formare noi stessi i ragazzi che selezioniamo. A noi interessano le *soft skills* e, se troviamo persone capaci da questo punto di vista, le formiamo sulla professionalità specifica o le facciamo formare a nostre spese dall'azienda presso la quale dovranno lavorare». In Luxottica sostengono che per loro «ciò che si è studiato è molto meno importante di che tipo di persona si è». Stefano Scabbio, amministratore delegato di Manpower, ha dichiarato che «la competenza professionale conta per il 40 per cento, l'altro 60 per cento sono le cosiddette *soft skills*».

Eppure i giornali italiani continuano a pubblicare statistiche secondo le quali migliaia di posti di lavoro restano vacanti perché mancano le competenze tecniche. Mancano persone alla meccatronica emiliana e quindi si pensa che manchino i periti industriali. Restano vacanti centinaia di posti nei reparti dei supermercati e allora si pensa subito ad avere più diplomati in scienze alimentari. Mancano giovani per fare i venditori di beni strumentali e si pensa ad avere più diplomati/laureati con specializzazione in marketing e vendite.

Oggi il dibattito sui media, tra i genitori, nelle scuole, nella politica è concentrato su «quali sono le specializzazioni che mancano nel mercato del lavoro»; «quali tipi di nuovi corsi sono necessari per preparare alle nuove professioni», «perché mancano i periti industriali e gli ingegneri» eccetera. È tutto un equivoco: quei posti non restano vacanti perché le scuole non sfornano abbastanza giovani con le giuste specializzazioni, ma perché non si trovano abbastanza ragazzi che abbiano anche le *soft skills* necessarie.

Ma quali sono, tra le *soft skills*, quelle che interessano di più alle aziende? La risposta emerge inequivocabilmente dai sondaggi, dalle interviste che abbiamo fatto e dalla nostra esperienza nel mondo aziendale: l'etica del lavoro è nettamente al primo posto, poi vengono la capacità di lavorare in gruppo, di comunicare e di risolvere problemi.

L'etica del lavoro

In Italia e in molti altri Paesi europei, l'espressione «etica del lavoro» viene intesa soprattutto come etica di «chi dà lavoro». Ovvero l'azienda o l'imprenditore non deve corrompere, trattare male la gente, inquinare l'ambiente e, secondo alcuni, guadagnare troppo. Nell'era industriale, infatti, l'enfasi è stata posta soprattutto sulla salvaguardia dei diritti del lavoratore.

Nel mondo anglosassone, invece, e in particolare negli Usa (il Regno Unito si posiziona un po' a metà strada), l'espressione si riferisce soprattutto all'etica del lavoratore. In questa accezione il lavoro è uno scambio tra dipendente e datore di lavoro, in cui il dipendente si impegna a fare appieno il proprio dovere e il datore di lavoro a dare giusto salario, equità, meritocrazia e prospettive di crescita.

Nelle imprese che funzionano bene, anche da noi, questi due concetti vanno generalmente a braccetto. Le aziende rispettano le regole e i diritti dei lavoratori e questi ultimi si impegnano a dare il meglio di sé. Perché per fare funzionare bene questo scambio ci vuole un vero e proprio *do ut des*, che non è solo lavoro contro salario, ma anche impegno del lavoratore contro equità e meritocrazia.

Del resto, come vedremo meglio in seguito, il riconoscimento del diritto del lavoratore a chiedere un compenso (in termini di carriera, retribuzione o altre gratifiche) per il «di più» che fa per l'azienda (rispetto a quanto dovrebbe fare per obbligo contrattuale) è il motivo per cui le imprese cercano giovani intraprendenti: quelli che fanno l'Erasmus, vanno via di casa a diciott'anni o si impegnano nel sociale. Se volessero individui sottomessi e disposti a sgobbare senza prospettive perché non vedono alternative, cercherebbero altri profili.

Molte aziende in tante parti del mondo si lamentano per la mancanza di etica del lavoro del proprio personale. I sondaggisti dell'istituto Gallup, in occasione di una ricerca sulle condizioni lavorative americane, hanno fatto un'indagine su migliaia di lavoratori, che ha portato a risultati assolutamente disarmanti. Solo il 30 per cento del personale dichiara di «dare sempre il meglio di sé». Ben il 50 per cento sostiene di limitarsi a fare solo il minimo necessario. Addirittura il 20 per cento dice di praticare regolarmente l'assenteismo, adotta comportamenti che hanno un'influenza negativa sui colleghi e utilizza pratiche poco professionali con i clienti.

Il sondaggio non è stato fatto in Europa e in Italia, ma altre ricerche fanno pensare a risultati molto simili, se non addirittura peggiori.

In Italia, tuttavia, molte aziende iniziano a valorizzare le *soft skills* dei loro dipendenti. Un esempio molto significativo è quello di Esselunga, leader italiano nel settore dei supermercati, che ha fatto dell'etica del lavoro la sua arma vincente.

Impiega 21.000 persone e ne assume più di 1000 all'anno per fare fronte all'espansione e al turnover. Ha un personale che tutti i sondaggi presso la clientela definiscono «molto servizievole e competente».

Il concetto di «etica del lavoro» di Esselunga è evidente quando si gira per i suoi negozi e si osservano gli «assistenti di reparto», le persone che si incontrano spesso nelle varie aree dei supermercati – la gastronomia, la frutta e verdura, la drogheria, gli oggetti per la casa. Sorridenti, competenti, impegnate ma disponibili. Tutte con lo stesso sistema di valori ed etica del lavoro che caratterizzano molte storie di quest'azienda: come quella del capo area che una domenica portò personalmente alcune casse di pesce in un supermercato che era rimasto sguarnito.

La cultura di Esselunga mette l'etica del lavoro al centro di tutti i processi aziendali e delle decisioni di assunzione e sviluppo delle persone, perché «nessuno entra sapendo il mestiere, ed è compito dell'azienda insegnarlo ai propri dipendenti». Così è stata creata la «scuola dei mestieri», dove in tre mesi si impara a diventare un ottimo macellaio o fruttivendolo.

Il responsabile della selezione del personale di Esselunga ci spiega cosa vuole l'azienda dai giovani che chiedono di essere assunti: «Oggi cerchiamo giovani almeno diplomati – non era così in passato –, che abbiano chiaro che il lavoro richiede anche un certo sacrificio, ma che siano capaci di apprezzarne i lati positivi, come lavorare a contatto con i clienti, in ambienti allegri, con colleghi piacevoli e avere anche interessanti opportunità di carriera». I giovani assunti, dunque, non devono necessariamente avere esperienze nel settore, ma devono avere il carattere giusto, essere pieni di iniziativa, cortesi e diretti, capaci di sbrigarsela da soli quando c'è un problema e non aspettare che l'ispettore glielo segnali e glielo risolva.

Spesso, però, i supermercati non riescono a trovare il personale di cui avrebbero bisogno: molti ragazzi si spaventano perché è un lavoro duro, bisogna stare spesso in piedi, fare i turni nei giorni festivi e durante le aperture serali. E poi, siccome la merce fresca arriva tutti i giorni, a turno si va in negozio la mattina molto presto. Come dice il responsabile della selezione, «bisogna essere capaci di apprezzare i lati positivi di un lavoro duro».

Sembrerebbe la classica storia dei «bamboccioni» o degli «schizzinosi» che non hanno voglia di fare lavori pesanti e restano disoccupati. Ma c'è anche qualcosa di diverso. C'è da superare l'atteggiamento delle famiglie italiane, che spesso snobbano occupazioni di basso prestigio sociale e così condizionano in modo negativo il futuro dei propri figli.

Cosa può dunque attirare un giovane a lavorare in un

grande supermercato? Intanto il fatto che fare il panettiere in una panetteria è molto diverso dal farlo, per esempio, in Esselunga, che offre un ambiente di lavoro da grande azienda, possibilità di carriera (che un garzone di panetteria non ha, a meno che non apra anche lui una panetteria), una formazione professionale e un impiego con giovani colleghi in un ambiente sicuramente più piacevole. In Esselunga, stando ancora a quanto ci racconta il responsabile della selezione del personale, «un giovane capace fa carriera in fretta. Dopo qualche anno, se lo merita, diventa caporeparto, coordina anche dieci colleghi ed è responsabile del risultato della sua unità». In poco tempo diventa, insomma, un vero «capo», cosa che il più classico lavoro di fabbrica difficilmente offre.

Ma queste prospettive necessitano di una contropartita: l'impegno, che è una componente fondamentale dell'etica del lavoro. All'impegno si può aggiungere poi il termine «persistenza», ovvero la tenacia, la capacità di non tirarsi indietro davanti a una difficoltà. «Non ci sono problemi che non possano essere risolti» è il motto di chi ha una forte etica del lavoro, di chi affronta con spirito positivo i mille problemi di ogni giorno e vuole continuamente migliorare. Un giovane che, di fronte alle idee dei colleghi o del capo, solleva cento problemi e nessuna soluzione, sarà rapidamente isolato da un team aziendale.

Il mondo del lavoro che cambia, insomma, richiede una nuova dimensione dell'etica del lavoro. Certo, le aziende hanno sempre cercato volontà e impegno in un giovane alle prime armi. Ma la definizione di «impegno» di oggi è molto diversa da quella di cinquant'anni fa, quando si identificava con il basso assenteismo, la disponibilità ad accettare ritmi di lavoro elevati e a fare straordinari, la disciplina, l'esecuzione puntuale delle direttive aziendali. L'etica del lavoro degli anni Duemila, invece, ha al centro concetti come iniziativa e imprenditorialità, senso di responsabilità, flessibilità, adattabilità, atteggiamento positivo e, quando serve, spirito critico. Richiede un impegno molto più ampio e sfaccettato di quello del passato, e presuppone l'utilizzo delle dimensioni di iniziativa personale e spirito critico che l'azienda vecchio stile tendeva a ignorare o addirittura a reprimere nella maggioranza dei dipendenti, ritenendoli appannaggio dei soli dirigenti.

Ciò che si chiede oggi è la capacità di guardare a un problema sempre con prospettive diverse, non accontentarsi di una procedura che «si è sempre fatta così», ma cercare la logica profonda di ciò che si fa per poter migliorare continuamente. «Se si riesce a consegnare da un magazzino la richiesta di un cliente in una settimana, perché non si può fare in un giorno? Se produciamo 500 prodotti al giorno, perché non possiamo produrne 550?» Questo approccio richiede curiosità, capacità di avere un punto di vista diverso dagli altri e di sostenerlo con convinzione. Alla fine significa che un'azienda deve avere non uno, ma mille imprenditori.

Secondo Nicola Pelà, responsabile delle risorse umane di Luxottica, che nel 2012 ha assunto 12.000 giovani, «l'etica del lavoro viene misurata con il *drive*, la "fame", la voglia di fare. Cerchiamo giovani che osino sfidare i paradigmi e pensare senza limiti, animati da agilità di apprendimento e propensione ad agire. L'importante è non chiedersi "perché?" ma "perché no?"».

Tutte le aziende del mondo che stanno uscendo vincenti dalla crisi adottano questi principi. E riescono a selezionare e a valorizzare i giovani che li condividono. Come Moreno, un ragazzo che sull'etica del lavoro ha costruito la sua carriera.

Moreno Gionfriddo è un giovane siciliano laureato in Economia a Roma, che faceva l'istruttore di tennis in un noto circolo della capitale. Di famiglia molto modesta, comincia a lavorare durante l'università per poter terminare gli studi. Come tennista è molto bravo, soprattutto per la sua grinta fenomenale che gli permette di recuperare palle impossibili. Moreno non molla mai. Come istruttore è ricercatissimo perché incoraggia tutti e trasmette entusiasmo e positività. Ispira fiducia a tutti, giovani e meno giovani.

Moreno si laurea e decide che vuole fare il promotore finanziario. Scrive a banca Mediolanum, che vuole espandersi al centro-sud e viene selezionato per una serie di colloqui. L'area manager propende per un altro candidato, soprattutto perché Moreno, non essendo romano, non possiede la rete di conoscenze utili per sviluppare la clientela. E poi il suo concorrente, oltre a essere cresciuto in città, ha un voto di laurea superiore (Moreno doveva lavorare e studiare). Ma il responsabile commerciale nazionale non è convinto e vuole intervistare personalmente Moreno. Dopo un'ora lo assume alle sue dirette dipendenze. E gli confessa: «Quando mi hai raccontato la tua storia e perché volevi fare il promotore finanziario mi hai commosso. Noi non cerchiamo la competenza professionale, quella la formiamo noi. Cerchiamo persone che si sappiano conquistare la fiducia dei clienti». Moreno viene assunto e dopo sei mesi vince un premio nazionale per la migliore performance tra i neoassunti.

Le sue *soft skills* (grinta, etica del lavoro che ispira fiducia) sono perfette per un promotore finanziario. E Moreno le ha fatte valere.

Per essere «affamati e folli», insomma, non c'è bisogno di andare tanto lontano.

Saper collaborare

Subito dopo l'etica del lavoro, nei sondaggi sulle priorità delle aziende, appare la «capacità di collaborare con gli altri». Un dipendente che non si intende con i colleghi o si oppone alle loro iniziative è considerato un peso morto, anche se è molto competente nel suo mestiere. Le aziende oggi lavorano in gruppi spesso lontani nello spazio (si comunica in teleconferenza o per email) e il concetto di team è diventato molto più fluido di un tempo. «Fare squadra» in queste condizioni è difficile, e le capacità personali diventano essenziali.

Prendiamo il caso di un addetto al supporto tecnico di

un prodotto a tecnologia medio-alta. Oggi dovrà lavorare coi colleghi delle vendite per aiutarli a preparare un'offerta, domani con i tecnici di un'azienda cliente per risolvere un malfunzionamento, dopodomani con gli esperti della ricerca e sviluppo, magari all'estero, per chiedere il loro aiuto nei casi più difficili. Tra una settimana poi c'è da partecipare a una fiera, e i colleghi del marketing hanno bisogno di uno specialista che li aiuti a presentare il prodotto nello stand.

Ervino Riccobon, responsabile della competitività prodotto e processi della Ferrari, intervista diversi ingegneri neolaureati ogni anno. Per i più brillanti di loro, infatti, Ferrari è da sempre (cioè da quando si compilano queste classifiche) una delle aziende più attrattive in Italia. Può dunque scegliere i migliori curriculum tra le centinaia che arrivano ai suoi uffici di selezione. E Riccobon ci conferma come anche in un'azienda manifatturiera e ultratecnologica come Ferrari il *know what*, le conoscenze tecniche, diventino sempre più irrilevanti rispetto alle *soft skills*: «Ferrari, quando seleziona ogni anno i giovani talenti da inserire in azienda, affianca all'esame del curriculum diverse valutazioni attitudinali, come le sessioni di lavoro di gruppo tra i candidati per valutarne le capacità di leadership e l'attitudine a lavorare in team». Una delle *soft skills* che viene testata con maggiore cura nei colloqui di assunzione in Ferrari è, dunque, l'attitudine a volersi sporcare le mani fin da subito, non considerando le proprie competenze di ingegnere automobilistico laureato con lode come una patente da guru. Un altro requisito indispensabile è l'attitudine a lavorare con persone di grado gerarchico e curriculum molto eterogenei.

Le famose *job description* del passato oggi non hanno più alcun senso. E anche la logica del *team building* è cambiata. Un tempo era basata sulla competizione interna tra gruppi diversi: il nostro reparto ha prodotto più di tutti gli altri questa settimana, le gare di vendita, noi *vs* loro. Nella nuova architettura la squadra cambia di giorno in giorno e la vecchia logica del «noi» e «loro» crea «parrocchie» che bloccano la collaborazione. Il nuovo *teamwork* è basato sull'autentica capacità di ciascun individuo di collaborare con chiunque e non più su rapporti personali consolidati. Ce lo conferma il responsabile delle risorse umane di Luxottica: «I team tradizionali, composti da persone che lavorano nella stessa sede, sono sempre più integrati in reti organizzative in cui professionisti, anche dispersi nel mondo, lavorano assieme in team virtuali per gestire progetti e condividere esperienze».

Ma è importante non confondere, come spesso avviene nelle aziende italiane, la capacità di collaborare con il «volemose bene»: ovviamente l'atmosfera nel team è importante, ma spesso la si scambia per collegialità al ribasso, cioè la tendenza a fare scelte di comodo per evitare il conflitto. Il lavoro in team, al contrario, deve esaltare le individualità, provocare il contraddittorio, accettare che la sintesi consensuale sia preceduta dal confronto.

Che le aziende apprezzino sempre più la capacità di lavorare in squadra come elemento fondamentale per raggiungere i risultati in misura ben maggiore delle competenze del singolo, è dimostrato da due innovazioni che ha introdotto nei suoi criteri di selezione Adecco, la multinazionale del lavoro interinale. Federico Vione, responsabile per l'Italia, parla con entusiasmo della capacità di relazionarsi con gli altri, che non è misurabile con il parametro di «quello che si sa», ma di «quello che si è»: «Il *teamwork* è fondamentale nell'azienda di oggi, molto più importante delle cosiddette qualifiche professionali. Noi, ad esempio, abbiamo fatto un accordo col Coni per accedere agli elenchi degli atleti professionisti, quelli che hanno fatto sport a livello agonistico, cui proponiamo sistematicamente di diventare nostri associati. Li candidiamo per tantissimi ruoli, anche se non hanno nessuna esperienza specifica, e le aziende sono in genere entusiaste, perché queste persone hanno imparato nello sport i valori dell'impegno e del lavoro di squadra».

Ma se i valori che esaltano l'importanza del team sono

universali, come dimostra l'esempio degli atleti, il modo giusto di collaborare con i colleghi e i componenti della squadra, anche fuori dall'azienda, non è sempre lo stesso. Bisogna avere capacità di adattamento per entrare in sintonia con lo stile dell'azienda, ed è ancora Federico Vione a fornirci un esempio: «Quando assumiamo l'incarico di cercare qualcuno da proporre a un nuovo cliente, cerchiamo di capire qual è il modo giusto di comportarsi in quell'azienda, lo "stile della casa". Mandiamo alcune persone sul posto di lavoro per vedere se ci si dà del tu, se c'è uno stile formale o informale, quali sono i comportamenti che si identificano con la cultura aziendale. Ci aiuta molto a capire quali tra i nostri associati si inseriranno meglio in un certo ambiente».

Ma entrare in sintonia con i colleghi non è l'unica cosa importante. Nel mondo del lavoro di oggi bisogna interagire con clienti, fornitori, partner spesso lontani. E servono quindi altre competenze.

Saper comunicare

La terza qualità che appare nei sondaggi sulle richieste dei datori di lavoro è quella di «comunicare bene oralmente». Il che non sorprende in imprese nelle quali, come abbiamo appena visto, l'interazione con i colleghi e con i clienti è diventata essenziale.

Un giovane che lavora in un negozio di telefonini dev'essere in grado di spiegare il complesso mondo delle tariffe a clienti poco informati. E questo vale anche per chi deve vendere una polizza auto, magari per telefono. Ma, attenzione, «comunicazione orale» non vuole dire solo gentilezza. Un giovane che lavora in un call center deve avere grande pazienza e *savoir faire* nel rispondere a clienti spesso arrabbiati, aggressivi e poco educati. Ma deve anche saper ascoltare, concentrarsi su ciò che dice l'altra persona, ragionarci e poi eventualmente rispondere e risolvere il problema. Chiunque abbia chiamato più di una volta un call center sa riconoscere un addetto bravo da uno meno bravo. Quello bravo, dopo aver guardato velocemente la schermata del computer con la storia del cliente, fa domande e poi dà risposte chiare e semplici. Quello meno bravo parla con una terminologia incomprensibile e dà chiaramente l'impressione di non avere capito il problema specifico.

La capacità di fare le domande giuste è essenziale. In Luxottica chi seleziona i giovani ha ben chiaro che chi sa comunicare, sa prima di tutto ascoltare. I giovani selezionatori per le posizioni nella direzione centrale di Milano ci hanno detto: «Escludiamo più l'esagitato che il silenzioso». I giovani venditori di occhiali devono essere eccellenti comunicatori. Devono saper ascoltare il responsabile del negozio che descrive i tipi di cliente che ha, quale modello sembra andare bene e quale no. Devono saper dare suggerimenti su come organizzare la vendita in modo semplice e chiaro, senza apparire troppo rigidi e dimostrando di aver capito che ogni negozio è diverso dall'altro.

Saper risolvere problemi

Abbiamo visto che i datori di lavoro si aspettano dai giovani sempre meno la conoscenza di nozioni e procedure e sempre più la capacità di risolvere problemi nuovi, pratici, facendo appello più alla capacità di ragionare che alle conoscenze specialistiche. E testano a fondo questa competenza nei colloqui di selezione. Questo perché le nozioni imparate a scuola spesso sono diventate già vecchie e l'azienda deve comunque rifare l'addestramento. Le procedure servono ormai per attività che vengono sempre più spesso eseguite dai sistemi informatici.

Ma cosa vuol dire *problem solving*? Significa chiedersi il perché delle cose, ma anche essere abituati a darsi delle risposte con gli strumenti concettuali e pratici che si hanno a disposizione in quel momento, valide anche solo all'80 per cento, senza aspettare di avere la risposta esatta dai manuali. E questo, in un ambiente con un flusso di informazioni continuo e torrenziale in cui è necessario capire ciò che è davvero rilevante, è una grande sfida.

Il valore del *problem solving* è evidente se pensiamo a un mestiere intellettualmente complesso come l'esperto di sicurezza informatica, ma ne esistono risvolti sorprendenti anche nei mestieri apparentemente più semplici. Prendiamo la cassiera del supermercato. Cosa doveva fare vent'anni fa per far scorrere in fretta i clienti? Digitare in fretta i prezzi sulla tastiera senza errori. Un'abilità manuale con zero *problem solving*. Oggi i prezzi li legge lo scanner del codice a barre e il collo di bottiglia della fila diventa il cliente. Cosa può fare la cassiera per far scorrere in fretta la fila? Aiutare il cliente coi bollini, le promozioni, contare il resto per i più anziani. Chi ha fatto una fila al supermercato si accorge della differenza tra una cassiera sveglia e una meno.

Un'azienda che ha fatto delle capacità di *problem solving* la caratteristica essenziale del profilo dei neoassunti è Admiral, una società assicurativa con sede nel Regno Unito che in vent'anni ha conquistato la reputazione di società assicuratrice tra le più innovative nel mondo (in dieci anni ha conquistato tre milioni di clienti inglesi) e che in Italia ha aperto nel 2008, assumendo in pochi anni quasi 900 persone e conquistando rapidamente 300.000 clienti.

Quando pensiamo alle aziende che cercano degli assi nel *problem solving*, ci vengono in mente le società che fanno ricerca, che sviluppano progetti, oppure le classiche società di consulenza. Ma le assicurazioni, francamente, no. Nel nostro immaginario le assicurazioni occupano una legione di diligenti impiegati impegnati a registrare polizze e a liquidare sinistri, più un'altra legione di agenti e promotori dalla parlantina sciolta che vendono le polizze. Ma Admiral, come altre assicurazioni online, è diversa. Il loro prodotto non è pensato da qualcuno che guarda le tabelle di frequenza media dei sinistri, fa calcoli attuariali e passa il prodotto così concepito alle agenzie perché lo vendano a chi capita. Le loro polizze nascono dall'interazione continua tra l'azienda e i clienti che chiamano il call center, a cui viene fatta una certa offerta sulla base delle risposte a una serie di domande.

Admiral è specializzata nell'offrire i suoi prodotti a clienti che pagano tariffe troppo alte senza meritarselo. Magari perché fanno meno incidenti della media del loro gruppo di riferimento (ad esempio i neopatentati), sulla quale le società di assicurazione definiscono le tariffe. Oppure perché hanno la sfortuna di vivere in province come Napoli, dove si pagano tariffe alte perché le frodi sono moltissime. Trovare questi clienti e offrire loro tariffe vantaggiose è il mestiere di quelli che lavorano in Admiral. Lavorano al call center, al marketing, all'ufficio che elabora le tariffe, e dalle domande che fanno riescono a capire il vero rischio del cliente. Sanno leggere i dati che arrivano da vari strumenti informatici e, attraverso quelli, sono in grado di ricostruire un profilo del cliente diverso dagli standard. Un'altra capacità essenziale è quella di sapere vendere attraverso i siti comparatori online, che permettono di scegliere le tariffe migliori. Admiral sa che i comparatori sono una fonte inesauribile di informazioni per capire come stabilire il prezzo più giusto, perché li ha creati proprio lei nel Regno Unito quasi dieci anni fa, tramite una società online che si chiama Confused.com («Sono confuso, non so quale polizza scegliere»).

Per risolvere il problema di come fare la tariffa giusta, Admiral cerca persone speciali. La curiosità intellettuale è uno dei valori aziendali più importanti. Come lo è non accontentarsi mai dei luoghi comuni, ma basarsi sempre sui fatti e sulle cifre nelle proprie valutazioni. In più, Admiral cerca un'altra caratteristica, davvero insolita per come immaginiamo gli assicuratori: il *sense of humour*. L'azienda nomina ogni mese tra i suoi dipendenti diversi «ministri del divertimento» all'interno dei vari dipartimenti, con l'obiettivo di creare occasioni di svago per tutti. Uno dei pilastri della filosofia Admiral, infatti, è: «Chi si diverte lavorando, lavora molto meglio».

Ma se a tutti vengono richieste competenze nuove o si reinterpretano in modo nuovo e più ampio requisiti da sempre essenziali come l'etica del lavoro, vuol dire che le aziende non fanno più differenza tra i giovani ad alto potenziale e gli altri? Nient'affatto, perché la sfida cambia anche per i giovani di maggior talento e capacità, che saranno i dirigenti di domani.

5

Una nuova leadership per il nuovo lavoro

«Ubbidisco a un capo perché devo.
Seguo un leader perché voglio.»
STEVE CAREY

In un mondo del lavoro in cui autonomia e responsabilizzazione sono sollecitate a tutti i livelli, cambia anche il ruolo del capo. Nel mondo aziendale del secolo scorso il dirigente era un «manager» che doveva «gestire» e «amministrare», seguendo i metodi che venivano insegnati alla Bocconi, nelle business school e nelle aziende-scuola come Olivetti e Montedison: budget, pianificazione triennale, pianificazione strategica eccetera. La logica di fondo era che il vertice decideva cosa fare, lo comunicava al resto dell'azienda e poi controllava che venisse fatto.

Oggi queste metodologie di indirizzo e controllo sono diventate una *commodity*, nel senso che sono ormai diffuse: bisogna conoscerle, ma non basta. Le cose cambiano troppo in fretta e i mercati sono troppo disomogenei perché il vertice possa decidere tutto. Ciò che serve è una dirigenza che possa esercitare una vera e propria leadership, che è, secondo le parole di Roosevelt, «la capacità di convincere i propri collaboratori a fare ciò che essi ritengono impossibile e di aiutarli a farlo». I dipendenti dell'azienda che possiedono etica del lavoro, capacità di *teamwork*, comunicazione e *problem solving* non devono più ricevere ordini, ma essere guidati nella giusta direzione, motivati, incoraggiati e, soprattutto, aiutati.

L'ambiente competitivo è sempre più complesso e in rapida evoluzione, l'innovazione è essenziale per tutte le aziende, non solo quelle high-tech. La concorrenza di Paesi come la Cina, l'India e il Brasile non viene fatta più con magliette a basso costo, ma con computer, aerei e farmaci. Per le aziende del Ventunesimo secolo la capacità di innovare, di distinguersi dai concorrenti, di trovare nuove idee, è diventata una questione di sopravvivenza.

La società postindustriale, quindi, non può più permettersi il profilo del capo del Ventesimo secolo, se non in poche occasioni e Paesi. E la definizione di Roosevelt diventa sempre più attuale. Nasce così una figura di dirigente più orientata all'innovazione che alla gestione dell'esistente. Mentre una volta la carriera dell'imprenditore era molto diversa da quella del manager, oggi questa distinzione è decisamente meno marcata. Le aziende create da imprenditori geniali come Bill Gates e Steve Jobs, o anche l'italiana Luxottica, sopravvivono se al loro interno nascono centinaia di imprenditori che creano, assieme ai loro colleghi, nuovi sistemi per produrre, distribuire e vendere.

Negli ultimi anni, poi, la tecnologia ha creato mille opportunità non solo perché ha reso disponibili prodotti completamente nuovi come il navigatore satellitare o l'iPhone, ma perché ha cambiato il modo con il quale si progettano e si vendono articoli tradizionali come l'automobile o le assicurazioni. E i nuovi dirigenti devono saper sfruttare le opportunità della tecnologia per la loro azienda esattamente come gli imprenditori tecnologici la sfruttano per creare nuove aziende. Il che non vuol dire essere necessariamente geni del software e della biochimica, ma sicuramente saper comprendere tutte le potenzialità del «mondo nuovo» che arriva.

Tanti Steve Jobs

Basta andare in un ristorante o in un aeroporto per rendersi conto che gli Stati Uniti non sono un modello di economia in cui i lavoratori hanno le competenze per essere tutti dirigenti, e la colpa è in gran parte delle loro scuole. Ma, essendo stati gli incubatori di tutte le innovazioni del management del Ventesimo secolo, sono candidati a esserlo anche per quelle del Ventunesimo. E il tema dei «nuovi dirigenti» riempie tonnellate di articoli di riviste, saggi di esperti e testi delle migliori scuole di management.

Negli Stati Uniti esiste la convinzione profonda che l'unico modo per garantire nel prossimo secolo una crescita dell'economia americana simile a quella del secolo scorso sia mantenere quella leadership nell'innovazione che ritengono essere a rischio, soprattutto per colpa della scuola. Gli Steve Jobs e i Bill Gates sembrano essere sempre meno. In particolare c'è la forte percezione che alla guida della macchina dell'innovazione ci sia un numero sempre maggiore di talenti che arrivano da tutto il mondo, ma non dalle scuole americane. E che quindi questo futuro tecnologico rischi di riservare ai ragazzi americani un ruolo da comprimari.

Il problema non sembra essere solo quello della debolezza dei giovani nelle materie tecnico-scientifiche, le cosiddette Stem (*Science*, *Technology*, *Engineering*, *Mathematics*), ma la loro sempre minor creatività e lo scarso spirito imprenditoriale.

Non stupisce che il dibattito sull'esigenza di migliorare la scuola sia incentrato soprattutto su come favorire la crescita di «nuovi dirigenti» che aumentino la capacità creativa nelle aziende in cui lavorano e in tutta la società, soprattutto stimolando altri giovani a trovare e realizzare nuove idee.

Uno degli scrittori sull'evoluzione del sistema scolastico più letti negli Usa è Tony Wagner, che insegna Technology and Entrepreneurship a Harvard e che dopo alcuni libri di grande successo sui problemi della scuola americana, ha pubblicato il saggio *Creating Innovators*,[3] il cui sottotitolo è *Far nascere i giovani che cambieranno il mondo*. Questo libro

[3] Tony Wagner, Robert A. Compton, *Creating Innovators*, Simon & Schuster, New York, 2012.

ha reimpostato totalmente il dibattito sull'esigenza di riformare la scuola americana.

Uno dei primi esperti che Wagner consulta è Judy Gilbert, *Director of talent* (i «talenti» non sono altro che i «nuovi dirigenti») di Google, considerata una delle aziende più innovative del mondo. Alla domanda di Wagner su cosa cerchino nei giovani che vogliono assumere, la Gilbert risponde: «Ovviamente cerchiamo giovani intelligenti, ma la curiosità intellettuale è più importante. Sicuramente il candidato deve essere bravo a fare la cosa per cui lo stiamo selezionando (come scrivere codici, occuparsi di finanza o di marketing), ma deve anche essere un leader, saper prendere il controllo della situazione invece di aspettare che qualcuno gli dica cosa fare. I giovani che hanno successo in Google mostrano una spiccata tendenza all'azione: se vedono che qualcosa non funziona, la mettono a posto. Sono intelligenti nel capire il problema, ma non stanno fermi a lamentarsi fino a che qualcuno non viene a risolverlo. Si chiedono continuamente: "Come posso fare meglio questa cosa?". Per questo è essenziale la collaborazione e la capacità di imparare dalle persone con cui si è a contatto e che sono diverse da noi».

Nel suo saggio Wagner descrive molte storie di «nuovi dirigenti» del Ventunesimo secolo. Come il giovane ingegnere creatore dell'iPhone, Kirk Phelps che tra i ventidue e i venticinque anni è stato *project manager* di quello che è sicuramente uno dei prodotti di maggior successo del mondo. Kirk non è uno scienziato, ma capisce la tecnologia, non è neanche un creativo, ma vive professionalmente di idee, soprattutto sviluppando quelle degli altri.

Anche un'altra economia, quella israeliana, negli ultimi vent'anni ha avuto uno sviluppo economico e sociale impressionante grazie a innovazioni tecnologiche che hanno cambiato la vita di milioni di persone nel mondo: la segreteria telefonica di milioni di telefonini; il microprocessore

Intel nei computer; gli *instant messages*. E non c'è solo il digitale, ma anche innovazioni in settori come l'agroalimentare e il farmaceutico: l'irrigazione «a goccia»; i pomodorini di Pachino (ebbene sì!); i farmaci che riducono la progressione della sclerosi multipla; le pillole che permettono una radiografia dell'esofago, stomaco e colon, e riducono l'invasività dei sistemi di diagnostica di oggi; le innovazioni per desalinizzare l'acqua di mare; i robot che puliscono il fondo delle piscine.

Gli imprenditori tecnologici e i nuovi dirigenti israeliani seguono percorsi diversi dai loro coetanei americani, i loro Mit e Harvard sono le unità speciali dell'esercito, dell'intelligence e dell'aeronautica, che selezionano i ragazzi di maggior talento, li fanno laureare nelle migliori università israeliane e coltivano le loro *soft skills* in progetti innovativi per scopi militari. Da nuovi dirigenti dell'esercito (ufficiali, sottufficiali, piloti), poi, questi giovani si trasformano spesso in imprenditori privati: Israele ha più società quotate al Nasdaq di tutta l'Europa e la metà è stata creata da questi professionisti con esperienze di leadership nell'esercito e nell'aeronautica.

Ma la nuova classe dirigente italiana deve avere queste stesse caratteristiche, anche se le aziende high-tech come Apple e Microsoft da noi non ci sono? La risposta è sicuramente sì, anche se avremo meno imprenditori tecnologici della Silicon Valley.

Questo perché l'innovazione non c'è solo nei settori tecnologici, come abbiamo visto. Ci sono molti settori più tradizionali dove la capacità inventiva determina il successo dei prodotti.

Le sfide impossibili

Recentemente a Milano si è scatenata una vera e propria guerra tra i 5000 tassisti attivi in città e Uber, la multinazionale americana che, attraverso una *app* sullo smartphone, permette a chi cerca un taxi di trovare una limousine nera con autista. I tassisti sostengono che Uber faccia loro concorrenza sleale e perciò indicono scioperi, chiedono di metterla fuori legge e si affrontano anche corpo a corpo con i suoi autisti. Uber sostiene che queste restrizioni danneggerebbero i cittadini milanesi e che non è giusto bloccare una tecnologia che funziona in altri diciannove Paesi per proteggere un monopolio. È una battaglia politica, legale, di marketing e mediatica combattuta senza esclusione di colpi.

Il leader scelto da Uber per questa battaglia tutta italiana è una donna di trent'anni, Benedetta Arese Lucini, che di recente si è sentita dire da un politico romano: «Ma da quando le aziende americane nominano delle ragazzine a capo delle loro filiali italiane?».

La tenacia e l'aggressività con la quale combatte Benedetta Arese, insieme a due giovani colleghi, è stupefacente: i tassisti dichiarano uno sciopero contro Uber e Benedetta risponde con una email ai suoi clienti, offrendo uno sconto a chi utilizza i suoi servizi. Il sindaco di Milano prende posizione a favore dei tassisti e Benedetta raccoglie in pochi giorni 6000 firme di milanesi a favore di Uber («Ne volevo almeno 5000, quanti sono i tassisti»), per fargli capire che deve preoccuparsi dell'interesse di tutti i suoi cittadini.

Pochi mesi dopo la sua assunzione come manager a Milano, i capi di Uber sono rimasti impressionati davanti a questo concentrato di tenacia, intelligenza e coraggio e l'hanno promossa responsabile di tutta l'Italia, la Svizzera e l'Austria.

L'intero percorso di formazione di Benedetta evidenzia la sua voglia di cercare nuove sfide, uscendo dalla cosiddetta *comfort zone.* Era stata selezionata da Uber mentre lavorava a Kuala Lumpur per Rocket Internet, un incubatore tedesco di *start up* che l'aveva assunta per creare in Asia un'azienda sul modello di Zalando (il sito tedesco di *e-commerce* per la moda). Prima aveva lavorato in una banca d'affari nella Silicon Valley, specializzandosi nel settore high-tech, e prima ancora a Londra, alla Morgan Stanley (una delle più prestigiose banche d'affari americane).

Studi fino alla maturità in una scuola inglese di Milano, poi laurea triennale alla Bocconi e laurea magistrale a Dublino in matematica finanziaria («Era il primo anno che la Bocconi aveva la laurea magistrale e non mi fidavo troppo. Ero quasi riuscita a entrare a Cambridge, ma sono rimasta in lista di attesa ed è stata una grande delusione»). Dopo i due anni in Morgan Stanley ha preso un secondo master, uno in *Business Administration* alla New York University. Dall'età di diciotto anni ha fatto una serie di stage di tre/quattro mesi in varie aziende in diverse parti del mondo.

Vera cosmopolita – «Ho sempre desiderato lavorare in un ambiente internazionale, sono rientrata in Italia solo perché mi piaceva la sfida di Uber e per dare una mano al mio Paese» –, Benedetta ha costruito la sua strada di nuovo dirigente in *start up* tecnologiche e si è a poco a poco appassionata a creare aziende «dove bisogna fare di tutto, dal budget alla selezione delle persone, all'arredamento degli uffici». Si rende conto di essere una giovane privilegiata – il padre, un ingegnere con un Mba ed esperienza di *venture capitalist* nel settore high-tech, l'ha sempre spinta verso un percorso d'istruzione che la preparasse al mondo globalizzato –, anche perché i valori che le hanno trasmesso i suoi genitori, benestanti e preparati alle sfide nel Ventunesimo secolo, non è stato quello tipico del genitore italiano iperprotettivo: «Mio padre ha sempre sostenuto che io e le mie due sorelle dovessimo imparare a cavarcela da sole al più presto, incoraggiandoci dai diciotto anni a guadagnarci la nostra paghetta e facendoci conoscere alcune persone che si erano fatte da sole, anche se provenienti da famiglie non benestanti come la nostra».

Benedetta è chiaramente un caso unico di nuovo dirigente italiano, con una formazione d'élite, una famiglia che l'ha molto aiutata (nel senso di farla crescere, non di procurarle una raccomandazione) e una carriera rapidissima, ma rappresenta un buon modello di intraprendenza e tenacia anche per chi ha fatto studi meno prestigiosi. E molti lo riconoscono, perché da quando è rientrata in Italia con Uber, è bersagliata da media e organizzazioni giovanili interessate alla sua storia.

Essere leader

Luca Lisandroni è un giovane marchigiano cresciuto a Milano, ha un curriculum di studi piuttosto comune e una famiglia d'origine come tante: il padre perito industriale e la madre insegnante elementare. Una carriera di studi tutta in Italia, con un ottimo liceo classico: «Ho scelto io stesso il liceo, è stato naturale perché ero un buon studente alle medie. Il mio papà voleva il liceo scientifico perché ero bravo in matematica, ma io ero affascinato dalla cultura umanistica e dalle difficoltà che mia sorella maggiore incontrava nello studio del greco». Poi la Bocconi, dove si è laureato in cinque anni e con 110, ma senza lode («ho recuperato alla grande con la tesi sennò avrei preso un voto più basso»). Lavoretti durante la laurea – guardarobiere, standista alle mostre –, nessuno stage in giro per il mondo, né Erasmus né master all'estero.

Eppure nel suo percorso Luca è riuscito a costruirsi una personalità da leader fondata sull'etica del lavoro, la passione per ciò che fa e la capacità di interagire con gli altri. All'inizio ha contato l'esempio dei genitori: «Il mio papà era un quadro della Snam nella distribuzione del metano, faceva i turni di notte, ma di giorno sviluppava progetti di distribuzione innovativa. Ricordo che ci faceva fare i compiti, ci metteva a letto e poi andava a lavorare. Da papà ho imparato lo spirito imprenditoriale e la voglia di fare, di migliorare e migliorarsi, mentre da mamma l'ordine mentale, la capacità di comunicare e relazionarsi».

Poi al liceo Luca ha vissuto un'esperienza che oggi considera estremamente formativa: «Ero l'unico maschio in una classe di venticinque donne e ho imparato a interagire con persone diverse da me. Ho dovuto cercarmi gli amici fuori dalla classe, una cosa che mi ha aiutato a vincere la timidezza». Nelle scelte universitarie Luca ha seguito i suoi interessi e non un calcolo: «Ho scelto l'università in funzione di ciò che mi piaceva e non di ciò che dovevo fare, se la Bocconi non avesse avuto il Des (Discipline economiche e sociali), avrei probabilmente scelto Sociologia o Relazioni internazionali. Ho studiato con grande passione, senza mai pensare seriamente a che mestiere volessi fare. Avevo in parte in mente la carriera aziendale, ma non pensavo solo a quella». A ventitré anni, sei mesi dopo la laurea e dopo un breve stage, Luca riceve un'offerta da l'Oréal, che era ed è tuttora considerata una delle migliori e più selettive scuole di marketing d'Europa: «Il lavoro era pesantissimo, ma ho avuto grandi soddisfazioni, il *brand* è cresciuto molto e ho imparato moltissimo».

A ventisette anni Luca sembra avviato a una carriera di successo nel marketing. Poi arriva l'offerta di Luxottica: «Mi ha colpito il fatto che fosse una grande *start up* e che offrisse enormi opportunità a chi avesse voglia e capacità di sfruttarle, e lo spirito imprenditoriale che ho sempre avuto mi ha spinto ad accettarla». Il posto è nella filiale inglese ma, prima ancora che Luca si trasferisca, il nuovo responsabile delle risorse umane ne intuisce le capacità di leadership e lo riorienta verso il lavoro di *key account manager* di Grand Vision, una catena di 350 negozi di ottica alla quale il gruppo fatturava venti milioni l'anno: «La mia missione era di ridisegnare il sistema di pianificazione industriale per questo cliente che non funzionava troppo bene, ho potuto girare tutta l'azienda, il prodotto, le fabbriche, la logistica, la distribuzione e la vendita». Alla fine viene chiamato a partecipare al progetto *Go to market*, che deve programmare le uscite commerciali di tutti i *brand* e le collezioni in ogni Paese del mondo. A trent'anni Luca ha girato quasi tutta la

Luxottica, si è costruito una rete interna di contatti e capisce bene come funziona la gestione operativa. È pronto per il prossimo salto. E viene mandato a fare il *country manager* in Brasile.

Mentre inizia a lavorare, Luxottica acquisisce Tekmal, la più importante azienda brasiliana di occhiali. A differenza della struttura che aveva Luxottica in precedenza, Tekmal è un'azienda completa, con fabbriche, magazzini e marchi suoi. Qui il management di Luxottica decide di fare una grande scommessa su Luca: gli viene affidata anche la gestione della nuova azienda, nonostante sia molto grande e complessa.

Luca si trova così, nel giro di pochi mesi, a passare dalla gestione di sei persone a quella di un gruppo di 1600, con un fatturato di 230 milioni di euro all'anno. Un vero *stretch job*, come si dice per indicare un lavoro al di sopra delle proprie capacità, normalmente offerto ai talenti per aiutarli a crescere. In due anni Luca Lisandroni ha integrato Tekmal nel gruppo, trasformato le *operation* e soprattutto cambiato il clima dell'organizzazione: «Le persone avevano dimenticato come si sorride anche sul lavoro, ho dovuto fare un grande sforzo per coinvolgerle negli obiettivi che mi ero posto, comunicare con tutti e ascoltare molto. Mettermi sulla stessa lunghezza d'onda dei brasiliani non è stato facile, basta dire che noi italiani siamo dei freddi inglesi rispetto a loro».

Laura Casartelli, del gruppo risorse umane di Luxottica, definisce Luca «uno dei talenti migliori del gruppo, con esperienze e competenze uniche per la sua età, ma soprattutto con alcune caratteristiche personali che lo rendono eccezionale rispetto ai suoi coetanei: la spinta imprenditoriale, la curiosità intellettuale e la capacità di leadership, ovvero l'attitudine a guidare e motivare persone anche molto diverse da lui in contesti lontani da quello in cui si è formato. Nonostante i suoi successi, Luca mantiene l'atteggiamento umile, la freschezza, la positività, la curiosità e l'apertura al confronto di chi ha ancora voglia di mettersi in gioco».

Queste storie di nuovi dirigenti stranieri e italiani evidenziano chiaramente come sia necessario per loro avere le *skills* richieste a tutti i dipendenti (etica del lavoro, capacità di *teamwork*, comunicazione e *problem solving*), ma mostrano anche che queste non bastano. Ci vogliono sei caratteristiche ulteriori.

Avere passione

Il leader del Ventunesimo secolo, quello che deve «convincere gli altri a fare ciò che non ritenevano possibile», ha fra i suoi tratti distintivi la capacità di trasmettere passione ed entusiasmo.

Milena Mondini, amministratore delegato di Admiral Italia, ha una passione e un entusiasmo contagiosi che spingono i suoi colleghi a provare sempre nuove idee per cercare di risolvere problemi all'apparenza impossibili, perseverando oltre ogni fallimento. Giovani come Kirk Phelps, Benedetta Arese e Luca Lisandroni hanno avuto la fortuna di poter contare su genitori che li hanno assecondati nelle loro passioni e non hanno mai chiesto loro: «cosa vuoi fare da grande?».

Ma attenzione: la passione per qualcosa – uno sport, la scienza, la musica, la politica – è un sentimento molto diverso dalla voglia di divertimento che hanno tutti i ragazzi sani. C'è vera passione per qualcosa quando se ne accettano anche i lati noiosi e frustranti, quando ci si sente migliori facendolo, quando si vuole farlo sempre meglio e si misurano i progressi. Per questo la passione non nasce senza un grande spirito di sacrificio e una profonda etica del lavoro.

Non stupisce che Kirk Phelps abbia consolidato queste *soft skills* in Apple, che non è solo un'azienda tecnologica e innovativa, ma anche una scuola di passione, impegno e perseveranza. Steve Jobs riceveva centinaia di domande da giovani che gli chiedevano come diventare imprenditori di successo. Al che lui diceva: «Ottimo, qual è la tua idea imprenditoriale?». La risposta era quasi sempre: «Non ne ho ancora nessuna». Allora Jobs ribatteva: «Penso che dovresti cercare un mestiere come conducente di minibus, o qualunque altra cosa, fino a quando non troverai un lavoro del quale sarai veramente appassionato... Perché alla fine il successo richiede una enorme quantità di lavoro... Sono convinto che almeno la metà di ciò che distingue un imprenditore di successo da uno meno bravo è la perseveranza, che, con i sacrifici personali che comporta, è possibile solo se si è veramente appassionati alla propria idea».

La passione si dimostra anche con un insaziabile desiderio di imparare ogni giorno qualcosa di nuovo: «Cerchiamo persone che abbiano la voglia e l'agilità mentale per imparare continuamente» dice Laszlo Bock, direttore del personale di Google. «L'ultima cosa che cerchiamo in un giovane da assumere è la specifica competenza. Se il giovane ha la voglia di imparare, l'umiltà intellettuale di accettare che su qualcosa un altro ne sa di più di lui e la capacità di lavorarci assieme, alla fine troverà la soluzione del problema molto meglio di un esperto».

Francesco Buquicchio, amministratore delegato di Egon Zehnder Italia (leader mondiale per la selezione dei vertici aziendali) dice: «Oggi non conta più solo il Qi (quoziente d'intelligenza), ma anche il Qe (quoziente emotivo), fatto di una genuina passione personale per qualche aspetto determinante della sfida manageriale da affrontare: può essere un impegno personale a servire i clienti se l'azienda deve ricostruire il rapporto con la sua clientela, oppure il desiderio di confrontarsi con realtà nuove se l'azienda deve internazionalizzarsi. La passione per ciò che si fa oggi non è detto sia replicabile in quello che si farà domani, e bisogna capire cosa è che la fa scattare».

La passione e lo spirito di sacrificio che hanno guidato il

percorso di Luca Lisandroni sono probabilmente nati quando, da bambino, vedeva il proprio padre metterlo a letto dopo avergli fatto fare i compiti e poi andare a lavorare.

Costruire fiducia

La fiducia reciproca è un elemento essenziale per il successo delle organizzazioni del Ventunesimo secolo. Era importante anche nel secolo scorso, ma oggi è diventata essenziale, perché il livello di pressione, l'autonomia delle persone e la struttura mutevole dei team rischiano di trasformare l'organizzazione in un insieme di feudi in lotta fra loro. Se non addirittura in una raccolta di individui isolati, ciascuno impegnato a coprirsi le spalle dagli altri.

Per impedire che ciò accada, i leader devono avere una grande capacità di costruire fiducia. Ci sono molti modi per farlo e nessuno di questi funziona sempre, ovviamente, altrimenti vivremmo in un mondo senza conflitti. La soluzione delle aziende dev'essere di dotarsi di una squadra di leader, di oggi e di domani, che usino stili e tecniche diverse per ispirare fiducia.

C'è la fiducia che ispira il capo carismatico, il leader che con la sua storia e la sua sicurezza fa sentire agli altri che potranno essere guidati da lui a fare cose straordinarie. È spesso il fondatore dell'azienda, ma quando l'innovazione va alla velocità della luce, anche un *product manager* può dimostrarsi «imprenditore nell'impresa», come nel caso di Benedetta Arese. Ci sono poi leader in grado di risolvere conflitti facendo nascere un dialogo aperto, quelli che creano un grande spirito di squadra di fronte alle avversità con la loro franchezza e la loro determinazione (come Churchill con il discorso su «sangue, sudore e lacrime»), quelli che attraverso l'esempio dimostrano che «si può fare».

Laszlo Bock sostiene che una caratteristica essenziale dei nuovi dirigenti in Google è la trasparenza: «Condividiamo tutto ciò che possiamo condividere, l'ultimo impiegato può sapere ciò che si discute nei consigli di amministrazione».

Ispirare fiducia è essenziale per stimolare i propri collaboratori ad assumersi dei rischi, che è l'essenza dell'innovazione e dell'imprenditorialità. Se un capo incoraggia i suoi a prendere iniziative e poi li rimprovera perché hanno sbagliato, l'imprenditorialità non nasce.

Imparare a rischiare

Abbiamo visto che tutti i lavoratori del Duemila devono essere imprenditori, il che vuol dire essenzialmente assumersi dei rischi. Questa mentalità dipende ovviamente dal carattere di ognuno di noi, che si forma in famiglia, a scuola e nel rapporto coi propri mentori, insomma con tutte le figure che ci hanno aiutato a crescere. Ma a parte il temperamento personale con cui si entra in azienda, per rafforzare la cultura imprenditoriale conta moltissimo l'atteggiamento dei leader con cui si lavora.

Se i dirigenti penalizzano il fallimento di un tentativo di innovare, l'incentivo e la motivazione del lavoratore a rischiare una seconda volta sparirà e lo spirito imprenditoriale andrà a farsi benedire. Se invece i dirigenti incoraggiano e perdonano gli errori «giusti» (cioè quelli dettati dalla ricerca del miglioramento, non dall'inerzia o dall'approssimazione) e danno il buon esempio provando, sbagliando e riprovando, l'atmosfera che si respira è ben diversa.

Milena Mondini, si dice sorpresa di non essere stata licenziata «qualche decina di volte» per gli errori commessi nel tentativo di innovare le procedure di lavoro. I futuri dirigenti che sbagliano e sanno poi fare tesoro dei propri fallimenti, diventano sempre più sicuri di sé. Sperimentano in continuazione nuove idee, esplorano nuovi modi di fare le cose e il loro approccio è sempre quello per «tentativi ed errori». Nella sede americana di Admiral si legge su un poster: «Per avere successo devi accettare gli errori, tuoi e degli altri. Abbiamo bisogno del tuo impegno e del tuo coraggio nell'assumerti dei rischi, e perciò devi essere pronto a sbagliare. Perdonati per aver sbagliato, così da poter riprovare con più impegno ancora. Cerca di non sbagliare, ma quando sbagli, fallo velocemente e correggiti per il futuro...».

I datori di lavoro che cercano l'innovazione per la propria azienda non considereranno mai un giovane laureato come una persona di grandi potenzialità se vi leggeranno una tendenza a privilegiare la consuetudine e la routine. Basta vedere quanto sforzo mettono nel capire quanto i candidati sono orientati allo spirito di iniziativa, se si sono messi alla prova presto, nello sport o nel sociale, magari all'estero, indipendentemente dai successi ottenuti. Anzi, storie ben raccontate di successi e fallimenti aiutano a entrare in aziende orientate all'innovazione.

Dice Benedetta Arese: «In Italia non si è educati a prendere rischi, a scuola e in famiglia il fallimento non viene tollerato. Nel mondo imprenditoriale del Ventunesimo secolo, è più facile trovare finanziamenti per un imprenditore che ha fallito quattro volte che per uno che non ha mai fatto niente. Travis Kalanick, il fondatore di Uber, ha trentotto anni ed è alla sua terza iniziativa imprenditoriale, le altre due non sono andate troppo bene: la prima è fallita e la seconda è stata venduta a un'altra azienda perché aveva molti problemi. Fino a oggi Uber sembra essere un successo (Google è entrato nel suo capitale per una valutazione di 3,5 miliardi di dollari e oggi è stimata valerne 40), ma se anche un giorno le cose non andassero bene, Travis continuerebbe a essere un imprenditore di successo». E anche Benedetta sa che, se Uber fallirà in Italia, la sua carriera non ne risentirà.

Guardare oltre la carriera

I leader di Google sostengono che la loro ambizione è «cambiare il mondo» e la loro missione aziendale «organizzare l'informazione disponibile nel mondo e renderla accessibile e utile». Jeff Bezos di Amazon parla di «fare la storia», il cofondatore di Skype Niklas Zennstromm vuole «sconvolgere il mondo, ma nel senso di renderlo un posto migliore». Nelle aziende innovative queste frasi ambiziose non sono solo vuota retorica, ma orientano i giovani di talento che ci lavorano: Kirk Phelps ha sempre dichiarato di volere costruire «prodotti che cambiano la vita di milioni di persone».

E non sono solo idee americane. Milena Mondini è motivata da un genuino desiderio di costruire un nuovo tipo di assicurazione auto in Italia. Benedetta Arese dice di aver accettato l'offerta di Uber anche «per dare una mano a cambiare il Paese», e se i milioni di visitatori dell'Expo troveranno a Milano abbastanza taxi, lo si dovrà anche a Benedetta.

I datori di lavoro sono oggi piacevolmente impressionati dai giovani che hanno ambizioni più ampie della semplice carriera. Che vogliono essere protagonisti di qualcosa di più grande di loro, anche a rischio di sembrare dei sognatori, e che dimostrano di cercarlo attraverso esperienze concrete (per esempio nel no profit). Molti giovani eccellenti oggi scelgono l'azienda per cui lavorare più in base alla possibilità di «dare un contributo più ampio» che per lo stipendio che viene loro promesso. Per esempio, l'organizzazione no profit OneSight, finanziata da Luxottica con lo scopo di restituire la vista a milioni di persone nei Paesi del Terzo mondo, è ritenuta da Nicola Pelà un elemento essenziale per attrarre i migliori talenti del mondo: «I *millennials* vogliono anche essere pagati con valori ed emozioni. Per loro il lavoro è anche un progetto di vita, un modo per cambiare il mondo».

I datori di lavoro più illuminati sanno tutto questo e sanno che i giovani di talento non si accontentano degli incentivi monetari di cui si sono accontentati i manager degli ultimi trent'anni, come le *stock options* e i bonus. Sono spesso disillusi dalla cultura del guadagno e vogliono qualcosa di più, come poter contribuire a un pianeta migliore attraverso un'azienda che lasci una traccia positiva nella società. E i nuovi dirigenti devono trasmettere questi valori per poter assumere i talenti migliori.

Immaginazione

Thomas Friedman, giornalista e saggista americano, sostiene nel suo ultimo libro *That Used to Be Us*[4] che «andando avanti, il mondo si dividerà in Paesi "a elevata capacità immaginativa", che stimolano il talento creativo dei loro lavoratori, e Paesi "a bassa capacità immaginativa", che invece lo soffocano. Gli Usa appartenevano al primo tipo, e oggi devono diventare una società iperimmaginativa se vogliono creare i posti di lavoro necessari».

In un mondo in cui l'innovazione diventerà essenziale per il business, l'immaginazione e la creatività saranno sempre più importanti per la futura classe dirigente. Non si richiederanno solo le competenze della parte sinistra del cervello – la capacità di risolvere problemi logici, di saper leggere informazioni e numeri, di usare la logica per ragionare con gli altri, di seguire metodi organizzati e disciplinati – ma anche quelle della parte destra: curiosità, ideazione, pensiero laterale.

Nel nuovo mondo aziendale, dunque, creatività non è più appannaggio esclusivo di chi concepisce la campagna pubblicitaria, ma di tutti. E se tutti i lavoratori possono e devono contribuire con le loro idee, chi deve stimolarle è il leader.

[4] Thomas Friedman, Michael Mandelbaum, *That Used to Be Us. How America Fell Behind in the World It Invented and How We Can Come Back*, Farrar, Sraus&Giraux, New York, 2011.

I datori di lavoro sono impressionati più da chi fa buone domande che da chi sembra avere tutte le risposte. La capacità di *problem solving*, che è una caratteristica essenziale di tutti i dipendenti nelle aziende del Ventunesimo secolo, richiede sempre una buona dose di immaginazione, di spirito critico, di pensiero fuori dagli schemi. Ma a un leader viene chiesto qualcosa di più. Oggi un'organizzazione davvero innovativa deve sviluppare capacità di *problem solving* superiori alla somma delle capacità degli individui che la compongono. Thomas Edison inventò l'elettricità come oggi la conosciamo praticamente da solo, dalle centrali elettriche alla lampadina. Per l'iPhone e il suo display che arriva fino al bordo, Kirk Phelps ha invece dovuto mettere assieme un numero enorme di cervelli in diversi continenti e lo ha fatto a soli ventidue anni. Un leader di un'organizzazione innovativa deve riuscire a immaginare soluzioni che non può trovare da solo: deve saper «prestare» un po' della sua immaginazione alle persone che lavorano con lui.

Flessibilità

Secondo Francesco Buquicchio, una qualità essenziale del leader di qualche anno fa era l'affidabilità, intesa come capacità di *stick to the plan*, cioè di rispettare gli obiettivi e i programmi, e di ottenere i risultati attesi anche a fronte di difficoltà.

Oggi ci si rende conto che chi ha sempre rispettato i piani è probabile che non si sia mai trovato di fronte a un cambiamento radicale del contesto esterno, e potrebbe essere perciò meno preparato ad affrontare le discontinuità. L'affidabilità può anche virare in scarsa propensione a perseguire opportunità nuove, che comporta sempre il rischio di non raggiungere gli obiettivi. «Flessibilità» e «adattabilità» diventano invece le caratteristiche essenziali quando si deve affrontare e guidare un cambiamento profondo e ci si deve confrontare con un mondo che si trasforma molto rapidamente.

Così ci conferma Benedetta Arese: «Oggi la flessibilità è essenziale perché il mondo cambia continuamente. Bisogna essere flessibili sul lavoro che si fa e sulla carriera – io sono entrata in Uber come responsabile di Milano e dopo pochi mesi mi hanno affidato la Svizzera e l'Austria –, sul luogo di lavoro – starò in ufficio dieci ore alla settimana – e su quanto e quando si lavora – se c'è una scadenza importante bisogna fare le ore piccole – e così via. Solo se si è flessibili si riescono a cogliere al volo quelle opportunità che possono cambiare il proprio destino professionale». Secondo Benedetta, i nuovi dirigenti italiani non sono sempre pronti a questa flessibilità, «chiedono chiarimenti continui sul loro ruolo, esigono un percorso chiaro e si richiamano spesso al contratto. Non capiscono che il mondo è cambiato».

È facile vedere nella parola «flessibilità» la disponibilità di un dipendente a rinunciare a qualcosa che ritiene gli spetti, ad assecondare le richieste del capo e dell'azienda. E in effetti in molte mansioni operative si tratta proprio di questo: accettare spostamenti d'orario, sobbarcarsi ritmi di lavoro più impegnativi, sostituire se necessario un collega. Per parte sua, la crisi da un lato ha spinto le aziende a una maggiore efficienza, dall'altro ne ha aumentato il potere contrattuale nei confronti dei dipendenti, spesso precari. In molti casi, dunque, una persona «flessibile» è una persona che fa tutto quello che le viene chiesto.

Ma ai leader non si chiede la flessibilità di chi non dice mai di no al capo. Anzi. Si vuole un leader che pensi come un imprenditore e gestisca le difficoltà del mercato come se l'azienda fosse sua. Anticipando le richieste del capo, non seguendole alla lettera. Assumendosi dei rischi (moderati) ed essendo pronto a gestire le conseguenze se le cose vanno male.

6

Una mappa del (nuovo) lavoro

> «Il peggior mestiere è quello di non averne alcuno.»
>
> CESARE CANTÙ

Ma dove sono i posti di lavoro per cui sono necessarie tutte le competenze che abbiamo descritto? Quali aziende assumono i nuovi dirigenti? Esistono davvero oggi, in Italia, queste opportunità? Sì, esistono. Solo che spesso non sappiamo dove cercarle.

La crisi economica, pur non essendo la sola responsabile delle difficoltà di inserimento dei giovani, rende certamente ancor più difficile la ricerca di un lavoro. Quindi, oggi più che mai, chi si affaccia al mondo delle aziende ha bisogno di orientarsi in fretta. Per questo, senza nessuna pretesa di essere esaurienti, abbiamo raccolto alcuni fatti sul mercato del lavoro in Italia, noti agli specialisti (economisti, statistici, addetti al *recruiting*) ma molto meno conosciuti dal pubblico. Che, proprio perché non li conosce, coltiva spesso idee fuorvianti su dove si debba cercare il lavoro.

Il lavoro c'è, ma non si vede

Se chiediamo a un bambino «Cosa vuoi fare da grande?», spesso ci risponde con mestieri improbabili e avventurosi, come l'agente segreto o l'astronauta. Del resto, nei libri illustrati sui quali si forma la nostra immaginazione sin dall'infanzia fa bella mostra di sé una parata di professioni che non riflette nessuna realtà economica: nei libri sono tutti pompieri, dottori, avvocati, vigili urbani, conducenti di autobus, idraulici. E la nostra immaginazione si riempie di divise, camici, tute, chiavi inglesi e palette rosse. Così succede che le aziende diventino il vero buco nero della nostra capacità di raffigurarci il mondo lavorativo. Per la maggior parte delle persone, quelle che lavorano nelle aziende o negli uffici pubblici, abbiamo una parola che non dice nulla: impiegato. Come dire: «uno che viene messo a fare un lavoro».

Eppure le aziende sono, anche in un Paese come l'Italia con una presenza ipertrofica della pubblica amministrazione, il principale datore di lavoro. In Italia lavorano ventidue milioni di persone. Di queste, tre milioni e mezzo lavorano nella pubblica amministrazione e nei vari apparati pubblici: pompieri, vigili urbani, insegnanti, giudici, tanti mestieri delle illustrazioni per bambini, più tutti gli impiegati statali, regionali, provinciali e comunali. Ci sono poi oltre quattro milioni di cosiddetti *self-employed* (le famose partite Iva), titolari di imprese individuali (come i tassisti), professionisti (quelli delle professioni tradizionali come avvocati o architetti, ma anche *web designer free lance*) e artigiani. Mezzo milione sono imprenditori. Gli altri quattordici milioni, praticamente due su tre, lavorano nelle aziende. E la maggior parte (otto milioni) come impiegati. È perciò innanzitutto al mondo aziendale che dobbiamo rivolgerci quando vogliamo immaginare il lavoro dei nostri figli.

Quali settori crescono

L'Istat suddivide l'economia italiana in tre grandi settori: agricoltura, industria e servizi. I servizi comprendono una grande varietà di sottosettori, dalla finanza alla sanità, dalle telecomunicazioni all'aiuto domestico, dalla consulenza ai ristoranti, dalla scuola al commercio. I posti di lavoro nei servizi sono in Italia il 70 per cento del totale. E la loro quota cresce significativamente di anno in anno.

Ma all'impiego nel terzo settore propriamente detto vanno aggiunti quelli nelle mansioni di servizio delle aziende manifatturiere – vendita, marketing, assistenza ai clienti, amministrazione, logistica –, che in molti casi sono la maggioranza. Se prendiamo l'azienda industriale italiana per antonomasia, la Fiat, scopriamo che ha in Italia 62.000 dipendenti di cui solo 24.000, meno del 40 per cento, impiegati nelle fabbriche. Il resto fa altro: mestieri «industriali» come la progettazione, ma soprattutto vendite, marketing, amministrazione, logistica.

Non tutti i settori economici classificati come servizi crescono: quello statale e della pubblica amministrazione, per esempio, risulta in riduzione. Per guardare più a fondo le dinamiche dei singoli ambiti di attività, abbiamo analizzato la variazione di occupati dal 2008 al 2013. Mentre in totale gli occupati sono scesi di circa un milione (–4 per cento) per effetto della crisi, le dinamiche settoriali sono state molto diverse tra loro.

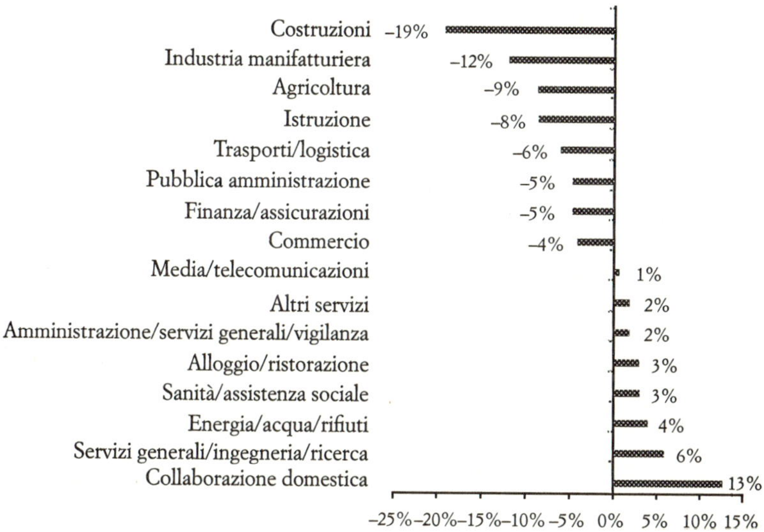

Fonte: Istat

Il settore delle costruzioni è il più colpito dalla crisi, come avviene quasi sempre nei periodi di recessione economica: ha perso quasi un quinto dei suoi occupati. Segue il settore manifatturiero, con un –12 per cento. Qui l'effetto della crisi si combina con il progressivo spostamento dal settore manifatturiero a quello dei servizi che sta avvenendo inesorabilmente in tutti i Paesi industrializzati, dagli Usa alla Cina. Terzo, in ordine di perdita percentuale, l'agricoltura, smentendo con ciò la leggenda metropolitana del ritorno alla campagna come antidoto alla crisi.

Poi vengono gli altri servizi. Alcuni, come istruzione, pubblica amministrazione e trasporti, sono in netto calo, soprattutto per vincoli di bilancio pubblico (gran parte degli addetti ai trasporti è nel trasporto locale, pesantemente sussidiato dalla spesa pubblica). La finanza ha subito gli effetti della crisi e la razionalizzazione degli sportelli bancari.

Il settore del commercio (–4 per cento) ha in realtà due facce: i negozi a gestione familiare sono in caduta libera. Lo testimoniano le strade delle nostre città, dove le saracinesche abbassate sono la triste norma. È l'effetto del calo dei consumi ma anche dello spostamento verso la grande distribuzione nel settore alimentare e non (aziende come Esselunga assumono più di 1000 persone ogni anno).

Poi ci sono le altre categorie di servizi che, con l'eccezione della sanità (ancora in gran parte pubblica), sono per lo più privati. E sono in crescita nonostante la crisi. La crescita è legata all'invecchiamento della popolazione (soprattutto per quanto riguarda sanità e assistenza domestica, quest'ultima con +13 per cento), ma anche allo sviluppo tecnologico (media e servizi professionali). Sono in crescita per le liberalizzazioni e le nuove regolamentazioni (energia e rifiuti), ma anche per il cambiamento degli stili di vita (ristorazione e alloggio). Nel 2011 Silvio Berlusconi disse che la crisi non c'era perché i ristoranti erano pieni. Sulla crisi aveva torto, ma i ristoranti sono aumentati davvero.

Una recente indagine promossa da l'Oréal ha rivelato come parrucchieri e centri estetici producano mezzo punto di Pil, evidenziando come una spesa tradizionalmente ritenuta «voluttuaria» sia tutt'altro che un lusso per la nostra economia, ma ne costituisca un tassello importantissimo.

Non sono soltanto i parrucchieri a essere presi sotto gamba. Il settore dei servizi soffre di una duplice cattiva fama. Da un lato – nelle sue componenti più ricche, quelle con i lavori meglio pagati, come la finanza e la consulenza – è visto in fondo come quasi parassitario, certamente non in grado di produrre vera ricchezza. Eppure la Kpmg assume ogni anno 500 laureati (su 10.000 curriculum ricevuti) e molte centinaia vengono assunti ogni anno da Accenture, McKinsey e Boston Consulting Group. Dall'altro lato, e specularmente, il settore dei servizi è pieno di mestieri ritenuti «di serie B»: commercianti, parrucchieri, badanti, metronotte. Non solo sono lavori per cui non servono studi approfonditi, ma sono anche erroneamente ritenuti meno dignitosi di quelli dell'operaio e del contadino. Fanno eccezione gli impieghi nella scuola e nella sanità. Medico e professore mantengono (il secondo purtroppo sempre meno) un ruolo rispettato.

Questi pregiudizi sono gravi soprattutto perché limitano l'attrattiva di molti lavori nei confronti dei giovani in cerca di primo impiego. Sono particolarmente penalizzati, poi, i mestieri che richiedono un impegno di orario e non offrono la possibilità di mettersi in proprio perché sono in medie/grandi aziende di servizio come la grande distribuzione, ma che offrono invece, come abbiamo visto, ottime possibilità di crescita a chi voglia impegnarsi.

In quali aziende cercare lavoro

Dal punto di vista di chi inizia a lavorare, le aziende più grandi offrono generalmente molte più opportunità di quelle piccole. Pagano, a parità di mansioni, stipendi mediamente più alti. Operano con strutture organizzative, processi manageriali e tecnologie generalmente più avanzate, e risultano essere perciò «scuole» migliori. Spendono di più in formazione del personale e l'esperienza in una di esse ha un valore maggiormente riconosciuto nel curriculum. In una grande azienda ci sono poi, semplicemente per dimensioni, molte più posizioni e quindi più opportunità di carriera. Sono, è vero, generalmente meno flessibili e imprenditoriali, ma questo, per la formazione professionale di un giovane alle prime armi, è forse meno rilevante.

Ma quanti posti di lavoro ci sono, in Italia, nelle grandi aziende? Relativamente pochi, purtroppo. Il nostro è il Paese delle microaziende. Gli impiegati in imprese sopra i 250 addetti (una soglia che in altri Paesi caratterizzerebbe una azienda medio-piccola), superano di poco, nel complesso, i 3 milioni. Un quarto del totale.

Ma anche questo numero rischia di essere una sovrastima. Le grandi aziende italiane quotate in borsa e raccolte nel Mib 30 hanno un organico complessivo che non raggiunge i 600.000 dipendenti (in Italia). Aggiungendo i grandi gruppi pubblici non quotati (Poste, Ferrovie dello Stato) e alcune grandi imprese private italiane non presenti in borsa (Ferrero, Esselunga, i grandi nomi della moda), si contano circa un milione di addetti. A questi vanno aggiunti quelli di molte delle 13.700 multinazionali estere presenti in Italia, che hanno un totale di 1,2 milioni di dipendenti. E che offrono spesso gli stessi vantaggi delle grandi aziende italiane, se non di più. Per un giovane agli inizi della carriera c'è un «bacino» di aziende relativamente d'élite poco sopra i due milioni di addetti, pari al 15-20 per cento circa del totale.

Anche all'interno di questo gruppo, però, ci sono delle differenze. Le grandi multinazionali hanno una reputazione migliore come datori di lavoro della maggioranza delle aziende italiane e molte ricerche dimostrano come questa reputazione sia pienamente meritata. I settori dei beni di consumo e della tecnologia tendono a investire di più nelle risorse umane qualificate. Le società di consulenza multinazionale (non solo quelle di consulenza strategica come McKinsey, Bcg e Bain ma anche le grandi società di audit) hanno da tempo sostituito i grandi gruppi industriali come «scuole di management». Soprattutto per i laureati, un ingresso in queste aziende rappresenta senz'altro una buona opportunità.

Incrociando questa categoria di super-élite con le mansioni più qualificate che rendono queste aziende davvero speciali, troviamo un insieme di lavori, pari forse all'1-2 per cento del totale, che rappresentano il punto d'ingresso ideale per una carriera da nuovo dirigente.

E per tutti gli altri, quelli che lavorano in piccole/medie aziende o in mansioni meno qualificate, che possibilità ci sono? Devono rinunciare da subito alle ambizioni di una carriera brillante? Nel corso dei prossimi capitoli racconteremo numerose storie di ragazzi che hanno avuto degli esordi lavorativi non certo di prestigio ma che, grazie alle loro capacità e a una buona dose di tenacia, hanno avuto un'ottima carriera. Per loro, come per quasi tutti, c'è bisogno di un fattore essenziale: il tempo. Si possono avere buone chance di approdare a una grande azienda dopo un'esperienza in una più piccola e in una posizione di minor prestigio se si è iniziato a lavorare presto. Dopo una laurea presa in tempo. O subito dopo il diploma, studiando mentre si lavora. O avendo accumulato qualche esperienza professionale durante le superiori, in modo da avere a vent'anni una certa competenza d'azienda, e non solo il diploma.

Per tutti questi giovani che, finiti gli studi e magari dopo uno stage o un impiego precario non riescono ad approdare a un posto che offra da subito un futuro, esiste oggi un'opportunità nuova. Le agenzie interinali, i veri, nuovi protagonisti del mercato del lavoro.

L'opportunità delle agenzie interinali

Il lavoro interinale ha conosciuto, non solo in Italia, un vero boom. Favorito da modifiche nella normativa, ma anche dalla maggiore richiesta di flessibilità delle aziende, ha visto nascere e consolidarsi grandi imprese, con nomi ancora non troppo noti al pubblico come Adecco, Manpower, Randstadt.

Quando sono apparse sulla scena, le agenzie interinali hanno offerto alle aziende che cercavano manodopera una serie di vantaggi, riassunti nella parola «flessibilità». Un'azienda che aveva bisogno di manodopera per un aumento dell'attività poteva assumere personale senza doversi impegnare con contratti a tempo indeterminato, né dovendo decidere a priori la scadenza, come invece accade per i contratti a tempo determinato. Le aziende potevano sostituire le persone che giudicavano inadatte anche dopo la scadenza del periodo di prova. Una piccola impresa poteva cercare personale con specializzazioni particolari che serviva per un tempo limitato e che avrebbe avuto difficoltà a reclutare con i propri mezzi.

Poi, con la crescita e la specializzazione, queste multinazionali dell'assunzione sono diventate spesso più brave e più efficienti di molte delle aziende loro clienti nel selezionare grandi numeri di giovani, per cui sempre più aziende appaltano a queste agenzie l'intera funzione di ricerca del personale. Si sono trasformate così in veri e propri giganti della selezione, protagonisti assoluti dell'inserimento nel lavoro di giovani diplomati e sempre più anche di laureati e potenziali dirigenti.

Le agenzie di lavoro interinale sono quasi 200.000 nel mondo, alcune grandi, altre piccolissime. Le più importanti hanno costituito macchine impressionanti di selezione, formazione e gestione di personale, arrivando ad avere uno staff complessivo di quasi un milione di addetti (delle stesse agenzie, non dei loro clienti). Queste realtà oggi danno lavoro a più di 10 milioni di persone nel mondo, e una buona parte viene poi assunta a tempo indeterminato.

In Italia la situazione non è molto diversa dal resto dell'Europa, anche se la rigidità del mercato del lavoro, le piccole dimensioni delle aziende e la poca cultura del merito fanno sì che il ruolo delle agenzie, soprattutto quelle più piccole al centro-sud, rimanga legato a schemi del passato. Secondo Stefano Scabbio, amministratore delegato di Manpower, «in Italia esiste ancora il *pay rolling*, ovvero le aziende selezionano (a volte i raccomandati) e li fanno assumere dalle agenzie per garantirsi la flessibilità del lavoratore».

Ma anche l'Italia sta cambiando. E soprattutto le tre agenzie più grandi – Adecco, Manpower e Ranstadt – sono arrivate a essere veri protagonisti del mercato del lavoro e soprattutto della selezione.

Federico Vione di Adecco, profondo conoscitore delle *soft skills*, diventato amministratore delegato iniziando come selezionatore, ci dipinge un quadro abbastanza preciso della situazione: «Noi non prendiamo neanche in considerazione i giovani che, non ricevendo subito un'offerta di lavoro che ritengono adeguata, dicono che in Italia la meritocrazia non esiste, perché vuol dire che non possiedono i valori giusti, si aspettano che tutto gli sia dovuto. Se troviamo i valori giusti e le *soft skills* necessarie in un giovane, ci diamo da fare per trovargli un lavoro con l'azienda che cerca un profilo simile al suo, e quasi sempre ci riusciamo. Per questo investiamo moltissimo nella scelta delle persone, perché se sbagliamo facciamo un doppio danno: all'azienda nostra cliente e al lavoratore. E investiamo anche molto nel capire sia il contesto aziendale dove il giovane si deve inserire, sia il profilo che l'azienda sta cercando».

Secondo Claudia Bertoli, una giovane selezionatrice di Adecco specializzata in posizioni tecniche (ingegneri e periti), «molti ci vedono ancora solo come "somministratori", ma non è vero. Oggi il 60 per cento del mio tempo è dedicato a selezionare per conto dei clienti. Dei miei 150 assunti nel 2013 (80 per cento laureati e 20 per cento diplomati), praticamente tutti sono poi stati assunti a tempo indeterminato». Il caso di Claudia Bertoli è particolarmente fortunato, perché si occupa di profili tecnici che sono sempre molto richiesti, ma la media per tutte le posizioni ricercate da Adecco e Manpower è che un giovane su due ingaggiato dalle agenzie viene alla fine assunto a tempo indeterminato dall'azienda in cui ha lavorato.

E anche i giovani che fanno lavori temporanei stabiliscono un rapporto di fiducia con le agenzie, che poi cercano quasi sempre di dare loro la formazione necessaria per trovare un impiego con un orizzonte temporale più sicuro.

Ma la maggioranza degli italiani tutto questo non lo ha ancora capito.

III

La scuola che non cambia

7

I falsi miti su scuola e lavoro

> «Mi piace un insegnante che ti dà qualcosa da pensare da portare a casa oltre ai consueti compiti.»
>
> LILY TOMLIN

Abbiamo visto come i grandi cambiamenti nel mondo del lavoro richiedano competenze diverse dal passato. La nostra scuola è in grado di formare nei ragazzi queste competenze? Guardando i risultati sulla disoccupazione giovanile, sembrerebbe di no.

In Italia negli ultimi anni la scuola è stata sottoposta a un succedersi di riforme, ma il cambiamento atteso in parte non è avvenuto e in parte è avvenuto male, creando, in misura ancora maggiore di quanto succede in altri Paesi, quello che si definisce *mismatch*, ovvero un profondo disallineamento tra ciò che richiede il mondo del lavoro e ciò che offre il sistema dell'istruzione.

Parlare della «scuola che non forma al mondo del lavoro» non è certo una novità, ma spesso si ascrive questa carenza alle ragioni sbagliate. Per capire in cosa consiste davvero il *mismatch*, quindi, dovremo smantellare molti luoghi comuni e vedere quel che manca davvero alla scuola italiana. Ma prima, vediamo cosa dicono i datori di lavoro.

Senza più fiducia nella scuola

I capi del personale delle aziende hanno un'idea davvero sconfortante della scuola italiana. Più si allarga lo spettro delle attività e delle esperienze che vengono esaminate nei curriculum dei candidati – sport, volontariato, viaggi all'estero, esperienze di lavoro anche part-time – e meno sembra diventare rilevante la formazione scolastica. E la cosa più sorprendente (e grave) è che questo disinteresse nei confronti della scuola aumenta proprio mentre sta crescendo l'attenzione che le aziende pongono nel selezionare il personale.

Un selezionatore di un'azienda italiana all'avanguardia è stato particolarmente franco: «Per noi il voto di maturità e le scuole fatte non contano praticamente nulla. Quando selezioniamo un neodiplomato guardiamo a tutt'altro; in primo luogo all'età in cui un ragazzo è diventato indipendente dalla famiglia».

Le opinioni dei responsabili delle aziende italiane rispecchiano una tendenza di molti Paesi. La già citata indagine del 2012 *Education to Employment* di McKinsey dimostra che lo scetticismo dei datori di lavoro sulla preparazione scolastica è un fenomeno globale. In un campione che va dagli Stati Uniti all'India passando per l'Inghilterra, la Germania, il Brasile e la Turchia, alla domanda «I giovani sono preparati per il lavoro?» solo il 50 per cento dei datori di lavoro e dei giovani risponde di sì. E ciò che preoccupa ancora di più è che gli insegnanti che hanno risposto affermativamente alla stessa domanda sono il 70 per cento. Troppi insegnanti, quindi, si rifiutano di vedere che la loro didattica non forma gli studenti per il lavoro.

L'indagine è stata ripresa l'anno dopo in Europa, con risultati ancora più allarmanti: solo il 35 per cento dei datori di lavoro e il 38 per cento dei giovani ritiene che la scuola prepari i giovani al lavoro, contro il 74 per cento dei docenti. E il 42 per cento delle aziende europee ritiene che la mancanza di competenze dei neoassunti sia un grave problema per le aziende.

Negli Stati Uniti non è molto diverso. Nell'indagine del 2012, il 45 per cento dei datori di lavoro lamentava la mancanza di competenze dei neoassunti e sosteneva che fosse una delle cause principali del fatto che molti posti di lavoro disponibili sul mercato rimanessero vacanti.

Eppure il dibattito su questo problema era partito, negli Usa, molto prima della crisi del 2008. Nel 2006, quando l'economia americana cresceva ancora a ritmi sostenuti, la Society for Human Resource Management, un'istituzione nata nel 1948, fece un sondaggio in collaborazione con altre prestigiose istituzioni nel quale più di quattrocento imprese americane dovevano indicare quali fossero le competenze per loro più importanti nel Ventunesimo secolo e quanto i diplomati delle scuole superiori, i laureati in materie tecniche con laurea breve e i laureati con quattro anni di università disponessero di queste competenze.

I risultati? Innanzitutto i datori di lavoro americani avevano già anticipato il fatto essenziale, poi riconfermato sei anni dopo dall'indagine E2E: ciò di cui le aziende hanno bisogno non sono le competenze specialistiche, ma la capacità di risolvere problemi e *soft skills* come l'etica del lavoro, la capacità di comunicare e quella di lavorare in team. In secondo luogo, i dati confermarono l'inadeguatezza della formazione dei neodiplomati e neolaureati americani. Così la situazione viene riassunta nella prima pagina del rapporto finale: «Troppi giovani americani sono poco formati per il mondo del lavoro... Più della metà dei neodiplomati è impreparata in termini di comunicazione, professionalità/etica del lavoro, e capacità di risolvere problemi. I laureati sono meglio preparati, ma manca l'eccellenza e ci sono gravi carenze su alcune competenze di base, come la conoscenza della lingua e la comunicazione scritta... Le uniche buone notizie sono la preparazione in informatica e la capacità di lavorare in team».

Gli Stati Uniti sono uno dei Paesi più ricchi del mondo, il più avanzato tecnologicamente e vantano punte di eccellenza culturale, dalle università al cinema, ma hanno scuole mediamente scarse agli occhi dei datori di lavoro, che si rendevano conto molto prima del sorgere della crisi che le competenze necessarie al Ventunesimo secolo sono ben diverse da quelle del secolo scorso. E la critica alle scuole americane, che si sono rivelate pessime soprattutto nell'insegnamento della matematica, è esplosa negli ultimi anni, quando i test Ocse-Pisa, di cui parleremo più avanti, hanno permesso di misurare obiettivamente quello che i datori di lavoro dicevano da anni.

Il problema è quindi mondiale, ma in Italia è più grave e spiega perché la nostra disoccupazione giovanile è più alta che negli altri Paesi, da ben prima della crisi. Alla domanda «Ritenete che il diploma di scuola superiore abbia aumentato le vostre probabilità di trovare un lavoro?» solo il 37 per cento dei giovani italiani ha risposto positivamente contro il 42 per cento della media europea e il 53 per cento della Germania (47 per cento in Portogallo). Peggio di noi fa solo la Grecia, con il 31 per cento.

Riusciamo a battere tutti nelle risposte alla domanda «In che misura la mancanza di competenze del personale influenza la competitività della vostra azienda?». Qui il 47 per cento dei datori di lavoro italiani ha risposto che l'influenza era significativa, contro il 33 per cento della media europea, il 26 per cento dei datori di lavoro tedeschi e il 18 per cento di quelli inglesi. Datori di lavoro e giovani italiani si rendono quindi ben conto della gravità del problema, e non è un caso se le lamentele nei confronti della scuola italiana sono molto aumentate negli ultimi anni.

Ma se gli italiani hanno percepito che un problema c'è ed è grave, non ne hanno ben capito le cause e si lamentano per le ragioni sbagliate. Si sono creati infatti dei veri e propri miti sui problemi della scuola italiana, di cui sono piene le dichiarazioni dei politici e le pagine dei giornali. Il primo è quello che sostiene che «mancano gli ingegneri, i tecnici come i periti industriali e le specializzazioni professionali».

Il mito dei mestieri

Questa diagnosi (errata) sui problemi della scuola italiana è quella che per lungo tempo è stata sostenuta da diverse voci del mondo delle associazioni imprenditoriali, tra cui quella autorevole di Confindustria,[5] che incolpava del problema la mancanza di una solida e diffusa formazione tecnica: secondo questa teoria, all'Italia mancherebbero i periti industriali di una volta, quelli che negli anni Ottanta hanno fatto del nostro Paese la quarta potenza industriale del mondo per produzione manifatturiera. Oggi che la nostra industria manifatturiera è falcidiata dalla crisi e le fabbriche italiane chiudono a ritmi terrificanti, molti leader d'impresa hanno capito che non saranno fabbriche più efficienti di quelle cinesi a risollevare la nostra economia, ma l'innovazione e la creatività.

Rimane però vivo il luogo comune, che riappare continuamente in tutti i dibattiti sulla disoccupazione giovanile, secondo cui la scuola è lontana dal mondo del lavoro perché insegna le competenze tecniche e i mestieri sbagliati, quelli che oggi non hanno mercato. «Ci sono troppi laureati in psicologia, cosa se ne fa l'Italia di tanti psicologi?» è una frase che sentiamo spesso. «L'industria ha bisogno di ingegneri e periti industriali, non di sociologi e scienziati della comunicazione.» Sembra ovvio, anche perché gli ingegneri trovano lavoro in azienda decisamente meglio e prima dei sociologi. Peccato che lo facciano anche nel marketing, o nel settore delle ricerche di mercato e delle indagini sulla società. La preferenza dei datori di lavoro per i laureati in ingegneria, in particolare in Italia, non nasce dal bisogno di avere persone con le competenze di progettazione degli ingegneri, ma dal fatto che chi studia ingegneria impara a risolvere problemi concreti con approcci rigorosi, sa lavorare con i numeri e, a differenza di molti altri laureati in discipline scientifiche, mostra un chiaro interesse verso il mondo delle aziende.

I sostenitori dei «mestieri» credono invece che le aziende cerchino giovani che abbiano imparato a scuola un mestiere o almeno le competenze tecniche di base di quel me-

[5] Il pensiero di Confindustria oggi è molto evoluto rispetto a quello di vent'anni fa, ma molti suoi associati la pensano ancora così.

stiere. Mentre le aziende sono sempre meno interessate a questo aspetto, perché le tecniche di base imparate a scuola sono spesso già superate, e comunque una persona con le giuste capacità e motivazione le impara in poche settimane di *training*.

I nostri esperti di formazione scolastica si concentrano sempre più sul «cosa» si insegna che sul «come» lo si fa. Per questo moltiplicano i curriculum, dando vita a più di 800 «sperimentazioni» sia negli istituti tecnici (i vecchi ragionieri si sono ramificati in otto indirizzi base, tra cui l'«economo dietista»), sia in quelli tecnici (una cinquantina di indirizzi che variano dai tecnici di arti fotografiche ai metallurgici), sia nei professionali (decine di altri indirizzi dal «tecnico del mare» al tecnico dell'abbigliamento), sia nei licei (un centinaio di indirizzi di licei artistici, dall'arredo delle chiese alla moda, a fronte di un solo tipo di liceo classico). Poi ammodernano i nomi (il vecchio «istituto tecnico commerciale» ha creato gli indirizzi di «amministrazione e controllo» e «comunicazione e marketing») e introducono corsi dai nomi altisonanti («economia aziendale e geopolitica»), nella convinzione errata che il mondo del lavoro apra le sue porte ai giovani che conoscono le «cose giuste».

Dalla stessa idea nacque il progetto di potenziare l'apprendimento di materie cosiddette utili a chiunque cerchi oggi un lavoro: l'uso del computer, internet, l'inglese. Peccato che l'informatica e la conoscenza di una lingua straniera siano agli ultimi posti nella graduatoria di cosa le aziende cercano nei giovani neoassunti, secondo il sondaggio E2E. L'inglese imparato a scuola raramente fa la differenza e le competenze di internet della maggioranza dei ragazzi (non certo apprese a scuola) sono mediamente di qualche ordine di grandezza superiori a quelle del selezionatore che gli siede davanti (e infatti sono una delle poche cose di cui i datori di lavoro sono soddisfatti in tutte le indagini citate e nelle nostre interviste).

Questa visione utilitaristica dell'istruzione, secondo la quale la scuola «serve a imparare un mestiere» sta confondendo i giovani italiani, che pensano che siccome non trovano lavoro la scuola e l'università non li formano più e quindi il «pezzo di carta» ormai non vale nulla. E questo è un esito assai preoccupante.

A una visione dell'istruzione come trasmissione di nozioni utili se ne contrappone un'altra, altrettanto anacronistica, che è all'origine del secondo mito sulla scuola.

Il mito del sapere

Siamo fermamente convinti che la formazione della persona vada oltre le sue abilità lavorative e che l'istruzione serva a formare la personalità dell'individuo, la sua capacità di pensare criticamente e di convivere bene con gli altri. Tuttavia per molti, soprattutto in Italia, la formazione culturale è un elemento completamente distinto dalla preparazione al lavoro. Il mito della cultura fine a se stessa, già operante nella scelta delle scuole superiori, raggiunge il suo apice quando si applica all'università. Per chi sostiene questo punto di vista, la cultura è esclusivamente una necessità morale per lo sviluppo della persona ed è tanto più moralmente elevata quanto meno ha a che fare con scopi utilitaristici. Di fatto si adottano ancora le categorie latine dell'*otium* (cultura) e del *negotium* (affari), che per i nostri antenati erano due momenti rigorosamente separati nella vita degli uomini di spirito elevato.

Questa impostazione culturale ha attraversato i millenni ed è stata adottata in Italia dall'aristocrazia prima, e da una borghesia ricca di grandi proprietà terriere poi. Questi gruppi, che hanno costituito l'élite di molte regioni del nostro Paese, specie al sud, e per cui costituiva un vanto il non dover lavorare per vivere, hanno potuto perciò comodamente rifiutare tutti gli aspetti della cultura che avevano un risvolto pratico: scienze applicate, tecnologia, finanza.

La cosa più sorprendente, però, è quanto un'idea del genere resista ancora oggi, nonostante le famiglie che vivono di rendita e latifondo siano rimaste davvero in poche. Per chi la pensa così, le élite vanno al liceo classico e poi faranno l'università, saranno persone colte e diventeranno avvocati, commercialisti, architetti, magistrati, giornalisti, storici dell'arte, dirigenti di banca, mentre gli altri lavoratori al massimo potranno aver fatto l'istituto tecnico.

Questa visione profondamente classista della società è ancora presente in molti tra coloro che scelgono (e in molti casi, purtroppo, consigliano) il liceo per gli studenti di buona famiglia e le scuole tecniche per i figli delle famiglie popolari. Ai primi sarà quindi riservato lo studio per la cultura, perché tanto non avranno bisogno di imparare un mestiere. La famiglia provvederà a mantenerli, trovando poi al momento giusto un lavoro adatto al loro rango (ereditando la professione del padre o con una bella raccomandazione).

Questa idea si adattava perfettamente al modello economico del secolo scorso, ma non è più concepibile con la società e l'economia di oggi. Intendiamoci, non c'è nulla di male a cercare negli studi universitari uno sviluppo culturale e personale e non solo un obiettivo economico, anzi è un tratto essenziale di quasi tutti coloro che hanno successo negli studi. Il problema nasce quando l'interesse culturale è il solo obiettivo di certe scelte, soprattutto universitarie. Da Oxford a Stanford al Mit, le migliori università del mondo sono piene di intellettuali e di persone che fanno dello studio una ragione di vita. Ma queste università non si sognano nemmeno di offrire alle migliaia di studenti di tutto il mondo che cercano di accedervi una crescita esclusivamente culturale. Offrono un'occasione di sviluppo personale, fatto certo di cultura, ma anche di nuove capacità (le più volte citate *soft skills*), di un network di relazioni, di un modo diverso di guardare alle cose del mondo. Che hanno un valore enorme nel mercato del lavoro del Ventunesimo secolo, e in quella società postindustriale che abbiamo descritto nei capitoli precedenti e alla quale il sistema educativo italiano non è riuscito ad adeguarsi.

Le persone che in Italia coltivano ancora oggi questa visione «morale» della cultura, quando lavorano (o peggio, dirigono) nella scuola e nell'università, spesso considerano gli studenti al servizio dell'istruzione, e non viceversa. L'istruzione e la cultura sono in questo caso valutate come fini a se stesse, come qualità che dovrebbero essere apprezzate dal mondo del lavoro e dalla società perché sono «buone», non perché le persone che ne sono dotate sono più efficaci e produttive. E se ciò non accade, la colpa non è mai della scuola ma della società, che non apprezza il merito inteso come possesso di cultura e di *sapere*, e quasi mai come *saper fare* e *soft skills*.

Gli italiani a volte arrivano a nutrire un senso di colpa verso l'istruzione, sentono di non valorizzarla quanto dovrebbero o quanto credono di dover fare. È per questo che quando si discute di ridurre le spese del sistema scolastico si parla solo di tagli e mai di efficienza, come invece si fa per servizi altrettanto essenziali come la sanità.

Il mito dei tagli alla scuola

I tagli alle spese dell'istruzione sono spesso visti come la causa dei mali della scuola italiana. Certamente la spesa in infrastrutture e beni di consumo (la famosa carta igienica fornita dalle famiglie) ha subito riduzioni ben oltre il limite dell'assurdo. In questo la scuola condivide la logica delirante dei tagli effettuati in diverse aree della pubblica amministrazione, fatti senza un minimo di programmazione e secondo cui, dovendo tagliare qualcosa dall'oggi al domani, l'unica scelta possibile siano gli acquisti di materiali e servizi (i cosiddetti «consumi intermedi», nel burocratese dell'amministrazione) e gli investimenti. Per cui oggi ci ritroviamo con una scuola dagli edifici fatiscenti e dai laboratori inutilizzabili, come nella polizia è arrivato a mancare il carburante per le auto.

Ma il grosso dei costi della scuola italiana sono quelli del personale, e qui l'Italia spende più o meno, in proporzione al numero di studenti, quanto spendono gli altri Paesi europei. Tuttavia, analizzando bene i numeri, si notano tre differenze. La prima è che gli insegnanti italiani sono sottopagati. Questo costo inferiore rispetto a quello di altri Paesi viene però compensato da altri due fattori. Gli insegnanti italiani fanno meno ore e lavorano in classi più piccole rispetto a quelli degli altri Paesi, infatti le nostre scuole hanno il numero di allievi in rapporto al numero di insegnanti tra i più bassi d'Europa (dieci contro tredici di Francia e Germania). Queste due differenze fanno aumentare i costi, perché evidentemente c'è bisogno di un numero maggiore di insegnanti per fare le stesse ore di lezione a ciascun alunno. E il vantaggio per un alunno di essere in una classe di venti anziché di trenta alunni è discutibile. Viceversa, il trattamento economico poco attraente e soprattutto privo di qualsiasi riconoscimento di merito rende la professione allettante solo sul piano delle soddisfazioni morali.

Inoltre, la frammentazione dell'orario e delle discipline (un alunno di scuola superiore ha davvero bisogno di sette, otto insegnanti?) rende poco efficiente l'utilizzo del tempo nelle diciotto ore settimanali di lezione, a volte suddivise tra più di una sede, con evidenti svantaggi. Infine, la distribuzione degli insegnanti di sostegno basata più su esigenze sindacali che didattiche (in proporzione agli alunni al sud sono molti più che al nord) fa il resto. Eppure, ogni volta che si parla di accorpare le scuole o, Dio ce ne scampi, le università, l'Italia insorge per leso diritto allo studio.

Quindi, nella scuola (e nell'università italiana) quello dei tagli non è certo il primo problema e, se parliamo di costi, dovremmo parlarne in termini di efficienza. Ma il vero punto nevralgico non sono i costi, che da anni costituiscono l'essenza dei dibattiti e delle pseudoriforme della scuola italiana. Il vero problema è se la qualità degli insegnanti e i metodi della didattica italiani sono ancora adeguati alla formazione del Ventunesimo secolo.

Un po' in tutto il mondo le scuole trovano difficoltà ad adattarsi ai nuovi paradigmi del mondo del lavoro, e l'istruzione di massa deve ancora trovare una formula pienamente soddisfacente per preparare milioni di ragazzi a un mercato delle professioni che vuole «tutti dirigenti». Tuttavia, alle difficoltà di questa transizione che si osservano in quasi tutti i Paesi, l'Italia aggiunge i suoi problemi specifici, che rendono per i nostri ragazzi il passaggio dalla scuola al nuovo mondo del lavoro ancora più difficile. La radice prima dei problemi dell'istruzione in Italia, a scuola e all'università, è di essere ancora basata sullo stesso modello economico e sociale del secolo scorso.

8

La scuola per la società industriale

> «Non si deve trovare posto a tutti.
> La riforma tende proprio a questo.
> A ridurre la popolazione scolastica.»
> GIOVANNI GENTILE

Gli italiani non hanno compreso a fondo il problema essenziale del nostro sistema educativo: la società in cui viviamo ha realizzato ancora meno che in altri Paesi la trasformazione della propria scuola da «industriale» a «postindustriale», adatta a formare le competenze dell'età dell'informazione di cui necessita il mondo del lavoro di oggi. Per comprendere appieno la portata di questa trasformazione mancata, dobbiamo fare un piccolo salto nel passato e ricordare come funzionava il sistema educativo del secolo scorso.

La scuola industriale per l'economia industriale

Nel corso del Novecento l'istruzione di molti Paesi occidentali venne riformata per seguire, e in qualche caso anche anticipare, le trasformazioni delle società. Nello specifico, il passaggio dalla società preindustriale alla società industriale.

In Italia la società industriale doveva in gran parte ancora nascere, ma Giovanni Gentile, insigne filosofo e ministro della Pubblica istruzione dal 1922 al 1924, riuscì, ad appena un anno dall'insediamento, a varare una riforma epocale, che proiettò l'Italia nel nuovo secolo e gettò le basi per il suo sviluppo industriale nel dopoguerra. La riforma Gentile, pur introducendo alcune vere e proprie rivoluzioni sociali (come l'istruzione obbligatoria fino alla terza media), rifletteva la stratificazione in classi della società di allora, e su queste classi basava un sistema educativo che avrebbe dovuto trasformare un'Italia contadina e in larga parte analfabeta in una moderna società industriale.

Dopo le scuole medie, teoricamente obbligatorie per tutti (anche se l'effettiva realizzazione di quest'obbligo ha atteso diversi decenni), l'istruzione si specializzava: licei, istituti tecnici, scuole professionali. La classe dirigente del Paese aveva come fulcro della sua formazione il liceo, che era per antonomasia il liceo classico, e poi l'università. L'impronta umanistica caratterizzava tutta la cultura di allora. Anche perché l'atteggiamento dell'idealismo italiano, a partire proprio da Benedetto Croce e Giovanni Gentile, era di radicale disprezzo verso la scienza. Lo studio della classicità aveva invece un duplice valore. Innanzitutto sul piano intellettuale, perché la comprensione dei testi classici nelle loro lingue originali costituiva un esercizio impegnativo che oggi chiameremmo di *problem solving*, in cui l'alunno doveva confrontarsi direttamente con le fonti del sapere senza la mediazione della traduzione e del docente, in una delle poche forme di apprendimento non nozionistico dell'epoca. Poi sul piano morale, perché la grandezza del pensiero classico era ritenuta il fondamento delle virtù etiche della società occidentale, essenziali a chi dovesse guidare altri uomini. Infine, per Gentile e per l'Italia fascista, lo studio della classicità aveva anche il valore politico e propagandistico di esaltazione della grandezza di Roma.

È importante notare che questa idea della classicità come fondamento della leadership è tutt'altro che un fenomeno italiano. Le scuole e le università d'élite inglesi e tedesche non erano certo da meno. Anche il pragmatico mondo americano formava le sue élite con i classici. Walter Paepcke, fondatore nel 1950 dell'Aspen Institute, un'organizzazione no profit per lo sviluppo del dibattito politico e sociale e che ancora oggi affilia leader politici e capitani d'industria in tutto il mondo, riteneva che la lettura e la discussione dei classici fosse un elemento essenziale per la formazione di una classe dirigente, e le pose alla base del suo Executive Seminar.

A partire da tale valutazione di superiorità della cultura umanistica non c'è da stupirsi che anche i politecnici fossero frequentati in primis da allievi del liceo classico. Si dice che Renato Caccioppoli, insigne matematico e professore di analisi a Ingegneria a Napoli nell'immediato dopoguerra, quando doveva chiarire un concetto complesso, fosse solito aggiungere: «E adesso spieghiamolo in modo semplice per quelli che vengono dallo scientifico».

Invece la formazione dei quadri intermedi della società, impiegati, piccoli professionisti e in generale la piccola borghesia, era incentrata sugli istituti tecnici: periti industriali, ragionieri, geometri. Una formazione che li preparava a inserirsi nel mondo del lavoro coniugando materie specialistico-applicative (elementi di macchine per i periti meccanici, contabilità per i ragionieri, disegno ed estimo per i geometri), ma fornendo anche delle basi di cultura generale (italiano, matematica, diritto) che permetteva loro di dialogare con dirigenti e professionisti e di guidare la forza lavoro.

Per quest'ultima la formazione era infine basata sugli istituti professionali o, semplicemente, sulla scuola media; in non rari casi, nonostante l'obbligo di istruzione fino alla terza media, anche la sola licenza elementare.

Il fulcro dell'istruzione superiore era il diploma di licenza, il famoso «pezzo di carta», che aveva valore di standard nazionale e di qualifica nei concorsi pubblici, perché sostenuto da rigore nelle valutazioni (l'esame di maturità era una cosa seria), da un corpo docente di buona qualità (gli insegnanti erano relativamente pochi e godevano di buon prestigio sociale) e da programmi scolastici spesso procedurali e nozionistici, ma proprio per questo facili da valutare in modo omogeneo. L'omogeneità delle valutazioni era sostenuta poi da due elementi chiave: prove d'esame uguali in tutta Italia e commissioni esaminatrici formate da professori esterni all'istituto.

La logica di fondo del sistema educativo «industriale» non era molto diversa da quella degli altri sistemi occidentali. Le migliori università americane, tedesche, inglesi e francesi creavano la classe dirigente mentre gli altri dovevano semplicemente imparare a leggere, scrivere e far di conto e poi apprendere una pratica professionale per andare a fare gli operai o i ragionieri.

Ma mentre in tutto l'Occidente la scuola sfornava i membri di questa società tripartita tra leader, quadri intermedi e masse, la società e l'economia stavano già cambiando. Lo sviluppo industriale dei Paesi avanzati si stava liberando progressivamente dalla vecchia logica dei *trust* e del capitalismo di relazione e, con la crescita della competizione, cresceva la domanda di talento nelle classi dirigenti. Che non significava solo aver fatto le scuole «giuste», ma essere tra i migliori in un gruppo più ampio di quello dei soli figli delle élite. E quindi significava selezionarli con criteri nuovi.

Negli anni Trenta in Usa iniziò la rivoluzione del Sat,[6] con l'obiettivo di ottenere una élite meritocratica e meno legata all'origine familiare (alle università della Ivy League andavano sono i rampolli delle famiglie Wasp) e questo processo è durato fino alla fine degli anni Sessanta. Il Regno Unito seguì l'esempio con la creazione degli esami standardizzati chiamati *A-level.* Questi furono introdotti nel 1951 come *pass/fail test* (cioè come esami che certifica-

[6] Il Sat (*Scholastic Aptitude Test*) fu introdotto nelle scuole americane all'inizio degli anni Trenta per selezionare chi andava all'università, e in quale. È considerato l'inizio della trasformazione in senso meritocratico della scuola americana, perché grazie a esso sono state rivoluzionate le ammissioni nelle migliori università, dove prima accedevano solo i figli dei laureati in quelle stesse scuole. Con l'introduzione del Sat, qualunque studente con buoni risultati poteva accedere a Harvard o a Yale, anche se non disponeva dei mezzi necessari, grazie alle borse di studio.

vano solo l'idoneità). Successivamente, a partire dal 1963, coloro che li superavano iniziarono a ricevere anche un voto, che si cominciò a usare per selezionare chi avrebbe avuto accesso alle migliori università. Fu così che università come Oxford e Cambridge, che da centinaia di anni rappresentavano i bastioni del privilegio, si aprirono a una vera meritocrazia (il termine «meritocrazia» fu creato nel 1954 da un laburista inglese, Michael Young).

Ma un accesso basato sul merito, e quindi più aperto e democratico, alle università di élite era solo un aspetto di una seconda rivoluzione in arrivo.

La nascita dell'istruzione di massa

Verso metà del secolo scorso, tra gli anni Cinquanta e Settanta a seconda dei Paesi, il modello industriale dell'economia si trasformò ulteriormente con il passaggio all'economia dei servizi, e la struttura classista della società andò in crisi. La richiesta di uguaglianza, spesso sfociata in egualitarismo nei Paesi dove le sinistre socialiste erano più forti, entrò con forza nel mondo della scuola. L'esplosione demografica portò moltissimi giovani su un mercato del lavoro che non era più fatto solo dalle fabbriche. Nel frattempo, il benessere aveva aumentato le aspettative delle famiglie e nessuno voleva più fare l'operaio.

Da queste tre trasformazioni – quella demografica, quella economica e quella sociale – nacque l'«istruzione di massa»: tutti dovevano avere almeno un diploma di scuola secondaria, e in molti Paesi occidentali (tranne che in Italia) neanche quello bastava più, e così esplosero le università.

In America, per esempio, la maggioranza dei giovani entrava sul mercato del lavoro con una laurea breve, ma crescevano anche i master. Gli Mba (master in *Business Administration*) negli Stati Uniti (attualmente il secondo tipo più diffuso di master dopo quello in *Education*), sono passati da 4000 nel 1949 a oltre 40.000 nel 1975 e a 146.000 nel 2006.

Grazie agli Mba e agli altri master nacque anche la globalizzazione dell'istruzione, perché aumentò il numero di immigrazioni per motivi di studio. E con essa la globalizzazione della selezione. Nel 1953 nacque il test standardizzato Gmat, istituito da nove università americane della Ivy League per selezionare studenti americani e stranieri che volessero frequentare l'Mba.

I ritorni economici e sociali di questa rivoluzione apparivano brillanti: un giovane con il master guadagnava più di un laureato dopo tre anni di college, che a sua volta guadagnava più di un diplomato cosiddetto *vocational* (un diploma professionale post-liceo), che guadagnava infine di più di un semplice diplomato. E anche la probabilità di trovare lavoro aumentava con il crescere del titolo di studio.

In Italia tutto questo avveniva come nel resto del mondo sviluppato, anche se in anni successivi e partendo da una base più arretrata: il Paese, fino al dopoguerra largamente agricolo, col boom economico era appena entrato nell'era industriale e l'economia dei servizi era ancora lontana. Il numero dei laureati aumentava (spinto molto dal mito del «pezzo di carta»), ma restava sempre basso rispetto a quello degli altri Paesi, anche perché la laurea in Italia durava mediamente di più e quella breve non era ancora nata.

Nei fatti, l'intera società era divisa tra aspirazioni individuali da modello sociale postindustriale (tutti volevano i figli laureati e con un impiego d'ufficio) e una struttura economica ben diversa, molto orientata all'industria, soprattutto alla manifattura più tradizionale (tessile, meccanico ecc.).

Così, mentre la trasformazione demografica e delle ambizioni dei giovani spingeva in una direzione che la trasformazione dell'economia non riusciva a seguire, i nodi dell'istruzione di massa venivano al pettine.

Una rivoluzione a metà

Negli anni Settanta e Ottanta la scuola di massa in Italia era ormai schiacciata in una macchina inarrestabile di spinte divergenti: la crescita enorme del numero degli allievi, che richiedeva una crescita analoga del numero dei docenti, la critica al modello di apprendimento procedurale e nozionistico della vecchia scuola senza che se ne affermasse un valido sostituto, e l'appena citato scollamento tra le aspirazioni dell'educazione di massa e l'effettivo sviluppo della struttura produttiva che avrebbe dovuto assorbirli e che invece non si modernizzava altrettanto rapidamente.

Il risultato, in moltissimi Paesi e in Italia in modo particolare, fu un crollo degli standard di apprendimento, un curriculum educativo un po' allo sbando e una progressiva perdita di fiducia nel valore del titolo di studio.

L'emblema della perdita di valore dei voti e degli standard fu raggiunto negli anni Settanta quando si diffuse in diversi istituti della penisola la richiesta dell'allora famoso «6 politico». A valle di un serio dibattito pedagogico, che aveva denunciato l'inefficacia del bocciare gli studenti, e di una crescente coscienza della necessità di aiutare l'inserimento scolastico degli studenti provenienti da famiglie disagiate, si diffusero nella scuola italiana versioni semplificate di queste idee rivoluzionarie, per di più imbastardite con le vecchie pratiche di insegnamento. Invece di prevedere percorsi personalizzati di recupero e un sistema di valutazione onesto ma orientato in misura maggiore al rinforzo e meno alla selezione (almeno all'inizio degli studi) si optò in troppi casi per la soluzione più semplice: lasciare tutto come prima, solo reso un po' più facile, e alla fine promuovere tutti.

Il «6 politico» affondava le sue radici in un'utopia egualitarista. In molte scuole italiane, che non condividevano affatto quell'idea ma cercavano solo il quieto vivere, nacquero non solo il sei, ma anche il sette e l'otto «politici», ovvero dei voti più alti per gli studenti che sapevano qualcosa in più dello zero e a cui politicamente bisognava comunque riconoscere la sufficienza. Il peggioramento degli standard, poi, venne ulteriormente favorito da politiche dissennate di reclutamento degli insegnanti. Il boom delle nascite ne aumentò la domanda, ma l'offerta, cioè i laureati di vari anni prima, era insufficiente. Le scuole imbarcarono migliaia di docenti senza concorso. I requisiti di ingresso vennero molto abbassati. Si poteva insegnare lingue straniere con una laurea in Legge e l'esame di diritto internazionale (in italiano). Poco dopo i precari furono stabilizzati e vennero praticamente azzerati i concorsi, peggiorando ancora la selezione del corpo insegnante.[7]

Nel 1969, l'ammissione all'università venne aperta a tutte le scuole (non più ai soli licei) e senza che la qualità degli istituti tecnici migliorasse, anzi. Soprattutto i primi anni, le università si riempirono di studenti, ma il numero di laureati non aumentò di pari passo. Crescevano invece i fuori corso e nasceva l'università-parcheggio.

L'esame di maturità, cardine dell'istruzione vecchio stampo, infine, subì una serie di colpi che ne minarono l'omogeneità delle valutazioni. Il numero di docenti esterni nelle commissioni veniva progressivamente ridotto (il 50 per cento nel 1997) e diventava progressivamente più difficile adottare gli stessi standard in tutte le scuole.

Il mondo del lavoro, nel frattempo, sembrava non apprezzare granché le differenze qualitative. La grande espansione del settore pubblico, molto spesso senza concorsi, sosteneva un impiego basato solo su requisiti formali. Il «pezzo di carta» regnava sovrano. Il settore privato, fatto in gran parte di piccole imprese, apprezzava e valorizzava poco il talento

[7] Il tema della stabilizzazione dei precari ha distratto molte riforme della scuola dal loro vero compito, che era la qualità dei docenti. Purtroppo nell'agosto 2014 anche il governo Renzi sembra caduto vittima di questo problema e ha proposto come essenza della propria riforma la stabilizzazione di 150.000 precari.

e le competenze: pochi laureati, pagati poco più degli altri. All'economia italiana servivano ancora, in gran parte, le competenze della società industriale.

Sui programmi scolastici proliferava il caos. La radice del problema era l'accumularsi di novità senza avere il coraggio di rinunciare formalmente a nulla del vecchio: riforme, miniriforme, circolari che aggiungevano via via nuovi argomenti e orientamenti didattici senza tagliare quelli vecchi. L'alternativa più logica, che sarebbe stata quella di sfrondare il curriculum obbligatorio focalizzando l'insegnamento su pochi argomenti approfonditi (a scelta della scuola), era resa impossibile oltre che dalle direttive ministeriali anche dall'esame di maturità, che continuava a prescrivere di padroneggiare un corpus di nozioni e argomenti che cresceva di anno in anno.

Sono aumentate le materie e ridotte le ore: al triennio di un liceo scientifico (tradizionale) italiano si fanno quattro ore di matematica la settimana, contro le cinque (o dieci) di un liceo inglese, in cui uno studente che sceglie un'impostazione scientifica sceglie matematica per uno o due dei sei corsi che ha a disposizione. Negli istituti tecnici e professionali è andata ancora peggio, perché le materie di cultura generale sono cresciute, affiancando quelle di formazione tecnica. Dall'impianto gentiliano lo studio della storia ha guadagnato novant'anni, la biologia ha sviluppato pressoché *ex novo* tutto quello che si insegna oggi, e nella letteratura italiana sono apparsi quasi tutti gli autori di cui si parla nelle tracce di maturità degli ultimi dieci anni.

Nel frattempo nulla dei vecchi programmi è stato espunto e i docenti hanno avuto sempre più difficoltà a operare delle scelte. Siccome il punto di arrivo si è spostato enormemente, occorrerebbe una revisione radicale delle priorità. Ci aveva provato, per le materie letterarie, la riforma Berlinguer del 1997, che voleva dedicare l'ultimo anno di superiori allo studio esclusivo del Novecento, ma questa idea è rimasta in gran parte inapplicata proprio perché non si è sfrondato abbastanza dei vecchi programmi.

Standard in caduta libera, quindi, qualità del corpo insegnante molto diseguale e programmi scolastici a volte cervellotici: l'avvento della scuola di massa è stata in Italia una rivoluzione mal riuscita, con un progressivo abbandono del vecchio modello di istruzione – rigido, classista e nozionistico – che non ha lasciato il posto a un modello coerente. Alla scuola di oggi manca un Gentile, ammesso che possa esistere oggi qualcuno in grado di riprogettare da zero l'istruzione di un Paese. Vedremo in modo dettagliato quali problemi questa rivoluzione incompiuta ha lasciato in eredità al sistema dell'istruzione e al mondo del lavoro.

9

Insegnare a ragionare: qualche dato sulla scuola

> «Milioni di persone hanno visto la caduta della mela, ma solo Newton si è chiesto "perché?".»
>
> BERNARD MANNES BARUCH

«L'obiettivo della scuola è insegnare come pensare e non cosa pensare.» I pedagogisti, che da tempo studiano come deve cambiare la scuola per fare fronte al mondo del lavoro, sostengono a spada tratta che insegnare agli studenti le nozioni non basta, perché nel mondo del lavoro «saper fare» è molto più importante che «sapere». Il «saper fare» si impara a scuola con un misto di conoscenze teoriche (il curriculum che si studia sui libri di testo) e di esercizi pratici. Le vere capacità cognitive del Ventunesimo secolo si apprendono quando si integrano conoscenze diverse, varie discipline, teoria e buon senso per risolvere problemi concreti.

Le cosiddette capacità cognitive, come saper risolvere problemi, capire le sfumature del linguaggio, utilizzare la logica, interpretare l'enorme mole di dati da cui siamo bombardati nella vita di tutti i giorni, sono una cosa molto diversa dal conoscere fatti storici, formule, punti di vista di pensatori e studiosi, per quanto autorevoli. Purtroppo il curriculum e la didattica nella scuola italiana si concentrano spesso proprio su questi ultimi aspetti, mentre il mondo del lavoro, soprattutto quello di oggi, ha soprattutto bisogno di pensiero critico.

Un tempo il discrimine del pensiero critico in Italia coincideva con il superamento con profitto del liceo classico. In fondo non stupisce perché, con una cultura scientifica messa in secondo piano e la maggioranza delle materie studiate in modo nozionistico e ripetitivo, le traduzioni dei classici di latino e di greco erano l'unico vero esempio di *problem solving* che offriva la scuola. Ma oggi, con i vecchi standard superati e una cultura scientifica sempre più al centro della nostra vita, come possiamo capire se la scuola di massa insegna le competenze cognitive tanto richieste dal mondo del lavoro?

Oggi abbiamo i mezzi per mettere a nudo tutte le carenze della scuola, perché possediamo una potente arma che non esisteva quindici anni fa e che ci permette di capire come ci collochiamo rispetto ad altri Paesi. Quindi, per rispondere alla domanda, bisogna abbandonare i luoghi comuni e armarsi delle statistiche elaborate dall'Ocse e del confronto tra alcuni dati sull'istruzione.

L'arma del Pisa

Le competenze cognitive sono al centro di un'indagine condotta ormai da quindici anni dall'Ocse: il Pisa (*Program for International Student Assessment*), che sottopone ogni tre anni un campione statisticamente significativo di studenti delle scuole superiori di tutti i Paesi membri dell'Ocse, più altri Paesi non Ocse (cioè non ricchi) che partecipano in qualità di nazioni-partner.

Il test Pisa nacque su iniziativa di Andreas Schleicher, un docente di fisica che negli anni Ottanta si imbarcò nell'impresa di voler misurare in modo oggettivo le capacità (più che le conoscenze) degli studenti in aree fondamentali come la matematica e l'uso della lingua. Il saggio di Amanda Ripley *The smartest kids in the world*[8] racconta in dettaglio la

[8] Amanda Ripley, *The smartest kids in the world*, Simon & Schuster, New York, 2013.

storia di Schleicher e di come creò il programma Pisa. Per Schleicher capacità voleva dire saper fare delle cose con la matematica o la lingua, come risolvere problemi concreti o comprendere un testo. Il teorema di Pitagora si ricorda a memoria, ma nei test internazionali Pisa (e in quelli analoghi italiani fatti dall'Invalsi) si verifica la capacità che lo studente ha di usarlo per risolvere problemi concreti.

Comprendere un testo significa non solo ricordare a memoria una poesia, ma capire cosa vuol davvero dire un autore che si legge per la prima volta. Questo significa afferrare la relazione logica tra le varie parti del testo (cioè, ad esempio, se un'affermazione è la causa o la conseguenza di un'altra), comprendere se un certo concetto è effettivamente deducibile da quanto affermato nel testo o vuol dire in realtà una cosa diversa, capire quali emozioni intende trasmettere l'autore con l'uso di determinate costruzioni della frase o determinati aggettivi.

Schleicher voleva mettere a punto un test che consentisse di confrontare le abilità di studenti di Paesi diversi e di regioni diverse su basi oggettive, senza utilizzare indicatori come i voti o le percentuali di promossi e bocciati, che dipendono dal metro di giudizio degli insegnanti. E quindi di paragonare le qualità dei sistemi educativi di vari Paesi: perché alla fine, gli studenti delle scuole migliori (nel senso che insegnano meglio le competenze cognitive) avranno risultati migliori.

La capacità di rispondere correttamente alle domande dei test Pisa[9] indica il possesso di due tra i requisiti più importanti (anche se non i più importanti in assoluto) dal punto di vista dei datori di lavoro: la capacità di *problem solving* e la comunicazione scritta.

Quando osserviamo i risultati medi degli studenti italiani in questi test ne traiamo un quadro non esaltante, ma a ben vedere abbastanza prevedibile. Il test al quale ci

[9] Alcuni esempi tipici si possono trovare sul sito www.oecd.org/pisa/.

riferiremo qui è stato completato nel 2012. Tra i principali Paesi dell'Europa occidentale l'Italia è alle spalle di quelli scandinavi (la Finlandia è al primo posto in Europa), della Germania, del Regno Unito e della Francia, in quest'ordine, ma davanti alla Spagna, al Portogallo e alla Grecia. Le statistiche Pisa mostrano una forte correlazione tra il livello del reddito pro capite di un Paese e i risultati dei suoi studenti, e la posizione dell'Italia in Europa riflette questa tendenza. I Paesi più ricchi sono quelli che hanno la migliore istruzione. I motivi che spiegano questa correlazione sono diversi, ma si possono sintetizzare dicendo che un Paese ricco spende spesso di più nell'istruzione (anche se la spesa non sempre produce migliori risultati). Vale anche l'inverso: non è solo la ricchezza di un Paese a generare istruzione, ma è anche l'istruzione dei suoi abitanti a generare ricchezza, perché chi è meglio istruito mediamente guadagna di più.

Risultati Pisa 2012

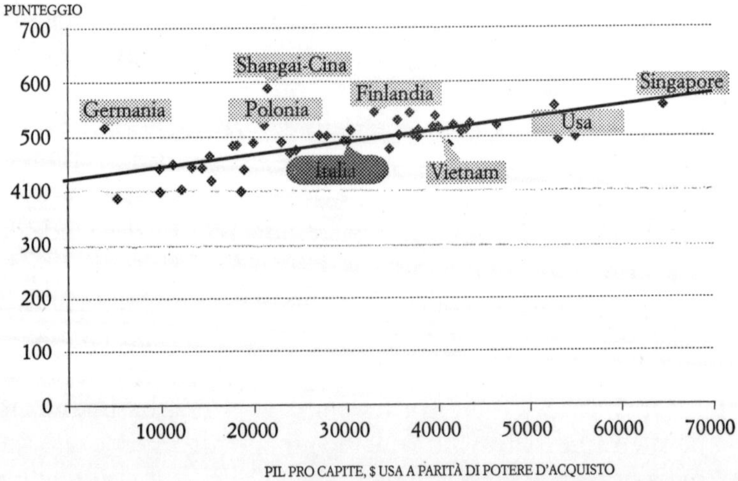

Se allarghiamo lo sguardo fuori dall'Europa occidentale troviamo però tre grandi eccezioni.

Il fallimento della scuola americana

Della prima eccezione abbiamo già accennato: gli Stati Uniti, che hanno un livello mediocre in assoluto (mediamente tra la Francia e l'Italia, ma è particolarmente scarso in matematica), e che da mediocre diventa pessimo in relazione al livello di reddito, che dovrebbe portarli ai primi posti al mondo. Il disastro della scuola americana appare peraltro peggiorato dal diffondersi di curriculum e standard nozionistici imposti dalla burocrazia statale e federale che si propone (giustamente) di garantire livelli minimi di preparazione nel Paese, ma realizza tale giusto proposito in modo assolutamente controproducente, sprecando il tempo di studenti e docenti nella costruzione di un curriculum frammentario, infarcito di nozioni avulse dal contesto e completamente carente sul fronte del pensiero critico.

Gli esperti di educazione scandinavi hanno ribattezzato le migliori università americane, come Harvard e Mit, «isole di eccellenza in un mare di ignoranza». Gli Usa sono la più evidente dimostrazione che spendere nella scuola non vuole dire migliorarne la qualità.

Le tigri asiatiche

La seconda eccezione, questa volta in positivo, è l'Asia orientale, tutta. I Pisa 2012 hanno rivelato che la provincia cinese di Shangai ha i punteggi più alti del mondo. Hong Kong, Corea, Singapore, Giappone, Taiwan occupano cinque delle prime sei posizioni alle sue spalle (l'unico Stato non asiatico nei primi sette è la Finlandia). Incredibilmente il Vietnam, Paese ancora in gran parte agricolo, ha battuto gli Stati Uniti.

Tutti questi Paesi avevano già avuto ottimi risultati, che spesso diventavano eccezionali in relazione al loro livello di reddito (pensiamo appunto al Vietnam), eppure sono migliorati ancora. Come hanno fatto? Non sembra dipendere dagli investimenti: le scuole vietnamite spendono molto meno di quelle americane ma sono decisamente migliori. Si potrebbe pensare a un fattore culturale, ma si tratta di Paesi diversissimi anche etnicamente (cosa hanno in comune un malese di Singapore e un coreano?).

La risposta può sembrare banale: in queste scuole si studia moltissimo, ma con un impegno molto diverso dallo sgobbare sui libri per imparare tutto a memoria cui eravamo abituati noi nelle scuole di trent'anni fa. E non coincide neppure con l'immagine stereotipata e un po' razzista dei ragazzi asiatici irregimentati in uno studio mnemonico e ripetitivo. Secondo Andreas Schleicher, i ragazzi di Shangai per una buona metà «hanno una profonda preparazione concettuale in matematica». Per produrre questo risultato, la didattica durissima a cui si sottopongono richiede insegnanti che non leggano un testo per poi interrogare gli studenti, ma siano capaci di interessarli, farli ragionare e convincerli di poter migliorare.

La tigre polacca

Oltre alle tigri asiatiche, il Pisa 2012 ha rivelato l'esistenza di una inaspettata «tigre europea». Al terzo posto in Europa, dopo Finlandia e Olanda e davanti a Germania, Regno Unito e Francia, la Polonia ha realizzato la maggiore crescita in Europa degli ultimi anni.

I Pisa 2012 della Polonia hanno superato quelli della Germania, consolidando un miglioramento straordinario già osservato con il Pisa 2009 (quando la Polonia aveva già surclassato gli Usa, che spendevano il doppio per ogni studente). La Finlandia resta davanti, ma la Polonia parte da livelli di reddito ben più bassi, come era il caso del Vietnam nei confronti di altre «tigri» asiatiche come Hong Kong, Singapore e Corea del Sud.

Questa straordinaria trasformazione è stata avviata nel 1997 da Miroslaw Hanke, ministro della Pubblica istruzione (laureato in chimica, con poche esperienze nel mondo della scuola) e aveva già dato risultati impressionanti dopo solo cinque anni. La cura da cavallo del chimico polacco si è basata su 1) introdurre un nuovo curriculum nazionale molto semplificato, lasciando alle singole scuole l'autonomia per adattarlo al proprio contesto; 2) rimandare un quarto degli insegnanti a scuola a imparare la didattica del Ventunesimo secolo; 3) tenere gli studenti un anno di più a scuola, fino all'età di quindici anni, in modo da allungare il periodo di istruzione comune prima della scelta tra percorso liceale e *vocational*, creando istantaneamente 4000 nuove scuole, con nuovi insegnanti di qualità superiore; 4) utilizzare test standard per valutare le scuole e gli studenti, controllando la qualità dell'insegnamento e permettendo l'autonomia degli istituti (i singoli insegnanti vengono valutati dal preside anche sulla base dei risultati e ricevono un bonus se sono bravi, cosa importante in una società in cui le persone vengono giudicate anche in funzione di quanto guadagnano).

In questo panorama di tigri asiatiche ed europee, di Paesi che dimostrano di avere scuole di livello eccezionale, ben al di sopra di ciò che corrisponderebbe al proprio reddito, i risultati del Pisa 2012 hanno rivelato al mondo un'altra sorpresa.

L'(ex) miracolo finlandese

Nei risultati dei Pisa 2012 la stella della Finlandia ha iniziato a offuscarsi, dato che in matematica ha perso 22 punti (su 550). La notizia è stata sorprendente, perché da quando è nato il Pisa, la Finlandia ha sempre primeggiato e negli ultimi dieci anni era diventata meta di molti esperti di sistemi educativi in cerca del suo segreto.

Per gli italiani il dibattito sul perché dell'appannamento

delle scuole finlandesi è scarsamente significativo: a parte pochi addetti ai lavori, da noi il fenomeno è stato largamente ignorato. Ma forse vale la pena riassumere alcuni fatti che dimostrano che ancora oggi le scuole finlandesi sono le migliori d'Europa e hanno ancora parecchio da insegnarci.

Oltre agli altissimi Pisa (100 punti più dei nostri e da 30 a 50 punti più di Regno Unito, Germania e Francia) ci sono altre caratteristiche straordinarie di queste scuole. Gli studenti fanno meno ore, vanno a scuola a sette anni, non fanno compiti a casa e nemmeno esami fino alla maturità (che è invece molto impegnativa). Il curriculum è lo stesso per i più bravi e per i meno dotati e nessuno viene lasciato indietro.

Gli esperti di tutto il mondo sostengono oggi che i finlandesi hanno «reinventato la professione dell'insegnante» e basta osservare le loro classi per restare impressionati dall'attenzione che i professori riservano ai singoli studenti (il maestro non è quasi mai in cattedra ma gira tra i banchi) e dal tipo di insegnamento aperto, basato sulle migliori pratiche di apprendimento cognitivo, poco nozionistico e molto concreto. Gli studenti scelgono se seguire una carriera che li porterà a frequentare l'università o un percorso professionale solo negli ultimi due anni delle superiori, e il 45 per cento sceglie quest'ultimo. Peraltro la flessibilità è massima e si può cambiare facilmente percorso in un senso o nell'altro.

Qual è il segreto? Anche qui non si tratta di tecnologia (anche se tutti i giovani hanno a disposizione computer per fare ricerche individuali o progetti online in gruppo). Né si tratta di scuole particolarmente belle né di classi molto piccole (mediamente un insegnante per 20 allievi, contro i 21 delle scuole italiane). L'etica dello studio esiste ed è importante, gli allievi sanno che la scuola è fondamentale per avere un lavoro piacevole ed essere autonomi. Ma non siamo certamente al livello delle scuole asiatiche e, a parte gli esami di maturità, gli studenti finlandesi studiano meno di quelli europei.

Il segreto finlandese è uno solo: totale fiducia da parte

della società (genitori, politici, media) nei confronti di uno straordinario corpo insegnante costituito da laureati con master (laurea magistrale) piazzatisi tra i migliori 10 per cento dei laureati. In Finlandia la professione dell'insegnante è tra le più stimate. Il valore sociale della conoscenza, il sapere e l'istruzione sono un elemento essenziale di tutta la società e questa è la ragione per cui i migliori laureati vogliono insegnare.

Questo segreto produce due risultati: il primo è una elevata qualità del corpo docente, una professione che gode ancora di prestigio sociale (oltre che di stipendi alti, anche in rapporto ai redditi medi). Il secondo è una grande collaborazione scuola-famiglia, basata sulla fiducia, che spinge gli alunni a studiare anche senza controlli formali stressanti di tipo *pass/fail* prima della maturità (come avviene invece nelle scuole asiatiche, in cui se sbagli le elementari sei penalizzato a vita). Senza professori capaci e preparati è difficile insegnare le competenze cognitive.

Anche la formazione degli insegnanti finlandesi avviene molto *on the job*, in classe. La lezione tradizionale di tipo frontale, in cui un professore legge il testo o spiega una formula, non richiede formazione particolare se non l'essere aggiornati sui contenuti. Ma diverso è insegnare le competenze cognitive. Il docente deve capire a fondo ciò che cerca di trasmettere e assicurarsi che gli studenti abbiano interiorizzato i contenuti e non solo imparato a memoria. La formazione a questo tipo di didattica si ottiene solo con l'aiuto di insegnanti esperti. Osservando le classi finlandesi, si notano spesso nell'ultima fila cinque o sei apprendisti insegnanti, che assieme al docente-formatore osservano una loro collega tenere una lezione basata su un programma concordato il giorno prima. Il formatore alla fine dà un *feedback* all'apprendista sulle cose buone e quelle da migliorare, il che è di grande utilità non solo all'insegnante osservato, ma anche ai suoi colleghi.

Con un corpo insegnante di questa qualità, selezionato

tra i migliori e formato dai migliori, le scuole non hanno bisogno di essere valutate, il curriculum nazionale è molto scarno e viene liberamente interpretato da ogni istituto e da ogni insegnante. E i professori finlandesi sono alla continua ricerca di come migliorare.

Il peggioramento del Pisa 2012 viene preso molto seriamente, perché i finlandesi capiscono che le sfide del Ventunesimo secolo richiedono competenze cognitive anche più avanzate di quelle che oggi vengono insegnate. L'autocritica è quindi forte. Per esempio, nel caso della matematica un insegnante che ha partecipato al progetto sostiene che «troppi studenti finlandesi memorizzano ancora i simboli della matematica e non capiscono le idee che hanno imparato per applicarle in situazioni diverse». Stiamo parlando dei ragazzi con i record europei del Pisa in matematica negli ultimi dieci anni...

La chiave in Finlandia è quindi avere i migliori insegnanti, selezionati tra i migliori laureati del Paese e l'impegno delle famiglie a supporto della scuola, serio ma non stressante. E gli studenti sanno quanto seri sono i loro insegnanti. Tutto questo si traduce poi in fiducia che professori e genitori hanno negli studenti, che lavorano in totale autonomia, non copiano, studiano quando devono studiare e si comportano come dei piccoli cittadini responsabili.

Un modello lontano anni luce dal nostro. In questo panorama di tigri asiatiche ed europee infatti, l'Italia – che veleggia al trentesimo posto, è più o meno in linea con il suo livello di reddito e dal 2009 al 2012 ha marginalmente migliorato i suoi risultati – non fa granché notizia (all'estero) se non per due gravi evidenze negative che la rendono una scuola che insegna a pensare a metà.

A metà dal punto di vista delle differenze geografiche (nord e sud del Paese), ma anche da quello del tipo di competenze che si insegnano nelle nostre scuole: molto più la conoscenza di metodi e procedure e molto meno capacità creative.

Le magagne italiane

Il primo e più grave problema rivelato dai test Pisa sta in una disuniformità tra le scuole a livelli record. La più eclatante è quella tra il sud e il nord del Paese. I risultati di regioni come il Trentino Alto Adige, il Veneto e la Lombardia sono tra i migliori d'Europa, se escludiamo la solita Finlandia: allineati con Paesi come la Germania, meglio di Regno Unito e Francia. Il sud è invece un disastro. La Calabria ha risultati simili alla Turchia o al Messico, la Campania è appena un po' meglio. L'Italia presenta un divario tra le sue regioni ben superiore a quello di Paesi con differenze culturali (e linguistiche) molto più profonde, come il Belgio. Anche questo divario rispecchia la differenze economiche tra nord e sud, ma in questo caso non vale la spiegazione che le economie più ricche possono spendere di più per la scuola, visto che lo Stato italiano spende per l'istruzione al nord come al sud.

La seconda disuniformità è quella tra le diverse scuole. L'Ocse analizza le differenze tra i risultati dei singoli studenti per capire quale percentuale della variabilità di performance tra uno studente e l'altro dipenda da fattori quali il reddito, il retroterra familiare, la scuola frequentata. L'Italia è il Paese al mondo in cui la scuola frequentata influisce di più sul divario tra gli studenti. Conta molto di più la scuola che si frequenta della famiglia da cui si proviene.

Agli estremi dello spettro si trovano da un lato i licei (con risultati buoni) e dall'altro gli istituti professionali, mediamente un disastro. Considerando che gli allievi degli istituti professionali si affacciano per lo più al mondo del lavoro direttamente dopo il diploma, mentre quelli del liceo vanno in gran parte all'università, cominciamo a capire lo scetticismo dei datori di lavoro italiani rispetto alle competenze apprese nelle scuole superiori.

Da questo punto di vista l'Italia è il Paese nel mondo industrializzato che ha meno realizzato la transizione a una vera istruzione di massa, anche sul piano delle competenze cognitive (che pure, come vedremo, sono probabilmente un punto relativamente non pessimo della scuola italiana). Altro che *tutti dirigenti*!

In questo quadro complessivo già problematico, due ulteriori elementi costituiscono fonte di preoccupazione. Il primo è la tendenza degli studenti italiani, a parità di risultati, a privilegiare l'applicazione di regole e procedure piuttosto che cercare di ragionare sulle possibili risoluzioni dei problemi, come dimostrato dai risultati dei test di matematica suddivisi per categoria di domande (le domande di matematica sono infatti a loro volta suddivise in due categorie: quelle che richiedono di applicare delle formule che lo studente dovrebbe conoscere e quelle nelle quali lo studente dovrebbe formulare in termini matematici un problema espresso a parole e poi risolverlo).

Ecco due esempi, presi dalle domande del test 2012.

> Toshi percorre i 9 km della salita al monte Fuji e il suo contapassi misura che ha fatto 22500 passi. Calcolare la lunghezza media del passo di Toshi in centimetri.

Questa è una domanda in cui si devono applicare concetti noti, quello di equivalenza (9 km = 900.000 cm) e quello di lunghezza media (il totale dei cm, 900.000, diviso il numero di passi, 22.500 = 40 cm). La domanda è peraltro facile e gli studenti italiani, massacrati da migliaia di esercizi con le equivalenze sin dalle elementari, se la cavano nettamente meglio della media Ocse.

Con i quesiti dove è necessario formulare un problema in termini matematici la musica cambia.

> Il sentiero che sale sul monte Fuji è lungo 9 km. Toshi deve percorrere i 18 km di andata e ritorno per ritornare entro le 20. Pensa di salire a una velocità di 1,5 km/ora e scendere a velocità doppia (soste incluse). Entro che ora massimo deve iniziare la salita?

Qui non c'è una formula pronta nel cassetto della nostra memoria che ci trae d'impaccio. Vogliamo sapere un'ora, cioè un tempo, e conosciamo lo spazio (18 km), ma abbiamo due velocità. Sappiamo che velocità = spazio/tempo, ma qui le velocità sono due: come fare? Anche questo problema, a pensarci un attimo, non è difficile: Toshi sale a 1,5 km/ora e quindi ci mette 6 ore a fare i 9 km in salita (6 ore = 9/1,5). Per scendere impiega 3 ore, perché va a velocità doppia. 9 ore in totale, che vuol dire partire alle 11 per tornare alle 20.

La chiave sta tutta nella frase «a pensarci un attimo», che significa applicare il ragionamento per formulare un problema pratico in termini matematici. E qui gli studenti italiani crollano: da che erano migliori della media Ocse scendono nettamente al di sotto.

Il secondo elemento critico evidenziato è la presenza ridotta, inferiore a quella di Paesi con i nostri stessi risultati medi, di valutazioni eccellenti. Infatti la media italiana dei punteggi nelle tre categorie di matematica, lingua e scienze è stata nel 2012 di 493, non molto distante dalla media dei Paesi Ocse di 497, ma la percentuale di studenti oltre il punteggio di 630 (cosiddetti di «categoria 6») è in Italia meno della metà della media Ocse (1,1 per cento contro 2,7 per cento), un terzo della Finlandia.

La difficoltà delle scuole italiane nello sviluppare l'eccellenza deriva da un approccio ancora legato agli schemi di apprendimento vecchio stile, in cui si privilegia il sapere quello che hanno scritto tizio e caio all'essere in grado di esprimere pensieri originali. Questo vale per tutte le materie, comprese quelle letterarie, e traspare anche nei programmi scolastici più brillanti e innovativi.

Fin qui la matematica. Con le materie umanistiche, la letteratura in particolare, le cose non vanno meglio. Prendiamo ad esempio l'esame di maturità di giugno 2013, che proponeva allo studente un lungo brano di Claudio Magris, scrittore triestino contemporaneo, sul tema del viaggio, dell'incontro di culture, dell'identità e della formazione individuale attraverso questi scambi. Il brano, scritto nel 2000, era effettivamente bello e ricchissimo di spunti interessanti. Allo studente veniva posta una serie di domande sul testo e sui numerosi problemi che questo sollevava in campi diversi dell'esperienza e della conoscenza. Veniva stimolato a cimentarsi in analisi storiche e collegamenti tra le componenti più disparate dello scibile umanistico. Una sfida intellettuale davvero notevole, ma anche un'opportunità per dibattere idee ed esperienze personali sul tema dell'identità e della diversità culturale, su cui un ragazzo moderno e informato può avere un sacco di cose intelligenti da dire.

Ma alla fine, *in cauda venenum*, ecco l'ultima domanda: «Illustrare le proprie riflessioni alla luce della lettura di altre opere di Claudio Magris e/o altri scrittori del Novecento». E qui si sono scatenati i social network: «Ma chi è Claudio Magris?». Nelle settimane successive all'esame, se si digitava «Claudio Magris» su Google, questa domanda appariva al primo posto. Perché?

Perché questa traccia, lodata da tutti, bellissima, modernissima, è ancora letta da molti alunni (e anche diversi insegnanti) con un approccio del passato, il cosiddetto «tema di letteratura», ovvero la proposizione di un breve brano o di un soggetto letterario generale trattato da un autore di cui si è studiata l'opera e in cui lo studente deve esporre come viene sviscerato l'argomento dall'autore stesso, dai suoi contemporanei, antecedenti e successori che sono in rapporto con la sua opera, e cosa ne hanno detto i maggiori critici.

«A voler essere completamente vecchio stile», la traccia avrebbe potuto essere: «Il viaggio, il confine, l'incontro di culture e la formazione individuale nell'opera di Claudio Magris. Lo studente discuta l'importanza di questi argomenti nell'opera dello scrittore triestino e tracci dei paralleli con altri autori della letteratura italiana del Ventesimo secolo». Ovviamente questa impostazione avrebbe richiesto una conoscenza di Claudio Magris: quando è nato, cosa ha scritto e cosa ne dice la critica. Praticamente impossibile che gli studenti ci arrivino con i programmi contenuti nei testi di letteratura. Da cui la domanda: «Chi è Claudio Magris?».

Quest'esempio mette in risalto la differenza tra comprendere un testo nel mondo delle competenze della vita (e del lavoro) e conoscere la letteratura nel mondo della scuola vecchio stile, che è ancora molto presente nei licei di oggi.

La difficoltà nello sviluppare approcci originali e la ridotta percentuale di studenti eccellenti sono due campanelli d'allarme per il futuro economico del nostro Paese. Ci dicono che i nostri ragazzi imparano meno degli altri a ragionare con la propria testa e hanno tra loro un numero minore di studenti con una marcia in più, quelli che dovrebbero costituire la futura classe dirigente e creare opportunità anche per gli altri.

10

Le *soft skills* restano al palo

> «Sento e dimentico, vedo e ricordo, faccio e capisco.»
>
> CONFUCIO

Un problema ancora più grave di quello dell'insegnare (maluccio) le competenze cognitive è quello di come la nostra scuola insegna (decisamente male) le cosiddette *soft skills*. È grave intanto perché sono ancora più importanti nel mondo del lavoro rispetto a quelle cognitive, ma soprattutto perché, se la scuola italiana insegna a ragionare a metà, le *soft skills* non le insegna affatto. A partire dalle tre competenze chiave per le aziende: etica del lavoro, capacità di lavorare in team e di comunicare oralmente, che sono tutte al di fuori del campo strettamente cognitivo e toccano dimensioni quali la personalità, i valori e le capacità di relazione. Appunto le intraducibili *soft skills*.

Purtroppo in queste tre dimensioni, pur così importanti, i test internazionali del Pisa non ci aiutano. E allora abbandoniamo le statistiche e guardiamo come due Paesi diversi dal nostro stanno affrontando la sfida dell'insegnamento di queste competenze così sfuggenti.

A scuola di jazz

La Finlandia, che nonostante tutto rimane il Paese d'Europa con le migliori scuole, si è posta questo problema col progetto Oivallus, guidato dall'associazione degli insegnanti assieme alla Confindustria finlandese e che è terminato nel 2011.

L'obiettivo del progetto era quello di avviare un dibattito nel mondo dell'insegnamento su come cambia il mercato del lavoro e come vi si dovrebbe adeguare quello della scuola. Per quanto riguarda il settore del lavoro, emergono molte delle considerazioni descritte nei primi capitoli di questo libro. Innanzitutto la necessità di ridurre gli impieghi routinari e standard in favore di quelli svolti in modo meno prevedibile. La metafora sul lavoro del 2000 descritta da Oivallus è quella del jazz, che «è musica che include qualità come lo swing, l'improvvisazione, l'interazione, lo sviluppo di una "voce individuale" e l'essere "aperti" a differenti possibilità musicali».

Secondo il rapporto Oivallus, «il lavoro del futuro avrà poche istruzioni, ma non significherà essere lasciati soli, quello che si richiede è di essere "tirati" in una certa direzione, avendo fiducia uno nell'altro, ma anche sfidandosi uno con l'altro, esattamente come nel jazz. E, come nel jazz, l'improvvisazione, la creatività e la capacità di "sfruttare i venti favorevoli" saranno ingredienti del successo. Peraltro, senza una robusta preparazione di base e una conoscenza della teoria, queste *skills* non sono possibili». Sempre dal jazz, Oivallus importa l'idea che è essenziale lo sviluppo della «voce individuale», ma che lo è altrettanto farlo in relazione agli altri: apprendere a lavorare in team (improvvisando) è una delle *skills* più cruciali da sviluppare. E il ruolo del leader, come nel jazz, deve adattarsi al momento.

Dall'indagine sulle esigenze del lavoro del 2000 il team Oivallus ha effettuato un'analisi critica del sistema educativo finlandese, definito «forte nell'educare sull'informazione e sui contenuti fattuali», ma troppo orientato alla specializzazione e alla conoscenza teorica. Inoltre, gli studenti finlandesi «imparano i fatti e si illudono che nella vita lavorativa basti conoscere i fatti e avere l'informazione per avere le soluzioni. Invece sono necessarie la capacità di interpretare e ascoltare punti di vista diversi, e l'intuizione. E poi, nel mondo del lavoro di oggi, è spesso essenziale la capacità di tollerare l'ambiguità».

L'implicazione sulla didattica è evidente: oltre alla lezione su un «testo-verità», gli studenti devono potere ascoltare punti di vista di esperti, magari anche diversi tra loro, imparare a interpretare e ad argomentare la propria opinione o a fare domande intelligenti che contribuiscano alla discussione.

Infatti nel mondo del lavoro di oggi il modello vincente è quello che combina una serie di competenze che potremmo definire «orizzontali», fatte di conoscenze di base, capacità di interagire con gli altri e di affrontare problemi anche estranei al proprio campo di specializzazione, unite a una specializzazione «verticale» in un campo specifico, che sviluppa (e dimostra al datore di lavoro) le capacità di affrontare i problemi complicati della vita reale.

Diverse fonti, tra cui varie aziende (Ibm, Ideo e McKinsey), oltre ai pedagogisti finlandesi del progetto Oivallus, chiamano questa combinazione il modello «a T», proprio perché unisce una parte orizzontale e una verticale.

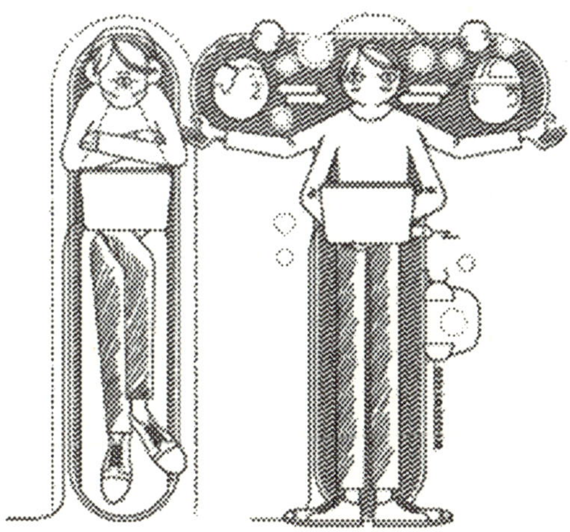

I finlandesi di Oivallus sostengono che il mondo del lavoro richieda oggi imprenditorialità, ma ciò non significa imparare a creare nuove aziende. Significa piuttosto «avere il coraggio di provare», che è essenziale sia che si lavori in proprio sia che si lavori in una grande azienda. Un insegnante di una scuola finlandese dice che «Per educare all'imprenditorialità bisogna cambiare la didattica per incoraggiare la sperimentazione». È in fondo quello che abbiamo già visto quando, a proposito delle *soft skills* più importanti per il mondo del lavoro, parlavamo della capacità di assumersi dei rischi.

Apprendistato o visite guidate?

La Germania non ha mai avuto dei Pisa stellari: quando i risultati sono stati pubblicati per la prima volta, le mamme tedesche erano inorridite. Anche come reazione a questo shock, i tedeschi si sono dati da fare e oggi sono davanti ad altri grandi Paesi europei come Regno Unito e Francia, ma sempre dietro alla Finlandia e alla Polonia. Le loro scuole, pur complessivamente buone, restano inoltre abbastanza tradizionali, sul modello della scuola «industriale» che abbiamo descritto.

Durante tutti questi anni di alti e bassi economici, la disoccupazione giovanile in Germania è sempre rimasta molto contenuta. Assieme a quella di Paesi vicini come la Svizzera e l'Austria, la disoccupazione dei tedeschi tra quindici e ventiquattro anni è la più bassa d'Europa, ed è rimasta tale anche negli anni in cui l'economia tedesca era tutt'altro che florida. Come si spiega?

Con un'arma segreta, che fa dei ragazzi tedeschi all'uscita dalle superiori i più preparati del mondo occidentale ad affrontare il mercato del lavoro: l'apprendistato. Gli studenti, attorno ai quindici anni, scelgono se continuare le superiori con un percorso di tipo liceale, in preparazione dell'università, o intraprendere una formazione professionale. L'accesso al liceo è molto selettivo e difficile (infatti la Germania ha pochi laureati, cosa cui sta cercando di rimediare, ma questa è un'altra storia) e la maggioranza sceglie la formazione professionale. Durante questo periodo gli studenti passano buona parte delle ore di formazione lavorando: in fabbrica, in banca, in un ristorante o in una panetteria. Vengono pagati (delle cifre che, in proporzione alle ore, farebbero gola a operai italiani di trent'anni) e alla fine del diploma trovano quasi sempre lavoro, spesso nella stessa azienda dove si sono formati.

In questo periodo di disoccupazione giovanile record un po' dovunque, l'apprendistato tedesco è al centro dell'attenzione e tutti vorrebbero copiarlo, anche da noi in Italia, ma generalmente viene capito poco.

Il primo errore nasce dall'equazione mentale (sbagliata) apprendista = operaio = fabbrica. Lo stesso autorevole «Economist» attribuiva il successo dell'apprendistato tedesco al fatto che gli studenti trovavano sbocchi professionali nel leggendario settore manifatturiero, ma gli studenti-apprendisti tedeschi (e, come loro, gli svizzeri e gli austriaci) lavorano soprattutto nei servizi, come le banche o il settore alberghiero, e anche in ruoli amministrativi o nel marketing. Questo per la semplice ragione che anche in Germania, mecca della manifattura, la maggioranza dei posti di lavoro è nei servizi.

Il secondo errore, anch'esso di tipo concettuale, è pensare che l'apprendista sia adatto al mondo del lavoro perché in azienda impara tecniche più moderne. In fabbrica trova i macchinari di ultimo modello, quelli che le scuole, soprattutto quelle italiane, non hanno i soldi per comprare, e così impara a usarli. Non è così. Il valore maggiore dell'apprendistato alla tedesca è che i ragazzi si inseriscono nelle organizzazioni delle aziende, non si limitano a maneggiare i loro macchinari. Imparano cosa vuole dire muoversi in un'impresa, come bisogna organizzare le riunioni, scrivere email brevi e chiare, fare rapporti e comunicare in maniera efficace. Vengono meglio utilizzati perché il datore di lavoro ha tempo per inserirli e formarli quando sono più giovani, ovvero più veloci e malleabili. E, alla fine, il datore di lavoro conosce l'allievo meglio dei suoi insegnanti e, se è soddisfatto della sua etica del lavoro e della sua capacità di collaborare con i colleghi, può offrirgli un posto.

C'è poi il terzo errore di comprensione, conseguenza dell'impostazione mentale errata di cui sopra. E riguarda il quando e per quanto tempo i giovani debbano fare gli apprendisti, e come si debba concepire la cosiddetta «alternanza scuola-lavoro».

In Italia, l'apprendistato propriamente detto inizia alla fine del diploma o della laurea e serve per lo più ai datori di lavoro per aggirare la rigidità delle norme e ridurre il costo del lavoro. Nelle scuole italiane si sta però diffondendo un meccanismo che tenta di avvicinarsi all'apprendistato tedesco proprio perché si svolge durante le scuole superiori e non quando il giovane è già diplomato (o laureato). L'«alternanza scuola-lavoro» secondo l'Indire (un istituto di ricerca e valutazione delle scuole del Ministero dell'Istruzione), nel 2012 e 2013 ha coinvolto più di 3000 scuole, 227.000 studenti e 78.000 aziende o organizzazioni di vario tipo. Questo importante sforzo è tuttavia abbastanza inutile, perché l'allievo non ha tempo sufficiente per un vero *training*, come nel caso dell'apprendistato tedesco.

Infatti, nel 70 per cento dei casi, l'«alternanza scuola-lavoro» prende la forma di stage presso le aziende della durata di qualche settimana. Purtroppo la formazione sulle *skills* necessarie è limitata, perché i giovani finiscono per svolgere mansioni ai margini delle attività vere e proprie (per esempio fanno le fotocopie) o si affiancano al lavoratore stando a guardare quello che fa e imparando veramente poco. È comprensibile che ciò avvenga perché le aziende non sanno cosa far fare in poche settimane a giovani che hanno (poche) preparazioni teoriche e non sanno come muoversi in un'azienda.

Un altro 22 per cento dei percorsi dell'«alternanza scuola-lavoro» prende la forma di visite guidate dell'intera classe, che nel migliore dei casi fanno intuire allo studente come si svolge la vita in un'azienda dal punto di vista delle attività «fisiche», visibili, come la fabbricazione di un prodotto in un'officina o la stampa di documenti in un ufficio, ma non dà nessuna indicazione sulle interazioni vere tra le persone. Nessun caporeparto serio darebbe quello che con eufemismo anglosassone si chiama un *honest feedback* (in italiano: una bella lavata di testa) a un suo dipendente davanti a una scolaresca in visita. Il contributo formativo di queste «visite allo zoo» è davvero minimo.

Le scuole italiane, in definitiva, né sono all'avanguardia come quelle finlandesi nel definire il curriculum e i metodi di insegnamento per le *skills* del futuro, né sanno organizzare un apprendistato efficace come quelle tedesche. Ma anche limitandosi ad analizzare quello che succede nelle tradizionali aule, hanno seri problemi nel formare le *soft skills*, confermando purtroppo le opinioni negative dei datori di lavoro. E la prima delle *soft skills* che non si impara nelle scuole italiane è forse proprio la più importante.

La scuola è una cosa seria

C'è una cosa in comune tra le tigri asiatiche, quella polacca, le miracolose scuole finlandesi e il sistema tedesco di apprendistato: una convinzione diffusa da parte di alunni, famiglie e insegnanti che l'impegno, l'etica dello studio e del lavoro fin dai banchi di scuola siano il passaporto per una vita migliore.

In questi Paesi la scuola viene presa seriamente perché è davvero una cosa seria. La società ha deciso che l'istruzione era importante per lo sviluppo sociale ed economico di tutti i cittadini, soprattutto delle classi sociali più povere, e così è stato. L'esame di maturità è un appuntamento importantissimo, non per il proprio percorso di studi ma per il lavoro e la vita. E la scuola è diventata un elemento essenziale per le pari opportunità, perché anche i figli di famiglie poverissime riescono a ottenere ottimi risultati.

Il modello asiatico è poco replicabile in Occidente, perché lì le scuole sono vere e proprie «pentole a pressione», come le definisce Amanda Ripley, che racconta come nelle classi coreane gli studenti dormano sui banchi stremati dalle ripetizioni notturne, contro le quali lo Stato coreano ha dovuto mettere un vero e proprio «coprifuoco». Gli insegnanti migliori per le ripetizioni sono richiestissimi e uno di loro arriva a guadagnare fino a 4 milioni di dollari l'anno. Studenti che non vanno bene agli esami arrivano a suicidarsi e le tensioni sociali sono enormi.

Ma, anche senza arrivare agli eccessi asiatici, in Occidente molte società soprattutto nordiche, come quella finlandese, tedesca e olandese, insegnano nelle loro scuole una vera etica dello studio, e queste sono un riferimento che non si può ignorare. E l'etica dello studio, vale a dire l'impegno e la serietà della preparazione, continua a essere il primo elemento da cercare in una scuola.

In molte classi italiane questo impegno esiste ancora, ma purtroppo in un numero altrettanto grande si è perduto. Non è sempre stato così. Nella scuola e nella società italiane, entrambe rigide e classiste nel recente passato, aver raggiunto un diploma di istituto tecnico o professionale era già indice di impegno per ragazzi che spesso provenivano da famiglie con un retroterra culturale davvero povero. I loro genitori avevano spesso appena la licenza elementare, e un diploma da perito industriale, geometra o ragioniere ottenuto dai figli era un successo che dimostrava impegno e volontà di promozione sociale.

Come abbiamo visto, la scuola di massa ha cambiato questo scenario in molti Paesi occidentali, ma in Italia la perdita del valore formativo non si limita al buonismo degli insegnanti o a qualche voto dato un po' all'acqua di rose. La scuola italiana ha drammaticamente ridotto la sua capacità di formare l'etica del lavoro più di quella di altri Paesi a causa di suoi tre vizi capitali: il grave ritardo con cui i ragazzi si accostano al lavoro, la tolleranza diffusa per chi copia o per chi aggira le regole e l'atteggiamento di difesa «sindacale» dei figli da parte delle famiglie quando gli insegnanti li fanno lavorare troppo o non li premiano abbastanza.

L'indagine Pisa 2012 rivela un dato impressionante: il 61 per cento degli studenti italiani dichiara di aver saltato dei giorni di scuola, contro il 4 per cento dei cinesi di Shangai e dei coreani (i più bravi studenti del mondo), il 12-13 per cento degli svizzeri e dei tedeschi, il 20 per cento dei finlandesi, il 21 per cento dei francesi , il 44 per cento degli spagnoli e il 48 per cento dei greci. Deteniamo di gran lunga il record europeo dell'assenteismo scolastico, e peggio di noi fa solo la Turchia con il 65 per cento.

La scuola italiana inizia poi mediamente tardi, dura più che in altri Paesi (cinque anni di superiori anziché quattro) e soprattutto gli studenti utilizzano tutte le «opportunità» che questa offre per rimandare il più possibile il contatto col lavoro.

La pratica di fare qualche lavoretto da ragazzi, d'estate, nel tempo libero, è diffusa pochissimo. Un minorenne che lavora è per gli italiani sinonimo di sfruttamento, ma anche gli universitari, come vedremo, rinunciano a questa esperienza. E il mantra di molti genitori italiani ancora oggi sembra essere «prima studi, ti diplomi/ti laurei e poi lavori». Commettono un errore fatale, uno dei responsabili principali della disoccupazione dei propri figli.

Questo ritardo ha effetti di grave rallentamento nello sviluppo di molte capacità, da quelle relazionali a quelle di risoluzione pratica dei problemi, ma quella che ne soffre di più è sicuramente l'etica del lavoro. Perché la scuola potrà essere un impegno serio finché si vuole, ma certe cose si imparano solo lavorando: cosa è un cliente, ad esempio, o come ci si muove in un'organizzazione più complessa di una classe, in cui c'è un capo (il docente) e basta. Solo lavorando, poi, si dà adeguato valore al denaro.

I datori di lavoro hanno serie perplessità ad assumere un diplomato venticinquenne che non ha mai avuto un impiego, ma i motivi sono gli stessi che possono applicarsi anche a un laureato. Che a venticinque anni, in Italia, è normale che non abbia mai visto un lavoro. C'è una massima di Confucio che sintetizza bene il problema: «Sento e dimentico, vedo e ricordo, faccio e capisco».

Veniamo ora all'altro grave motivo per cui la scuola in Italia non forma l'etica del lavoro: quello che gli inglesi e americani chiamano *cheating*, imbrogliare, e che da noi si chiama copiare. Gli italiani che osservano la scuola degli altri Paesi, in particolare quelli anglosassoni, restano spesso stupefatti dalla severità con cui si punisce chi copia o fa copiare. Questo è vero sia per i compiti in classe sia per le ricerche e i saggi da svolgere a casa, in cui il plagio è il più grave dei difetti. Insegnanti universitari italiani che lavorano negli Usa e in Europa hanno spesso stigmatizzato il lassismo degli italiani nei confronti di questo aggiramento delle regole, paragonandolo all'evasione fiscale. Ma il nostro atteggiamento nei confronti di chi copia e fa copiare è anche più dannoso di quello nei confronti degli evasori. Copiare e far copiare non è solo un peccatuccio tollerabile o in certi casi una necessità (come a volte è vista l'evasione), ma una specie di dovere civico. Chi non fa copiare gli altri è un egoista e un asociale. In alcuni casi gli stessi insegnanti abituano, quando non favoriscono, le scappatelle di questi cittadini in erba.

Gli esperti dell'Invalsi, l'istituto del Ministero dell'Istruzione che amministra i test per misurare la qualità dell'apprendimento, e più di recente utilizzati come prova d'esame, si trovano spesso davanti a risultati strabilianti ottenuti da intere classi, spiegabili solo con la complicità, se non con la partecipazione attiva, dei professori. Il momento della verifica e del voto risveglia in molti italiani, studenti, famiglie, ma anche docenti, un senso di ribellione verso un'istituzione che in quel momento si considera ingiusta, repressiva e punitiva, contro la quale è doveroso opporsi. A volte la cosa viene giustificata con la scarsa opinione che si ha dei test, che diversi docenti giudicano inutili o fuorvianti. In altri copiare è permesso o favorito semplicemente per aiutare gli studenti più deboli. O per fare bella figura. E qui il permissivismo generale di molti italiani si salda con un altro malvezzo della nostra istruzione, che mina la crescita dell'etica del lavoro nei ragazzi e che risiede nelle famiglie. Le quali, spesso e volentieri, ritengono di dover difendere i propri figli quando la scuola sembra non apprezzarli abbastanza o pretendere troppo da loro. Il che, per alcune famiglie, avviene praticamente sempre.

A volte, nei casi di una bocciatura a un esame importante, alcuni genitori sono ricorsi addirittura al Tar, che qualche volta ha dato loro ragione. I figli puniti perché vanno male a scuola sono un ricordo del passato, per molte famiglie la colpa è sempre di qualcun altro. L'idea malsana che giustifica questo atteggiamento è che un brutto voto sia un giudizio negativo e immutabile sullo studente (che va quindi difeso) e non sul suo lavoro, che con i giusti sforzi e i buoni insegnanti potrebbe e dovrebbe migliorare.

Eppure è meglio sperimentare i fallimenti a scuola che più tardi, sul lavoro. Lo dimostra il fatto che quest'incapacità di accettare un cattivo voto si riflette nella cronica incapacità da parte dei lavoratori e dirigenti italiani di accettare quello che nella gestione delle risorse umane delle imprese globali viene comunemente chiamato *feedback* («restituzione»). Se il capo di un dirigente americano o svedese dà un *feedback* negativo, l'interessato lo accetta come parte delle regole del gioco e, spesso, anche come un'opportunità per migliorare (ovviamente se è anche accompagnato da *feedback* positivi). Per un italiano è un segnale di licenziamento incombente.

Gli ultimi decenni hanno dato un brutto colpo alla capacità della scuola italiana di insegnare l'etica del lavoro.

Ma se su questa dimensione la scuola è andata indietro, sulle altre due competenze ai primi posti nei desiderata delle aziende – il *teamwork* e la capacità di comunicare oralmente – ha mantenuto i difetti della scuola di cinquant'anni fa. Che derivano dall'utilizzare in modo pressoché esclusivo (con poche, lodevoli eccezioni) l'approccio tradizionale basato su spiegazione-studio-verifica. La discussione in classe è presente, ma è troppo spesso un momento in cui chi è bravo, ha studiato o è semplicemente più spigliato degli altri, interviene, mentre troppi pensano ai fatti loro.

Partiamo dalla comunicazione orale. La classica interrogazione è focalizzata sul capire cosa l'alunno sa, prima che su come lo espone. La conoscenza della materia è la base della valutazione, poi ovviamente conta anche il saperla esprimere, ma è una specie di extra. Di conseguenza, la maggior parte degli alunni mette il grosso dell'impegno nell'apprendere i fatti, i dati, i concetti che sono oggetto dello studio, non certo nell'esprimerli in modo brillante e convincente.

All'alunno viene chiesto di esporre in modo efficace ciò che pensa su un argomento solo in forma scritta, nel classico tema. E, anche in questo caso, nel valutare la qualità dell'esposizione, la completezza e ricchezza di linguaggio e l'ampiezza e il respiro dell'argomentazione vengono troppo spesso prima di brevità e chiarezza.

In diversi sistemi educativi l'approccio è più articolato. Ovviamente in tutte le scuole c'è una dose di lezioni classiche, cosiddette «frontali», con la spiegazione dell'argomento da parte dei docenti. Ma la partecipazione alle discussioni è maggiormente stimolata e si insegna e si fa praticare la tecnica del dibattito tra studenti.

La discussione nella scuola italiana si focalizza, invece, troppo poco sull'efficacia degli argomenti portati. La qualità di quello che dice uno studente è giudicata, oltre che in base alla già citata conoscenza della materia, all'impegno e alla passione dell'alunno nell'esprimerlo e, a volte, alle convinzioni individuali del docente. Un lungo e appassionato discorso, pieno di citazioni di libri, è ben visto anche se è un bel po' fuori argomento. L'efficacia e il rigore espositivo sono troppo spesso valutati agli ultimi posti. La capacità di cogliere l'essenziale e di esprimerlo in modo conciso, che sono qualità essenziali nella vita, trovano poco posto a scuola. Anche l'interrogazione è poco interattiva. Nel migliore dei casi (per lo studente), il professore fa una prima domanda e lo studente è così ben preparato e ha approfondito tanto l'argomento da parlare per dieci-quindici minuti, esprimendo una vasta mole di scibile su quanto richiesto, arricchito, nei casi davvero eccezionali, da interessanti riflessioni proprie. Il professore si guarda bene dall'interrompere un tale esercizio di bravura. A volte c'è il tempo per una seconda domanda, a volte no. Allo studente bravo e preparato non è affatto richiesto di saper ascoltare.

Durante la spiegazione, gli insegnanti spesso incoraggiano a fare domande. Ma quali domande arrivano? Un primo tipo è quella di chi non ha capito. Non ci sarebbe nulla di male, ma i ragazzi temono di non fare una gran figura. Anche perché il non aver capito può nascere dal non conoscere qualcosa che si dovrebbe sapere. E la brutta figura può rivelare di aver studiato poco. Quindi le domande di chi non ha capito sono sempre troppo poche. Il secondo tipo di domande è quello di chi non è troppo interessato alla risposta ma vuol far vedere di essere preparato anche sugli argomenti più difficili, per cui chiede una cosa generalmente marginale, scritta in piccolo nelle note, che sa solo lui (o, sempre più spesso, lei; la maggiore preparazione delle ragazze si vede anche da questo). L'interazione (e l'utilità per il resto della classe) è però scarsa. La domanda davvero brillante, che denota intelligenza e capacità di ascolto, non arriva praticamente mai. Perché richiede che chi la pone abbia già fatto una riflessione autonoma e pertinente sull'argomento, che viene messa a confronto con quanto spiega il docente. Molto difficile se l'insegnante quell'argomento lo sta spiegando per la prima volta.

Questa scarsa interattività è ulteriormente indebolita dall'inefficacia dell'interazione di gruppo. Il lavoro di gruppo nelle scuole italiane è per lo più un lavoro fatto a casa, in cui, quando va bene, gli studenti si dividono quello che c'è da fare e ognuno ne fa un pezzo. In altri casi c'è uno solo che fa il lavoro e gli altri mettono la firma. Non è certo così che si impara il *teamwork*. Che non vuol dire «siamo una squadra». E neanche dividersi equamente i compiti e fare ognuno la propria parte. Vuol dire migliorare il lavoro degli altri, apportando ciascuno il proprio contributo. Il che richiede generalmente la capacità di «sfidarsi», cercando i punti deboli nel lavoro fatto dai propri compagni e adattando il proprio lavoro a quello fatto dagli altri, in modo che il prodotto finito non sia una semplice «somma delle parti», ma un insieme organico. Due compiti che si affrontano al meglio con una giusta miscela di cooperazione e rivalità. Diversi studi fatti su team che hanno ottenuto grandi risultati hanno rivelato una sorprendente dose di antagonismo, mitigato da un atteggiamento complessivamente onesto e rivolto al comune obiettivo, tra le personalità spesso forti che componevano il gruppo.

Le aziende che esaminano la capacità di *teamwork* nei colloqui di gruppo si focalizzano molto più sulla qualità dell'interazione tra i partecipanti che sul fatto che il gruppo arrivi alla soluzione giusta.

Per favorire questo tipo di interazioni, alla presenza del docente molte scuole dei Paesi nordici adottano una disposizione dei banchi «a isole», con gli alunni che sono uno di fronte all'altro in gruppi di quattro o sei. Una disposizione dei banchi che le scuole italiane generalmente abbandonano dopo le elementari.

Una capacità non esaltante di formare le competenze cognitive (con enormi differenze tra nord e sud e tra diverse scuole) e una debolezza notevole sulle competenze caratteriali e di interazione quali etica del lavoro, *teamwork* e comunicazione orale, sono dunque una caratteristica delle nostre scuole.

11

Il valore reale del titolo di studio

> «Commetterei una frode per salvarmi l'anima?
> No.
> Per salvarmi la media dei voti? Sì.»
>
> JULIE ANNE PETERS

Male in-formati

Il problema maggiore per chi esce dalle superiori minimamente preparato, avendo evitato le trappole di una scuola spesso inadeguata, non ha tanto a che vedere con quello che ha appreso dalla scuola ma con quello che la scuola dice ai datori di lavoro su di lui, ovvero su quali competenze abbia acquisito e in che misura. In altre parole, se si meriti un posto di lavoro e quale.

È un valore importantissimo, che la nostra cultura spesso disconosce. Quante volte abbiamo sentito la frase «non bisogna studiare per il voto, ma per la propria formazione». È vero che bisogna studiare per sviluppare le proprie competenze, ma è altrettanto importante far sapere a chi ci selezionerà dopo gli studi (datori di lavoro, università) che cosa si è appreso e con che risultati. Su questa dimensione, quella della certificazione delle competenze acquisite, l'Italia sconta il ritardo probabilmente più pesante. Gli altri sistemi educativi utilizzano fondamentalmente due metodi per certificare la qualità dell'apprendimento: il primo è un sistema di scuole e università con un ben conosciuto ordine di merito, in cui le migliori operano una seria selezione all'ingresso e forniscono una qualificazione largamente riconosciuta a chi vi si diploma (è il caso delle *public school* inglesi, delle *grandes écoles* francesi, dei licei tedeschi e dei sistemi scolastici in Cina, Giappone e Corea e, purtroppo, solo di alcune università italiane, come la Bocconi e i politecnici). Il secondo (in alternativa o in aggiunta) è un esame realmente uguale per tutti, tipicamente standardizzato, all'uscita delle superiori o all'ingresso dell'università, in cui il punteggio è indicazione del livello di competenze acquisite (gli *A-level* inglesi o il Sat negli Stati Uniti).

In Italia abbiamo in teoria un sistema del secondo tipo, nei fatti né l'uno né l'altro. Il primo approccio non esiste perché, al di là della ben nota differenza che ancora oggi mediamente rimane tra i livelli di preparazione acquisiti al liceo o negli istituti tecnici e professionali e quelli tra scuole del nord e del sud, l'istituto frequentato dice ben poco. Perché i docenti e i presidi cambiano e, a parte pochissime eccezioni, le scuole non fanno selezione sul merito all'ingresso.

L'approccio di base in Italia è sempre stato del secondo tipo, ovvero di avere un esame di sbarramento e valutazione comune a tutti, la maturità. Che infatti si deve svolgere su tracce per le prove scritte uguali in tutta Italia, e con una commissione d'esame formata anche da professori che insegnano in altre scuole.

Purtroppo questo meccanismo di valutazione non ha più il valore di un tempo. Lo possiamo vedere dal confronto drammatico tra i voti (i 100 e 100 e lode sono molto più frequenti al sud che al nord) e i risultati ai test Pisa e Invalsi (molto più alti al nord). Il motivo è che oggi le commissioni d'esame hanno una componente minore che in passato di membri esterni (solo 50 per cento) e questi hanno una mobilità generalmente regionale (così non hanno alcun effetto sulla disparità dei giudizi tra nord e sud) e quindi i criteri di valutazione non sono affatto omogenei a livello nazionale. Gli insegnanti, come chiunque debba emettere un giudizio in assenza di rigidi parametri oggettivi, tendono ad adeguare il proprio metro di valutazione al livello medio di preparazione degli studenti che hanno di fronte. Se gli studenti sono giudicati dai loro insegnanti, quelli di una buona classe saranno mediamente valutati con un metro più severo di quelli di una classe poco preparata.

Era diversa la situazione in passato, ad esempio cinquant'anni fa? Non è facile rispondere, anche perché i test Pisa non c'erano. Si può però sostenere che le differenze geografiche contavano di meno. Nell'Italia del dopoguerra l'emigrazione era soprattutto emigrazione di manodopera senza particolari competenze, mentre il ceto intellettuale era più stanziale. Per cui le università e i datori di lavoro selezionavano principalmente tra diplomati ai licei e agli istituti tecnici della propria regione, dove il meccanismo delle commissioni esterne assicurava certamente maggiore omogeneità di giudizio. Oggi i diplomati e laureati cercano lavoro in tutta Italia e i datori di lavoro non credono più ai loro voti, e hanno ragione.

Ma il problema del titolo di studio che vale poco e della difficoltà di conoscere le scuole che insegnano meglio di altre non si limita certo ai datori di lavoro. Le famiglie italiane sono state, e in molti casi purtroppo sono ancora, poco esigenti in fatto di qualità dell'insegnamento. Quando lo sono, prevale l'atteggiamento di difesa «sindacale» a oltranza dei figli, tranne che nel loro diritto più importante, quello di imparare qualcosa che serva.

Questo atteggiamento però sta (lentamente) cambiando. Un numero sempre maggiore di genitori, avveduti e preparati o semplicemente più preoccupati per il futuro dei figli, si chiede quale scuola insegnerà loro ciò che serve nel complesso mondo di oggi, oppure se hanno imparato a sufficienza per trovare lavoro. I genitori, che soffrono nel vedere i propri figli diplomati con successo restare disoccupati per anni, hanno capito che i voti dicono davvero poco.

I vantaggi della trasparenza

Una risposta, anche se parziale, potrebbe arrivare se le scuole rendessero noti i punteggi che i loro alunni ottengono ai test Invalsi, come i college inglesi rendono note le medie dei loro voti agli *A-level.* Ma ciò non avviene. La motivazione più utilizzata per giustificare questa pratica è quella della privacy. Ma privacy di chi? Degli studenti? L'argomento non regge, perché se i risultati pubblicati sono valori medi, l'informazione sensibile, quella sui singoli alunni, resta riservata. È oltretutto trascurato da questi tutori della riservatezza il fatto che i voti di fine anno vengono pubblicati in molte scuole, privacy o non privacy, nei classici «quadri» con i nomi degli alunni a fianco. Viene quindi il sospetto che la privacy da tutelare sia quella dei professori, perché i test possono rivelarsi anche uno strumento utile per valutare il loro lavoro.

Dal rilancio dell'Invalsi, i tentativi di rendere trasparenti i risultati sono tutti falliti: per l'opposizione di molti insegnanti, dei sindacati, della sinistra (ma anche la destra non ha fatto mai una grande battaglia su questo tema), e anche dei genitori. Molto è dovuto alla cultura antimerito e anticompetizione della nostra società, che porta alla seguente riflessione: «È inaccettabile il metodo di valutazione di studenti e insegnanti basato su test standard nazionali che, essendo nozionistici (quiz), non riconoscono il valore della cultura e la capacità di riflessione autonoma degli studenti. Quest'ultima si valuta soprattutto con le modalità tradizionali, come il tema e gli esami orali». C'è anche chi sostiene che il voto tradizionale, che spesso tiene conto anche del punto di partenza dello studente, possa servire come incoraggiamento per gli studenti svantaggiati e meritevoli a proseguire nell'impegno, completare gli studi e ridurre il gap sociale. Queste persone non capiscono che qualunque valutazione di uno studente, che si tratti di un voto tradizionale o di un test, non è una valutazione della persona ma solo della sua prestazione specifica, e serve appunto a migliorarla

Non vogliamo ovviamente negare i limiti dei test. Molti sono fatti male. Inoltre quelle che vengono misurate sono solo alcune capacità cognitive, che sono sì richieste dal mondo del lavoro ma non sono le sole, perché le *soft skills* non si misurano con i test. Tuttavia sono un buon punto di partenza. Anche per avere un riferimento comparativo tra le scuole. E sarebbero un buon inizio, quindi, per fornire un criterio obiettivo di merito per la selezione universitaria.

Le università che devono selezionare gli studenti hanno fatto diversi tentativi per superare questo problema e scremare i candidati in base a uno standard, ma nessuno ha avuto un completo successo. Le università a numero chiuso hanno introdotto numerose limitazioni all'iscrizione basate esclusivamente su prove d'ingresso o sulla combinazione di prove d'ingresso e voti di maturità. Entrambi questi criteri scatenano numerose critiche: l'influenza del voto di maturità risente ancora una volta della nota disparità di valutazione tra le scuole, mentre la prova d'ingresso è vista come un metodo molto riduttivo (quando non totalmente sbagliato) di valutare un lungo percorso di studi. Le domande a scelta multipla, infatti, tendono a mettere alla prova soprattutto le capacità logico-deduttive mentre quelle di cultura generale assomigliano spesso, secondo i detrattori dei test, a quiz della «Settimana Enigmistica».

Nel sistema educativo americano, capostipite di questo strumento di valutazione, il test è nazionale e, una volta che uno studente lo fa, può mandare il risultato a tutte le università che vuole. In Italia, invece, per essere ammesso all'università x bisogna fare il test dell'università x. Per cui, se i test delle varie università cui è interessato uno studente sono in giorni diversi, è solo uno spreco di tempo e denaro del candidato, che deve girare l'Italia come una trottola. Se poi sono nello stesso giorno, come accade per Medicina, il candidato deve scommettere sull'università dove pensa di avere le maggiori possibilità di accesso. E se sbaglia perde anche l'opportunità di entrare in una meno attraente ma più alla sua portata, alla quale non ha potuto concorrere. Gli incentivi a puntare alle università migliori sono quindi ovviamente ridotti dal rischio di perdere l'opportunità di accedere anche alle università di seconda scelta.

Criteri obiettivi di merito

L'introduzione delle prove standardizzate sviluppate dall'Invalsi ha cercato negli ultimi anni di allineare i criteri delle diverse scuole. Il modo più semplice con cui si è perseguito questo obiettivo è stato quello di incorporare le prove Invalsi nel voto degli esami finali delle medie inferiori. Le forti resistenze che incontrano questo tipo di valutazioni, il loro peso comunque limitato e i frequenti casi di risposte copiate o suggerite rendono però questa soluzione solo parzialmente efficace.

Si potrebbero poi usare i test (oltre ad altre informazioni) anche per valutare le scuole, ma questo utilizzo resta ancora lontanissimo sia per le resistenze sindacali sia per l'assenza nel ministero di strutture in grado di effettuare tale valutazione e dare poi un *feedback*. In Italia il Ministero dell'istruzione ha solo un centinaio di ispettori per 65.000 scuole.

Un altro progresso si potrebbe ottenere utilizzando i test preparati dall'Invalsi in accompagnamento all'esame di maturità, come prova nazionale in sostituzione di quelle di ingresso di ciascuna università. Sarebbe un modo per introdurre un Sat anche in Italia, e il Politecnico di Milano e Ca' Foscari stanno avviando una interessante sperimentazione in questo senso. In tutti questi anni l'enfasi dei test Invalsi è stata focalizzata su elementari, medie e seconda superiore e non ancora sulla maturità, che avrebbe dovuto essere invece la priorità assoluta e avrebbe dato il via a una vera rivoluzione. Oltre a consentire l'eliminazione dei test di ingresso all'università, avrebbe permesso la nascita di criteri obiettivi di merito per le borse di studio.

Resta il fatto che, anche quando arriveranno, questi miglioramenti finiranno per toccare uno dei pochi comparti dell'istruzione, quello delle università d'élite, in cui gli studenti hanno meno difficoltà a inserirsi nel mondo del lavoro. I dati di occupazione delle facoltà di Ingegneria parlano chiaro: a un anno dalla laurea (magistrale) l'80 per cento lavora. L'occupazione nella fascia 15-24 anni, quella in cui l'Italia è tra i fanalini di coda dei Paesi Ocse, la si fa con l'istruzione di massa che, come abbiamo visto, nel nostro Paese è pressoché un disastro.

Ma, anche se i dati sulla occupazione parlano ancora in favore della laurea, la situazione dei nostri atenei per quanto riguarda la capacità di preparare i giovani italiani al mondo del lavoro è tutt'altro che rosea.

12

L'università: miti italiani e sfide globali

> «L'università è un investimento in se stessi
> e resta l'ultimo grande frullatore sociale,
> capace di mescolare redditi, censo
> e geografia. Se si ferma, siamo spacciati.»
>
> Beppe Severgnini

L'università è un'invenzione italiana. La prima del mondo occidentale è stata fondata a Bologna nel 1088, secondo quanto appurato da una commissione di storici presieduta da Giosuè Carducci otto secoli dopo. Dopo una fulgida tradizione, proseguita per tutto il medioevo e il Rinascimento, le nostre università hanno perso in epoche più recenti un bel po' di smalto. Già nel Diciannovesimo secolo i migliori atenei del mondo erano per lo più in Germania, assieme alle intramontabili Oxford e Cambridge.

Oggi le valutazioni delle università effettuate da una miriade di enti, centri studi e riviste di tutto il mondo non pongono mai nessuna delle nostre tra le prime. Già essere nelle prime cento è un traguardo, nonostante queste classifiche siano fatte con i criteri più vari e ciascuna veda al vertice università diverse. Qualche caso di eccellenza italiana sembra esistere ancora: il Politecnico di Milano, nelle classifiche riservate alle facoltà di Ingegneria, risulta al nono posto in Europa e al ventottesimo nel mondo, e il suo punto di forza sembra essere proprio l'«occupabilità» dei suoi laureati che, secondo il giudizio dei datori di lavoro, la pone tra le prime quattro in Europa. Un'altra università che si è creata un'immagine di eccellenza presso le aziende è sicuramente la Bocconi di Milano, mentre il Politecnico di Torino ha costruito sul suo storico rapporto con la Fiat un'ottima reputazione nel mondo del lavoro.

Ma a parte queste rare eccellenze e altre buone università di «secondo livello», di cui parleremo in seguito, la reputazione media dell'università italiana presso i datori di lavoro e la sua performance nelle statistiche di occupazione rispetto a quella di altri Paesi sono nel complesso scarse. E in alcuni casi divengono pessime.

Un punto di forza degli atenei nostrani, che sembrerebbe contraddire questa diagnosi così negativa, è il numero di italiani, laureati in Italia, che in molte aziende multinazionali, nelle più prestigiose università all'estero e nelle organizzazioni internazionali occupano posizioni di prestigio, conquistate grazie alla forza dei loro meriti e non certo in virtù di un'appartenenza geografica. Da Mario Draghi alla Bce a Vittorio Colao a capo di Vodafone, ai numerosi esponenti della ricerca nelle scienze, in medicina e in economia da Harvard a Oxford, molti leader nel mondo sono laureati in Italia.

Come si spiega che i ricercatori italiani sono così apprezzati all'estero? Ebbene, intanto vale la pena ricordare che lo scambio di laureati con l'estero funziona di solito nei due sensi, mentre da noi funziona in un senso solo. I cervelli li esportiamo, ma non li importiamo. Questo indica che il merito del successo dei nostri connazionali all'estero dipende più dalle loro qualità (e da poche, ottime università) che dal sistema universitario nel suo complesso.

Va inoltre sottolineato che i nostri più brillanti connazionali sono stimolati a orientarsi verso aziende, università e istituzioni internazionali a causa delle scarse opportunità in Italia. Le grandi aziende italiane sono poche, e molte istituzioni nel settore pubblico, dell'università e della ricerca mancano della meritocrazia che attira le risorse di talento. È infine necessario dire che, mentre eccellenze come il Politecnico e la Bocconi hanno esportato molti laureati all'estero (e con grande soddisfazione dei loro datori di lavoro), lo stesso non vale per la maggioranza degli atenei.

L'università italiana produce meno laureati rispetto a quelle di tutti gli altri Paesi industrializzati e meno apprezzati dal mercato del lavoro: la differenza tra il loro stipendio e quello dei non laureati è molto più bassa che nel resto dei Paesi sviluppati. E sta peggiorando di anno in anno.

Colpiscono le differenze tra università nelle percentuali di occupazione dei loro laureati. Se tra gli ingegneri del Politecnico di Milano trova lavoro il 90 per cento dei laureati, in numerose altre università, specie del sud, la percentuale di occupazione è del 30 per cento. La colpa non è tutta dell'università. La struttura delle imprese italiane, per anni accecate dal mantra del «piccolo è bello», ha anch'essa le sue responsabilità: le piccole aziende di solito assumono meno laureati rispetto a quelle medie e grandi.

Ma le colpe più pesanti le hanno la società, le famiglie, gli studenti e i docenti. Che ancora oggi, pur iniziando a vedere i problemi delle nostre università, continuano a nascondersi dietro a falsi miti.

Il mito del diritto allo studio

Il primo falso mito dell'università italiana, quanto a numero di citazioni nei media, è senz'altro quello del diritto allo studio. Quest'idea si basa sulla convinzione, giustissima e promossa anche dalla Costituzione, che lo studio sia uno strumento fondamentale per migliorare la propria condizione economica e sociale, e che la possibilità di studiare debba quindi essere garantita a tutti quelli che se lo meritano. Il mito, che si è consolidato negli ultimi vent'anni, sta però nel pensare che in Italia i laureati siano pochi perché laurearsi costa troppo e che la colpa sia quindi della mancanza di fondi pubblici per rendere più accessibile l'università (che dovrebbe costare poco o nulla).

La realtà è un'altra. In Italia le tasse universitarie sono bassissime, l'unico vero costo è quello della mobilità di un giovane che voglia andare a studiare in un'altra città, magari alla ricerca di un'università migliore (cosa che negli altri Paesi è possibile grazie a borse di studio per i più meritevoli e prestiti d'onore, che il giovane restituirà quando inizierà a lavorare). Ma è relativamente raro che nel nostro Paese si pensi di cercare un'università migliore in una altra città, perché i genitori e gli studenti italiani pensano che gli atenei siano tutti uguali. Il concetto di università di élite è rifiutato dalle famiglie e ovviamente dai docenti che, come la maggioranza dei nostri connazionali, non amano la competizione. Il risultato è che in tutti questi anni sono proliferate tante «università sotto casa», con docenti mediocri, che inevitabilmente hanno laureato giovani completamente impreparati per il mercato del lavoro. Che quindi restano sottooccupati e guadagnano poco più di un diplomato.

Quindi non è con il moltiplicarsi di microuniversità che si garantisce il diritto allo studio. Quest'idea nasce da un errore di fondo: non capire che il costo più importante per uno studente universitario non sono le rette. Il vero costo dell'università è l'investimento, di tempo e di denaro, fatto da uno studente che sta rinunciando a lavorare per qualche anno per poter avere un reddito migliore dopo l'università. Perfino gli eventuali costi di mobilità potrebbero non essere un problema, se venissero finanziati con borse di studio o prestiti d'onore.

Purtroppo la qualità media delle università italiane è stata così bassa per così tanti anni, che il reddito aggiuntivo del neolaureato ha raramente giustificato l'investimento da parte delle famiglie e ha impedito la nascita di un serio meccanismo di prestiti agli studenti. È questo il vero costo, non le tasse universitarie, che più basse di così non potrebbero essere.

Ciò che manca in Italia non è il «diritto allo studio», quindi, ma il «diritto al lavoro» che solo un'università davvero qualificata può offrire. E questa mancanza penalizza ovviamente le famiglie meno abbienti, per cui, dopo decenni di diritto allo studio fatto di rette bassissime e di atenei sotto casa, in Italia all'università continuano ad andare soprattutto i figli dei ricchi.

Si potrebbe obiettare che questo non avviene solo da noi, ma in tutto il mondo. Le statistiche in materia non abbondano, ma uno studio del 2010 su un campione di qualche migliaio di studenti, stima che il reddito familiare degli universitari sia del 50 per cento più alto di quelli che all'università non ci vanno.

Anche nel resto d'Europa esiste un problema di pari opportunità e di reale diritto allo studio, ma le ragioni sono un po' diverse che da noi. Nel mondo anglosassone sembra che si sia avverata la profezia di Michael Young, l'inventore della parola «meritocrazia», che nel 1954 aveva immaginato per la società del futuro una classe dominante di superintelligenti e ultracculturati che si autoriproduce, mandando i suoi figli (che Young definisce i «figli dello sperma fortunato») nelle scuole migliori ed escludendo il resto dell'umanità dall'élite intellettuale che avrebbe dominato la società.

Negli ultimi trent'anni infatti, nel mondo anglosassone e nel Nord Europa, è successo che l'esplosione dei laureati e la meritocrazia spinta, che ha mandato (quasi sempre) gli studenti migliori nelle università migliori indipendentemente dal reddito familiare, hanno creato una generazione di famiglie benestanti e acculturate – con genitori professionisti, manager, magistrati, dirigenti pubblici – che spinge i figli a studiare più a lungo, facilitandone la formazione sin dall'inizio della scuola.

Si è realizzata così una forma di «ereditarietà» della cultura, che i politici interessati alle pari opportunità stanno cercando di contrastare soprattutto incidendo sulla scuola, che sin dalle elementari (gli studi più recenti dicono sin dall'asilo) deve stimolare l'intelligenza e l'interesse di tutti, non lasciando questo compito solo alle famiglie. La scuola dovrebbe azzerare i privilegi della nascita. Ed è per questa ragione che oggi i politici americani e inglesi parlano tanto dell'urgenza di migliorare le scuole, soprattutto elementari, mentre quelli scandinavi e nordeuropei vanno tanto fieri delle loro, considerate il vero motore delle pari opportunità e della meritocrazia.

In Italia questa spiegazione «ereditaria» vale poco, proprio perché la riduzione dei privilegi della nascita grazie alla scuola sembra funzionare meglio che altrove. La qualità della scuola elementare italiana, riconosciuta anche all'estero, spiega gli ottimi risultati dell'Italia nel recuperare l'handicap familiare alle medie e alle superiori. Nelle scuole superiori italiane gli studenti bravi vengono più spesso da famiglie meno agiate rispetto a quanto accade negli altri Paesi, e questo è certamente un merito dell'istruzione ricevuta nei cicli precedenti. Nel report Pisa sui test del 2012 c'è la classifica degli Stati in cui i risultati (in matematica, focus del test) sono meno influenzati dal reddito familiare. In Europa l'Italia è quarta: dopo Liechtenstein, Estonia e Norvegia. Meglio piazzata di tutti i grandi Paesi europei, prima delle egualitarie Svezia, Finlandia e Danimarca.

Quindi, nonostante dal punto di vista della distribuzione della ricchezza la nostra società sia molto più diseguale di quelle nordiche e della maggioranza delle altre società europee, la scuola italiana riduce molto l'handicap familiare. Meglio che in quasi tutti gli altri Paesi del mondo. Purtroppo poi, all'università, le cose cambiano e riusciamo a essere più ineguali degli stessi Stati Uniti, la patria delle università d'élite, dove le famiglie risparmiano una vita intera per pagare il college ai figli. Dal confronto tra Italia e Usa si scopre che da noi la percentuale di laureati tra i ragazzi provenienti dalle famiglie meno abbienti è addirittura inferiore (35 per cento contro 45 per cento), mentre è confrontabile quella dei più ricchi (55 per cento contro 57 per cento). Questo perché negli Usa, e anche nel Regno Unito, il beneficio percepito dell'andare all'università è alto, perché il «diritto al lavoro» esiste ed è il risultato di una concorrenza spietata tra le università, che le ha rese molto più orientate al lavoro di quanto non sia avvenuto in Italia. Quanto al costo, poi, ci sono prestiti garantiti dallo Stato per i ragazzi delle famiglie meno ricche: negli ultimi vent'anni prestare soldi a un giovane studente inglese che si laureava a Oxford era un investimento sicuro.

Da noi è tutta una altra storia. Invece di preoccuparsi della qualità delle università, le famiglie italiane – ingannate da professori mediocri, media poco informati, politici e sindacati – continuano a pensare che siano tutte uguali e che debbano essere appannaggio dei ricchi, perché costa troppo frequentarle.

Ne consegue che in Italia nessuno si preoccupa di capire la qualità dell'insegnamento universitario. L'ultimo esercizio di valutazione fatto dall'Anvur (l'Agenzia nazionale di valutazione del sistema universitario e delle ricerche), con uno sforzo poderoso che ha coinvolto oltre 15.000 esperti che hanno analizzato la qualità scientifica di migliaia di lavori – ha stilato una classifica della qualità della ricerca delle università italiane. Nessuno però ha mai pensato di creare una commissione che valutasse la didattica, ossia la vera ragione per cui circa un milione e ottocentomila studenti pagano ogni anno le tasse d'iscrizione. Questo approccio per nulla orientato agli interessi degli studenti, che sono i consumatori del nostro sistema d'istruzione, e solo ai suoi lavoratori (i docenti e gli insegnanti) non è una caratteristica esclusiva dell'università, ma affligge anche la scuola, come abbiamo visto.

Tuttavia c'è un gruppo importante di studenti (e famiglie) che giudicano la preparazione universitaria da consumatori, e sono visti con grande sospetto.

Il mito della laurea utile

Molti genitori e studenti non capiscono ancora le vere ragioni dell'interesse delle aziende per certi laureati, in particolare gli ingegneri, e in generale per le lauree tecnico-scientifiche. Troppo spesso si pensa che l'industria abbia bisogno di ingegneri perché sanno progettare le macchine o conoscono il funzionamento di una linea di montaggio. O che gli scienziati siano richiesti per fare ricerca nei laboratori delle aziende, o i matematici e informatici per progettare algoritmi per le nuove *start up* ad alta tecnologia. Insomma perché sono tutti, ciascuno nel proprio campo, depositari di competenze tecniche essenziali per fare lavori ad alta specializzazione.

Questi lavori esistono, ovviamente, ma sono in numero molto inferiore a quello di ingegneri e laureati in materie scientifiche assunti dalle aziende. E ciò accade specialmente in Italia, dove l'industria manifatturiera resta importante, ma è in calo (come in tutto l'Occidente) e i laboratori di ricerca e le *start up* tecnologiche impiegano un numero ridottissimo di giovani.

In Italia come all'estero, quello che le aziende cercano in queste lauree sono, una combinazione di abilità analitiche e quantitative (che si acquisiscono lavorando coi numeri), capacità intellettuali e determinazione (che consentono di affrontare un corso di studi mediamente difficile), e dell'esperienza pratica che nasce dall'affrontare in molti casi una tesi di tipo sperimentale. Tutte cose che servono anche per lavorare nel marketing o nel controllo di gestione. La capacità di analisi, di cogliere le connessioni tra diverse variabili applicandole alla soluzione di problemi reali e la difficoltà di un corso di studi che, nei migliori politecnici, è davvero selettivo sono le ragioni che spiegano l'interesse delle aziende per i migliori laureati in ingegneria.

E così succede che l'ingegnere non vada solo a costruire strade e a progettare elettrodomestici, ma finisca a fare ricerche di mercato, finanza e consulenza aziendale, mestieri che hanno poco a che fare con quello che ha studiato, se non il fatto che hanno anch'essi bisogno di qualcuno che sappia risolvere problemi. La capacità di *problem solving* è quello che i datori di lavoro riconoscono all'unanimità agli ingegneri, soprattutto a quelli dei politecnici di Milano e Torino, ma anche di altre università al centro-sud come Bari, i cui laureati trovano quasi tutti lavoro. Le aziende, quindi, lodano le competenze cognitive e valutano positivamente l'etica del lavoro di un giovane che si è dovuto impegnare molto negli studi e che è orientato al risultato. Sempre che sia riuscito a laurearsi non troppo tardi e a ottenere buoni voti (ritenuti ancora affidabili) e che abbia una propensione per il mondo delle aziende. Tutte cose che non trovano in altre università.

Si ritrova anche in altre facoltà, come Economia alla Bocconi, un'altra università che dà ai datori di lavoro garanzie simili e ha quindi tassi di occupazione al livello dei politecnici. E si ritrova anche in facoltà umanistiche: il 65 per cento dei laureati in Lingue e letterature straniere a Ca' Foscari trova lavoro contro il 35 per cento dei laureati in Economia di Catanzaro. Nonostante queste storie e questi fatti, la maggioranza dei genitori italiani continua a coltivare il mito della «laurea utile».

Il mito della laurea per la cultura

Se il mito della cultura fine a se stessa influenza le scelte delle famiglie e i percorsi educativi dei giovani nelle scuole superiori, raggiunge il suo apice quando si applica all'università.

L'idea che il «pezzo di carta» abbia un valore sociale (non legale) resiste ancora oggi. Resiste in una parte significativa della grande percentuale (oltre il 70 per cento) di studenti e famiglie che scelgono un corso di laurea senza guardare alle statistiche occupazionali. Resiste in quelle famiglie della borghesia del sud che insistono perché i loro figli si iscrivano all'università anche se si laureeranno di gran lunga fuori corso o non lo faranno affatto.

Intendiamoci, non c'è nulla di male nel ricercare uno sviluppo culturale negli studi, anzi è un tratto essenziale di quasi tutti quelli che hanno successo all'università. Il problema nasce quando l'interesse culturale è il solo obiettivo delle proprie scelte. Da Oxford a Stanford al Mit, le migliori università del mondo sono piene di intellettuali, nerd, secchioni, insomma persone che fanno dello studio una ragione di vita. Ma queste università non si sognano nemmeno di offrire alle migliaia di studenti di tutto il mondo che cercano di accedervi una crescita esclusivamente culturale. Offrono loro un'occasione di sviluppo della persona, fatto di cultura, certo, ma anche di nuove capacità (appunto le *soft skills*), di un network di relazioni, di un modo diverso di guardare alle cose del mondo. Che ha un valore enorme nel lavoro e in quella società postindustriale alla quale il sistema educativo italiano non è riuscito ad adeguarsi.

E coloro che invece, animati da un sincero amore per lo studio delle lettere, delle arti e delle scienze, vogliono fare di questa passione lo scopo della loro vita? Tutte le grandi culture hanno avuto e hanno i loro studiosi, dotti, ricercatori. Il problema è che molti sopravvalutano la opportunità che realisticamente offre il mondo della ricerca, in particolare in Italia. Alcuni tra i più brillanti alimentano la cosiddetta «fuga di cervelli», trovando impiego nei centri di ricerca e nelle università di altri Paesi. Altri finiscono vittime di una versione solo apparentemente più moderna e pragmatica del mito dello studio «per la cultura».

Il mito dell'università come datore di lavoro

Un altro falso mito sull'università riguarda in particolare gli sbocchi lavorativi delle facoltà più orientate alla ricerca, alla cultura e all'insegnamento, tra cui spiccano quella di Matematica, Fisica e Scienze e quella di Lettere e Filosofia. L'idea che hanno troppi italiani, in particolare diversi docenti e alunni proprio di queste facoltà, è che chi studia tali materie debba dedicarsi, come lavoro, a insegnarle, nella scuola o idealmente nell'università, e a fare ricerca. Queste persone coltivano il mito dell'università che alimenta se stessa.

Ovviamente l'università che si autoalimenta non può esistere. Se fosse pagata solo con le tasse degli studenti, questi dovrebbero spendere oggi i soldi che sperano di guadagnare in futuro, una logica perversa da catena di Sant'Antonio. Se invece fosse la società che paga attraverso il finanziamento pubblico, questo sarebbe riservato a un'università che ha come unico obiettivo la ricerca e l'autoriproduzione della propria «casta». Uno scenario purtroppo non distante da quanto si realizza in alcuni dipartimenti italiani, con un rapporto tra studenti e docenti insensatamente basso (a Chimica industriale ci sono in media solo quattro studenti per docente, contro una media delle altre facoltà di trenta).

Questa idea assurda fa sì che, in certe facoltà, gli studenti a lavorare in azienda non ci pensino proprio. Il corso di laurea in Fisica è probabilmente l'emblema di questa situazione: un anno dopo la laurea magistrale lavora una percentuale bassissima di studenti, inferiore al 30 per cento. Anche nelle prestigiose università del nord. I fisici dell'università di Padova che lavorano un anno dopo la laurea sono il 27 per cento, praticamente meno dei laureati in qualsiasi altra materia di qualsiasi università d'Italia. Per fare un raffronto, basti pensare che dopo aver frequentato Scienze politiche a Messina lavora il 33 per cento. I migliori fanno il dottorato, poi vanno a studiare all'estero e hanno borse di studio per la ricerca.

Ovviamente le aziende guardano a un laureato italiano in Fisica con una certa preoccupazione. Pensano sia troppo teorico, poco orientato ai rapporti interpersonali: un nerd con la testa fra le nuvole. Spesso i professori alimentano nei ragazzi la convinzione che il mondo aziendale sia un universo parallelo, di cui loro stessi non sanno quasi nulla. Qualcuno degli aspiranti ricercatori con una marcia in più degli altri, e magari anche un po' di fortuna, riesce a fare una carriera brillante nella ricerca e nell'insegnamento universitario anche restando in Italia. Gli altri, la maggioranza, conducono una vitaccia e in diversi casi anche i risultati della ricerca languono. Alcune intelligenze del nostro Paese sprecano un bel potenziale produttivo.

Il problema delle lauree italiane in Fisica e Matematica è confermato dal successo delle iscrizioni alle facoltà di Ingegneria-matematica (con attenzione alle applicazioni, come matematica finanziaria eccetera) e di Ingegneria-fisica (nanomateriali, laser eccetera) del Politecnico di Milano, che sono centocinquanta all'anno, dello stesso ordine di grandezza di quelle di Matematica e Fisica all'Università Statale.

Non è certo così all'estero, dove le lauree in materie scientifiche sono tra le più richieste dalle aziende, in parte perché queste fanno più ricerca, ma in parte ben maggiore perché i laureati in queste discipline hanno un interesse e una capacità di inserirsi nel mondo aziendale che i nostri laureati spesso non hanno.

Ma se in Italia coltiviamo falsi miti come quelli che abbiamo visto, idee vecchie senza più riscontro nella realtà, nel mondo l'università sta andando in tutt'altra direzione. E sta vivendo una vera e propria rivoluzione.

La trasformazione globale delle università

Innanzitutto è importante ricordare che nel mondo «il pezzo di carta» è tutt'altro che in crisi. La crescita dei Paesi ex emergenti non ha solamente trasformato il panorama dell'economia mondiale, ma anche quello dell'istruzione e in particolare dell'istruzione universitaria. Nel 2013 i laureati cinesi sono stati sette milioni ed è previsto che nel 2020 rappresenteranno un terzo dei laureati nel mondo. Per questo le università in Cina stanno nascendo come funghi. E non solo in Cina. Le università di Singapore e Hong Kong sono da anni ormai tra le migliori del mondo. E stanno acquisendo studenti e prestigio internazionale università indiane, messicane, cilene e turche.

In tutto il mondo, sia di vecchia sia di recente industrializzazione, le università, almeno quelle buone, sono in crescita. Tutte le grandi istituzioni vedono aumentare il numero dei loro alunni e anche gli investimenti nella ricerca e nella didattica, così la selezione all'ingresso diventa sempre più ardua. Le istituzioni d'élite si espandono all'estero, non solo come hanno sempre fatto continuando ad attirare i migliori studenti da tutto il mondo, ma aprendo vere e proprie sedi in nuovi mercati, specialmente in Asia, a partire dalle discipline più richieste come l'economia aziendale. L'«Economist», analizzando l'espansione globale delle *business school*, ha commentato che «per una volta le scuole di *business administration* hanno cavalcato la globalizzazione prima di molte aziende».

La crisi non è nel calo degli iscritti ma nel timore, espresso da molti, che il valore dello studio offerto dalle università tradizionali possa in futuro non ripagarne più i costi crescenti, e quindi nella necessità che le università cambino prima che questo avvenga.

Il mondo guarda con sempre maggior interesse alle università anglosassoni. L'inglese come lingua franca del mondo degli affari e della scienza dà a queste istituzioni un grande vantaggio. Che le migliori università americane e inglesi sono state abili a capitalizzare con un modello economico basato sul finanziamento privato, con rette elevate, donazioni cospicue e collaborazioni importanti con le aziende e le istituzioni pubbliche in tutto il mondo. Università come il Mit stanno consolidando un ruolo economico e sociale assolutamente straordinario. Si stima che il fatturato delle aziende create da laureati del Mit superi i 2000 miliardi di dollari, di cui 164 nel Massachusetts. L'impatto sul territorio di queste università è enorme: un laureato del Mit su tre si ferma a vivere nella zona di Boston, creando aziende, dando posti di lavoro e pagando le tasse locali.

Eppure nelle società americana e britannica, dove queste istituzioni traggono ancora la maggioranza degli studenti e delle risorse, stanno nascendo due grandi interrogativi.[10] Il primo è sui costi della laurea, che crescono vertiginosamente. Nel decennio 2000-2010 le rette negli Usa sono cresciute tra il 30 e il 40 per cento più dell'inflazione, e il debito contratto dagli studenti per pagare gli studi universitari dal 2008 al 2013 è aumentato del 50 per cento, raggiungendo i 1000 miliardi di dollari. Una laurea a Harvard oggi può costare 55.000 dollari l'anno di sole tasse d'iscrizione, mentre anche nelle più costose università italiane come la Bocconi le tasse non superano i 12.000 euro l'anno, e si riducono di più della metà nelle università pubbliche.

Un secondo problema, collegato a quello dei costi, è dato dalla crescente divergenza del valore delle diverse lauree sul mercato. Sono (e saranno) sempre più richieste le lauree delle università più prestigiose, ma resteranno una minoranza. All'interno delle discipline, quelle cosiddette Stem (*Science, Technology, Engineering, Mathematics*) registrano oggi un forte divario tra l'offerta e la domanda, che spesso non riesce a essere soddisfatta, mentre avviene l'opposto per le lauree in discipline umanistiche. Oggi lo stipendio medio di un laureato in Ingegneria nelle università americane è di 70.000 dollari, contro i 40.000 di un laureato in Psicologia. E le facoltà umanistiche soffrono della difficoltà a occupare i loro laureati.

Una situazione simile a quella italiana, come si vede, con la differenza che negli Stati Uniti l'industria high-tech rappresenta una porzione ben più rilevante dell'economia rispetto al nostro Paese. Ma, come abbiamo visto, anche negli

[10] Espressi, tra gli altri, in uno studio di Michael Barber sul futuro delle università nel mondo, dal titolo assai esplicativo, *An Avalanche is coming* (Institute for Public Policy Research, 2013).

Usa attribuire la crescente domanda di laureati in discipline tecnico-scientifiche alla sola crescita dell'industria high-tech sarebbe un grave errore. È l'intero mondo del lavoro che richiede competenze nuove. Un laureato in fisica, chimica o storia di una ottima università americana, oltre a presentarsi sul mercato del lavoro molto prima che da noi, ha una preparazione nelle *soft skills* che gli permette di trovare facilmente impiego in un'azienda, cosa che da noi avviene raramente.

Questi due grossi problemi, assieme alla crescente concorrenza delle università dei Paesi emergenti, stanno rivoluzionando il mondo dell'università di quelli industrializzati. Solo poche università resteranno d'élite e saranno in grado di attrarre i migliori docenti e i giovani di maggior talento da tutto il mondo, continuando così nella doppia funzione di fare ricerca d'avanguardia e formare le élite del Paese. Le altre dovranno focalizzarsi molto più di oggi sui benefici per lo studente-consumatore, offrendogli un «prodotto» che valga di più o costi di meno. Dovranno mettere l'insegnamento al primo posto nella loro scala di priorità (oggi è la ricerca a farla da padrona, anche in università mediocri) e sfruttare le tecnologie digitali per ridurre i costi dell'insegnamento, o specializzarsi in nicchie di mercato legate a lauree con uno sbocco nazionale. Dovranno reinventarsi gli approcci alla didattica, per esempio avere pochi insegnanti che coordinino l'apprendimento degli studenti tra loro, aumentando il numero dei progetti e diminuendo le ore di insegnamento frontale.

La rivoluzione della didattica

Ci sono molte istituzioni universitarie che stanno rispondendo in modo innovativo alla sfida di offrire a un costo accessibile una formazione adatta alla società del Ventunesimo secolo.

Una prima opportunità per tutte le buone università è rappresentata dalla tecnologia e dall'offerta dei cosiddetti Mooc (*Massive open online courses*). Si tratta di corsi di studio in cui i docenti fanno lezioni in video, con testi ed esercizi anch'essi disponibili online. Il termine *open* indica che i corsi sono gratuiti (mentre gli studenti pagano per sostenere gli esami).

I maggiori fornitori di questi corsi hanno nomi che in Italia sono ancora semisconosciuti: Coursera, Udacity, Edx, e sono stati creati direttamente o indirettamente (cioè da loro ex docenti) da università come Harvard, Mit o Stanford. Hanno milioni di studenti in tutto il mondo. I datori di lavoro sono ancora molto scettici sul valore di questi titoli, ma la loro forza è nei numeri: si rivolgono a una popolazione di milioni di studenti di tutto il mondo (soprattutto asiatici, preparatissimi come abbiamo visto dai Pisa, ma con pochi mezzi finanziari), che presto troveranno il modo di far riconoscere il valore della loro preparazione e della loro ferrea determinazione. Alcuni di questi esempi sono già famosi: Khadijah Niazi, una ragazza di Lahore, ha completato il corso di Fisica di Udacity all'età di undici anni, e diversi altri ne verranno in futuro.

Allora anche l'atteggiamento dei datori di lavoro si adatterà: un'azienda come Boeing ha già inserito nelle sue griglie di valutazione delle università da cui provengono i neoassunti un parametro che misura la performance dei laureati nei primi anni di lavoro in azienda. I tempi della competizione accademica basata esclusivamente sulla fama, la tradizione e i risultati nella ricerca sembrano avviati alla fine.

Anche in Italia si incominciano a prendere sul serio i Mooc. Al Politecnico di Milano sono usati per promuovere i corsi in inglese presso gli studenti stranieri e per fare corsi di preparazione all'esame d'ingresso per gli studenti delle superiori. Anche la Bocconi vede nei Mooc una opportunità. Ha creato il centro Beta per l'innovazione nella didattica, che ha stretto un'alleanza con Coursera lanciando quattro corsi online, uno dei quali è il corso di statistica per gli studenti triennali che vogliono iscriversi alla laurea magistrale in finanza.

I corsi online sono una grande opportunità, ma non certo l'unica per offrire nuovi modelli di didattica con costi più bassi e un elevato orientamento al lavoro.

Dev Bootcamp è un corso *full immersion* per imparare a programmare, creato nel 2012 a San Francisco e a Chicago per formare sviluppatori web. Il corso dura nove settimane ed è aperto a studenti con poca o anche nessuna esperienza di informatica. I partecipanti hanno i profili più disparati, dai laureati in computer science a baristi di Starbucks. Tutto il programma è basato sull'apprendimento grazie alla realizzazione di progetti concreti (*learning by doing*) e gli studenti lavorano su problemi concreti di programmazione in coppie o piccoli gruppi. Il corso termina con un progetto di gruppo. Le lezioni durano dalle nove alle diciotto, per quaranta ore alla settimana, ma gli studenti lavorano anche di sera e durante i weekend, il che porta l'impegno a settanta, ottanta ore alla settimana. Il costo è di 12.000 dollari per le nove settimane. Dev Bootcamp organizza anche giornate di assunzione per i datori di lavoro, per le quali prende una commissione dalle aziende per il servizio offerto, che però passa subito al diplomato sotto forma di un bonus di assunzione. Il 95 per cento dei diplomati di Bootcamp ha trovato lavoro con uno stipendio medio iniziale di 85.000 dollari. Non male per nove settimane di studio e un costo di 12.000 dollari!

La rivoluzione della didattica universitaria ormai non ha limiti. L'università come la intendono la maggior parte dei genitori laureati italiani, nei prossimi vent'anni cambierà faccia. Come dimostra anche il caso dell'Olin College, un piccolo ateneo di ingegneria di tipo *undergraduate* (l'equivalente della nostra triennale), creato meno di dieci anni fa nel Massachusetts e che ha già una reputazione presso le aziende di poco inferiore a quella del leggendario (e antico)

Mit. Ogni anno solo trecentocinquanta studenti ottengono il diploma e tutti trovano subito lavoro. La Microsoft il primo anno ne ha assunto uno, il secondo tre, poi sette e alla fine dieci.

L'Olin College è stato creato dalla fondazione Olin, con una dotazione di 450 milioni di dollari. Da anni la fondazione era molto frustrata perché i finanziamenti che elargiva alle facoltà di Ingegneria non sembravano portare a una formazione apprezzabile, e quindi decise di creare da zero una nuova università con l'obiettivo di «ridefinire la didattica di ingegneria, aggiungendo alla tradizionale formazione rigorosa anche una didattica multidisciplinare che, grazie all'arte, le scienze sociali e l'imprenditorialità, aprisse la mente agli ingegneri tradizionali». Non si è trattato solo di aggiungere al curriculum tradizionale di Ingegneria altre materie, ma si è rivoluzionata completamente la didattica. La lezione tradizionale quasi non esiste più, si lavora solo su problemi di ingegneria della vita reale (per esempio analizzare il disastro nucleare di Three Mile Island), si creano prodotti dei quali gli studenti, poi, elaborano i business plan e per un anno si lavora su un progetto vero fornito da una delle aziende sponsor di Olin. Gli alunni sono per metà ragazze, lavorano molto assieme, discutono animatamente con punti di vista differenti ma sono molto uniti da uno spirito comunitario che li prepara al mondo del lavoro.

Questi sono solo alcuni esempi di ciò che stanno facendo all'estero le università per portare nelle aziende un numero sempre maggiore di laureati, e sempre più preparati. Per competere con loro è urgente che i genitori e gli studenti italiani imparino a orientarsi nelle sfide dell'università.

13

Il labirinto dell'università italiana

> «Molti giovani universitari italiani sono come un fiume in perenne piena. Sono sempre fuori corso.»
>
> GIULIO ANDREOTTI

Alcune università italiane stanno rispondendo con efficacia alla sfida mondiale che si sta aprendo nel mondo delle università. Il Politecnico di Milano, per fare un esempio, che prepara ingegneri molto apprezzati anche all'estero. Il 25 per cento dei bocconiani lavorano all'estero e sempre di più sono gli stranieri che vogliono prendere la magistrale in Bocconi. In entrambi i casi i tassi di occupazione dei neolaureati sono superiori al 90 per cento.

Ma, fatto ancora più importante, le migliori università italiane sono riuscite a crearsi una reputazione di eccellenza riconosciuta dai datori di lavoro e dagli studenti a livello almeno nazionale, e a volte europeo, mentre per le superiori questa reputazione si ferma alla provincia o alla regione.

Tuttavia i buoni risultati delle migliori università non bastano. Un'analisi a trecentosessanta gradi dell'efficacia didattica del nostro sistema di istruzione universitaria mette in luce tre principali problemi: la lunghezza eccessiva dei percorsi di laurea, cui non ha posto rimedio la riforma del «3+2», l'elevato numero di università e corsi che offrono scarse prospettive di lavoro e il ritardo di tutti gli atenei, anche dei migliori, nello sviluppo degli allievi nell'area delle *soft skills*.

Neolaureati troppo anziani

I laureati italiani arrivano troppo tardi sul mercato del lavoro. La loro età media (fra triennale e magistrale) è di ventisei-ventisette anni, contro i ventuno-ventidue di molti altri Paesi. L'età media dei laureati, peraltro, sottostima il gap di età tra italiani e stranieri all'inizio dell'attività lavorativa. Perché molti italiani quando conseguono la laurea triennale non iniziano affatto a lavorare, ma vanno direttamente alla laurea magistrale, col risultato che l'età media di ingresso sul mercato del lavoro si innalza ulteriormente. I datori di lavoro segnalano l'età dei neolaureati come uno dei problemi principali.

Ma perché i laureati in Italia iniziano a lavorare così tardi? Innanzitutto perché la scuola inizia abbastanza tardi (a sei anni, mentre in molti altri Paesi inizia a cinque) e dura di più (tredici anni contro gli undici di Inghilterra e Stati Uniti). Nessuna di queste differenze è di per sé cruciale, ma il risultato è che lo studente italiano che non ha fatto la prima elementare in anticipo o saltato qualche anno inizia l'università a diciannove anni contro i diciassette-diciotto dei ragazzi di molti altri Paesi occidentali.

Detto questo, il problema più grave è un altro. Iniziata l'università, i ragazzi italiani, invece di recuperare un po' di terreno sfruttando una maggiore maturità e un più ampio bagaglio culturale che gli anni di studio aggiuntivo dovrebbero aver trasmesso loro, perdono altro tempo. Questo per un antico problema, del tutto sconosciuto negli altri Paesi: quello della laurea fuori corso.

Cominciamo col dire che in Italia, laurearsi in corso, ovvero nei tempi regolari, è da tempo più un'eccezione che la regola. Nel 2013 i laureati fuori corso sono stati più della metà. Precisamente il 59 per cento nelle lauree triennali, il 50 per cento nel biennio magistrale, il 66 per cento nelle lauree a ciclo unico. Gli studenti fuori corso sono in percentuale maggiore al sud rispetto al nord, ma questo è anche un effetto delle maggiori opportunità di lavoro che si hanno al nord. Gli studenti settentrionali poco motivati a concludere gli studi hanno più incentivi a iniziare a lavorare, mentre l'«università-parcheggio» è un fenomeno più diffuso al sud. È peraltro errato stabilire l'equazione fuori corso = università scarse. L'università italiana con la maggiore percentuale di studenti fuori corso, il 45 per cento, era nel 2012 il prestigioso Politecnico di Torino.

Nella maggioranza degli altri Paesi la selezione tra laureati si fa sulla base dell'università che si è frequentata: ci sono quelle d'élite, quelle buone e quelle meno buone. Harvard è nella prima categoria, molte università della provincia americana abbondantemente nella terza. C'è poi una selezione fatta coi voti. All'Insead, come in molte altre *business school*, per evitare la cosiddetta «inflazione dei voti», i punteggi degli esami vengono dati su una scala relativa: un sesto degli alunni prende il voto più alto (4), un terzo prende 3, un altro 2 e l'ultimo sesto 1. A ogni esame c'è la stessa proporzione di punteggi, con un sistema di *forced ranking*.

In Italia le graduatorie delle università ricevono grandi opposizioni (anche se ovviamente esistono). Ma se nell'accesso alle migliori il numero chiuso inizia a funzionare, la selezione degli studenti sulla base dei voti è una barzelletta. Tutti possono, se vogliono, migliorare i loro voti mettendoci più tempo a dare gli esami e, in moltissimi casi, anche rifiutando un voto sgradito. Risultato? Tutti prendono il massimo o quasi. Nel 2011 il voto medio di laurea era 103 su 110. Come dire che, in una scala dal 66 al 110 e lode (conteggiato come 113), la media dei voti degli studenti è all'80 per cento, un livello che nel *forced ranking* è raggiunto da uno studente su sei. La media sale ancora nelle lauree magistrali (108) e raggiunge il livello siderale di 111 nelle magistrali di indirizzo letterario.

In un sistema del genere è ovvio che le università più severe (come il Politecnico di Torino) spingano i propri allievi a metterci ancora più tempo per superare gli esami con buoni voti. L'effetto è assolutamente perverso: anni perduti, una diseducazione a rispettare le scadenze, un messaggio di fondo di deresponsabilizzazione. L'espressione *todos caballeros*, attribuita secondo alcune fonti a Carlo V in visita ad Alghero e diventata il simbolo dello svuotamento del valore dei titoli, potrebbe essere il motto di molte università italiane.

Tre più due o cinque meno due?

Con una mentalità e una cultura profondamente sbagliate, anche le riforme migliori finiscono con l'avere a volte effetti perversi. E tra queste quella del cosiddetto 3+2, nata, come vedremo, con le migliori intenzioni.

L'Italia ha sempre avuto, sin dal dopoguerra, un notevole ritardo rispetto agli altri Paesi occidentali nello sviluppo dell'istruzione universitaria. Il nostro numero di laureati in relazione alla popolazione è sempre stato decisamente inferiore a quello di Francia, Regno Unito, Germania, Stati Uniti. Negli anni Sessanta e Settanta si attribuiva, giustamente, tale ritardo alla recente industrializzazione dell'Italia, che fino a pochi decenni prima era un Paese molto più agricolo rispetto agli altri grandi dell'Occidente. A partire dagli anni Ottanta, però, quando il Pil italiano aveva per un breve periodo addirittura superato quello del Regno Unito, il gap di laureati risultò difficile da spiegare come un effetto del minore sviluppo economico. Da effetto quale era, rischiava di diventare la causa di un più basso sviluppo futuro, ritardando la trasformazione della nostra economia (il che purtroppo è avvenuto).

Per recuperare almeno in parte tale ritardo e far fronte alle crescenti necessità di tecnici qualificati, alcune università, soprattutto i politecnici e soprattutto al nord, introdussero la cosiddetta «laurea breve». Ad esempio, il corso di laurea in ingegneria, che durava cinque anni, era ritenuto troppo lungo, teorico e impegnativo per formare i nuovi tecnici specializzati di cui necessitava il mondo produttivo e venne perciò affiancato da una minilaurea triennale, una specie di superdiploma di perito. I corsi di laurea breve offrivano quindi un'opportunità parallela a quella dell'università tradizionale, con un programma semplificato in cui la parte teorica era decisamente ridotta e si privilegiava l'aspetto tecnologico o applicativo. I laureati «brevi» erano abbastanza apprezzati dalle aziende, ma il posizionamento del loro corso di studi restava distinto dalla laurea vera e propria, e a volte era anche un po' snobbato, come accade ai cosiddetti *vocational* all'estero. E quindi i problemi dell'università restavano.

Fu così che, nel 1999, l'università venne riformata creando il cosiddetto «3+2». La riforma puntava a far sì che anche in Italia gli studi universitari fossero fondati su tre cicli distinti: *bachelor*, *master* e dottorato. Da noi è stato scelto il sistema del 3+2 per i primi due cicli. Fu così che la durata di molti corsi di laurea, fino ad allora variabile tra i quattro e i cinque anni, venne portata a tre anni per la cosiddetta «laurea triennale», corrispondente nell'ordinamento anglosassone al titolo di *bachelor*. A questi tre anni se ne aggiungevano due per la cosiddetta «laurea specialistica» o «laurea magistrale», corrispondente al *master* anglosassone. Nei *bachelor* anglosassoni l'asse orizzontale della «T» di Oivallus è garantito da una formazione meno specialistica e dalla forte enfasi sul lavoro di gruppo (semmai manca un po' quello verticale, ma a quello ci pensano poi le aziende, perché essendo i neoassunti molto giovani imparano in fretta). Qualche università italiana sta aprendo a questo tipo di formazione, come nel caso di Ca' Foscari, dove si sta sperimentando l'insegnamento dell'economia assieme a corsi di storia e arte.

La nuova triennale doveva servire contemporaneamente a preparare gli studenti all'ingresso nel mondo del lavoro, attraverso uno studio della parte applicativa del curriculum, ma anche a gettare le basi concettuali e teoriche per un futuro approfondimento nella laurea magistrale. A detta di molti, questa combinazione non è ancora riuscita. La laurea triennale è molto spesso vista come un titolo incompleto, una specie di passaggio intermedio per la laurea vera e propria, che è quella magistrale. Tanto che alcuni ribattezzarono il «3+2» con il sarcastico nome di «5–2». Mentre l'80 per cento dei Ba (*Bachelor of Arts*) e Bs (*Bachelor of Sciences*) delle lauree di stampo anglosassone entrano direttamente nel mondo del lavoro, solo il 50 per cento dei laureati triennali ci riesce, e molti di loro hanno lauree soprattutto di tipo professionale, in particolare nel settore della sanità (riabilitatori, fisioterapisti eccetera). Nei politecnici questa percentuale scende al 30 per cento e alla Bocconi al 15 per cento.

I datori di lavoro, soprattutto le grandi aziende e le multinazionali, confermano questo punto di vista. A proposito dei laureati che assumono, ci hanno detto spesso: «Per questa posizione assumiamo laureati, ma quelli "veri", con la laurea di cinque anni». Lo dicono anche gli stessi professori universitari, che ai loro studenti migliori consigliano di intraprendere immediatamente gli studi del biennio, senza interrompere per cercare di fare esperienza nel mondo del lavoro.

I laureati quindi, anche triennali, restano pochi. Il totale nel 2013 è stato di 250.000, contro i 530.000 del Regno Unito. Questi dati dimostrano inequivocabilmente che la triennale ancora non è riuscita ad attrarre un numero significativo di giovani all'università (anzi ultimamente sono in calo) né riesce a laurearne una percentuale soddisfacente. Sulla qualità della loro preparazione, ovvero su quanto un giovane con questo titolo sia già pronto a inserirsi nel mondo delle aziende con le competenze adatte per un lavoro qualificato, resta un grande interrogativo: hanno ragione i detrattori della laurea triennale, che sostengono che fornisca una preparazione incompleta, oppure coloro che hanno questa idea – siano essi datori di lavoro, docenti o gli stessi studenti – sono prigionieri di una visione antiquata, in cui viene dato un peso eccessivo all'approfondimento tecnico e alla preparazione teorica?

Noi crediamo che i critici della laurea triennale all'italiana esprimano un disagio reale, ma in modo impreciso, e propongano una soluzione, il ritorno al passato della laurea magistrale per tutti, che non centra il vero problema. Che è, ancora una volta, quello dell'acquisizione di competenze, non di conoscenze: pensiero critico, autonomia di giudizio, *problem solving* (*skills* cognitive) e poi etica del lavoro e capacità di comunicare (*soft skills*).

Il percorso di studi tradizionale stimolava, seppur in modo parziale, disuniforme e nei fatti inefficiente, lo sviluppo di alcune tra queste competenze: quelle cognitive in modo più deciso, le altre più sporadicamente. Ogni università e corso di laurea di quelli «difficili» aveva i suoi megaesami, resi particolarmente ardui da una combinazione di ampiezza del programma e severità dei docenti. Non erano gli stessi in tutte le facoltà d'Italia, ma certi nomi ricorrevano più di altri: scienza delle costruzioni, analisi matematica, meccanica razionale, lingua e letteratura latina, procedura civile.

Superare questi esami voleva dire saper risolvere problemi applicando le proprie conoscenze (la maggioranza comprendeva le temutissime prove scritte, in cui lo studente era solo di fronte al problema o alla versione), studiare per mesi (etica del lavoro e capacità di organizzarsi) e rispondere alle domande nella parte orale, interagendo e risultando tutto sommato convincenti nella comunicazione.

A furia di fare seminari, esami e tesi di laurea lo studente brillante aveva nel suo bagaglio alcune conoscenze tecniche quasi da dottorato di ricerca e un'etica del lavoro direttamente proporzionale alla difficoltà del percorso di studi seguito. Un modo profondamente inefficiente di trasmettere le competenze che servono nel lavoro, ma che dava qualche risultato.

La laurea triennale non ha cambiato molto la logica di allocazione dello sforzo da parte dello studente, lo ha solo reso più breve e meno intenso, saltando a piè pari certi esami-mostro e sostituendoli con una pluralità di miniprove, ciascuna valida per un certo numero di crediti. Dal punto di vista della modernizzazione del contenuto degli studi, la laurea triennale si è quindi rivelata veramente un «5–2», e chi muove questa critica ha assolutamente ragione. Era ovviamente più semplice per le università riorganizzare i corsi di laurea tagliando semplicemente qua e là qualche esame sulla base dei programmi esistenti. E garantiva anche le stesse cattedre e le stesse materie, cui i baroni universitari rinunciano difficilmente. Continuano a mancare gli stimoli che derivano dall'interagire con gli altri, dal fare lavori di gruppo, dal discutere casi reali e problemi pratici magari andando in laboratorio, in cantiere o in fabbrica, dall'impegnarsi su temi di frontiera che richiedono autonomia e capacità di risolvere problemi veri sin dai primi anni.

Il «3» della riforma ha quindi tolto un anno di curriculum e dato a volte un'infarinatura di modernità con esami dai titoli accattivanti, ma troppo spesso l'università è rimasta la stessa, molto teorica ma più facile. Così gli architetti junior vogliono diventare grandi progettisti, ma spesso non sono preparati a fare neppure il capocantiere o il direttore dei lavori. I laureati triennali in Economia pensano di poter diventare grandi commercialisti e poi nessuno, appena uscito dall'università, si rivela capace di amministrare bene un condominio.

Tuttavia la risposta a questi problemi, secondo noi, non sta nell'allungare (ancora di più) gli studi, ma nel rafforzare, attraverso una giusta combinazione di studi universitari di qualità ed esperienze di lavoro, lo sviluppo di *soft skills* e la capacità di *problem solving* che manca a troppi dei nostri laureati. Queste capacità andranno poi combinate con una robusta dose di etica dello studio, che parte dal rispetto dei tempi. Per un Paese in cui i processi civili durano un tempo infinito, in cui le opere pubbliche sono una sequela di ritardi, di blocchi dei cantieri e di esaurimento dei fondi, e che ha ancora oggi in piedi enti dichiarati inutili da vari decenni, eliminare l'espressione «fuori corso» dal vocabolario della sua classe dirigente sarebbe già un passo importante.

Troppe lauree senza reali prospettive

In Italia i laureati trovano comunque lavoro più facilmente di quelli che la laurea non ce l'hanno. Anche nel 2012, in cui pure la disoccupazione tra i laureati è aumentata di molto, per chi di loro aveva meno di trentacinque anni era del 14,7 per cento, mentre tra i diplomati raggiungeva il 18,9 per cento e tra coloro fermi alla licenza media/elementare quasi il 25 per cento. Tuttavia il dato della disoccupazione media degli under trentacinque è per molti versi ottimistico e fuorviante.

I tempi per trovare un'occupazione possono essere decisamente lunghi. Secondo un'indagine Almalaurea, nel 2012 tra quelli che si erano laureati tre anni prima lavorava il 70 per cento, tra quelli laureati l'anno precedente solo il 48 per cento. Per un terzo degli occupati l'attesa supera l'anno. Alla fine la misura più corretta per l'occupabilità dei laureati è forse il tasso di occupazione a un anno dalla laurea, che rivela le grandi differenze tra le varie facoltà e atenei. C'è ovviamente un grande gap tra nord e sud, di circa il 10 per cento, come abbiamo visto, ma la differenza maggiore è tra corsi di laurea. Tra le facoltà di ingegneria, in cui già dopo un anno dalla laurea magistrale lavora il 71 per cento dei giovani in tutta Italia, e quelle di indirizzo psicologico, in cui a lavorare è solo il 46 per cento, la differenza è più che doppia di quella tra nord e sud. Non molto diversa dalla situazione degli psicologi, quella dei laureati in materie letterarie (51 per cento di occupati).

Le lauree in Economia offrono meno opportunità di quanto sembri: solo il 57 per cento dei laureati magistrali lavora a un anno dalla laurea. C'è un divario nord/sud molto più netto della media (72 per cento a Trento, 37 per cento a Cosenza), ma anche una differenza significativa nella stessa città (Roma) tra le università a numero chiuso (Roma Tre raggiunge il 65 per cento) e le altre, Sapienza e Tor Vergata, rispettivamente il 59 e il 53 per cento.

È vero che la maggiore appetibilità delle lauree tecniche è una caratteristica del mercato del lavoro in tutto il mondo, ma in Italia la differenza tra i diversi corsi di laurea è ben più profonda. Un confronto con il Regno Unito può essere istruttivo.

Innanzitutto in Gran Bretagna la laurea è, per la maggior parte della popolazione universitaria, quella triennale. A valle della laurea di primo livello solo il 15 per cento degli inglesi prosegue gli studi senza lavorare, contro il 40 per cento dei laureati triennali italiani. Per questo motivo è utile paragonare la percentuale di occupazione dopo la laurea triennale inglese con quella dopo la laurea magistrale italiana. Se confrontiamo con queste ipotesi le lauree in Ingegneria e in materie letterarie (Storia e Filosofia per l'Inghilterra, in cui non c'è la laurea in Lettere), osserviamo che la percentuale di quelli che lavorano ha un differenziale di 20 punti in Italia (71 per cento contro 51 per cento, come abbiamo visto) e di soli 8 punti nel Regno Unito (70 per cento contro 62 per cento). In altre parole, in Italia il divario tra gli ingegneri che lavorano e i laureati in Lettere che lavorano è quasi tre volte che nel Regno Unito. Questo gap dipende in parte dalle caratteristiche del tessuto produttivo privato italiano, fatto in maggioranza da piccole aziende che solo raramente possono valorizzare uno storico o uno psicologo, ma anche dal tipo di studi, troppo teorici, che si fanno nelle nostre università.

Il mondo della cultura italiana è pieno di laureati in Storia dell'arte che sono incapaci di fare i curatori di un museo. Andrea Carandini è un grande archeologo, noto soprattutto per gli scavi sul Palatino che hanno permesso importanti ricostruzioni delle prime fasi della nascita di Roma antica.

Carandini, nel descrivere la situazione dei laureati italiani in materie storico-artistiche, spiega che un archeologo è più preparato al mondo del lavoro perché deve scavare nelle zone archeologiche (Carandini ha fatto lavorare negli scavi, a Roma, qualche migliaio di studenti negli ultimi trent'anni) e quindi deve anche occuparsi di aspetti pratici e abituarsi a fare squadra con gli altri studiosi. Lo studente di archeologia non può lavorare da solo, mentre lo storico dell'arte può farlo. Carandini sostiene che «in Italia le lauree umanistiche sono interamente scollegate dalla realtà sociale e del lavoro». La cultura è vista come fine a se stessa: questo spiega perché l'enorme potenziale che avrebbe il turismo culturale di creare posti di lavoro per i giovani resti insoddisfatto e perché siano nati diversi corsi di laurea in turismo o gestione dei beni culturali, in alternativa a lettere, per soddisfare questa domanda.

Eppure, nonostante i segnali forti dal mondo del lavoro e da accademici fuori dal coro come Carandini, l'università italiana da anni si rifiuta di affrontare questi problemi, che alla fine si traducono in un basso numero di laureati generalmente poco preparati per le aziende.

E le soft skills*?*

La capacità di alcune università italiane di stampo scientifico ed economico come i politecnici, la Normale di Pisa, la Bocconi e Ca' Foscari, di insegnare alcune delle competenze cognitive richieste dal mondo del lavoro (soprattutto la parte di pensiero critico, meno quella di *problem solving*) è sicuramente al livello delle migliori università europee. Quanto all'etica del lavoro e alle altre *soft skills* che si imparano lavorando, continua a restare in vigore il principio che «prima ci si laurea e poi si lavora», erroneamente ripetuto ancora oggi da molti genitori italiani. E così i cantieri edili vengono guidati da geometri anziani ed esperti invece che da architetti junior. I giovani medici non sanno lavorare nei team degli ospedali e hanno difficoltà a comunicare con i pazienti.

I rettori delle migliori università italiane si rendono conto del problema e cercano di spingere gli studenti a laurearsi il più possibile nei tempi previsti. Sul rendere la didattica più orientata alle *soft skills*, invece, siamo molto indietro. I docenti si oppongono al cambiamento e anche i rettori più volenterosi non sanno da che parte cominciare. E intanto i ragazzi seguono troppo spesso un percorso di formazione che non sviluppa appieno le loro potenzialità, che ne fa dei superspecialisti e ne ritarda, in ultima analisi, la carriera.

Le migliori università come i politecnici e soprattutto la Bocconi stanno investendo per rendere la didattica più interattiva, insegnare a utilizzare efficacemente i problemi concreti e a comunicare. Ma anche ottimi atenei italiani sono indietro in questo percorso. Come si spiegano allora i loro risultati, dato che hanno da due a tre volte più domande di posti disponibili, un tasso di occupazione dei laureati altissimo e con soddisfazione dei datori di lavoro? La spiegazione sta a nostro avviso nel ruolo della selezione che queste università eccellenti riescono a fare. I giovani italiani più bravi che vogliono fare Economia in Italia punteranno alla Bocconi e in Ingegneria al Politecnico. Con studenti di questo calibro, anche una didattica ottima sul piano cognitivo ma migliorabile sul fronte delle *soft skills* ottiene buoni risultati. Il problema è che, paradossalmente, questi buoni risultati rallentano il cambiamento.

Se la didattica è passibile di molti miglioramenti in queste università eccellenti, immaginiamo cosa succede nel resto del Paese. Il problema è grave e va ben oltre il ritardo di qualche anno nella carriera dei laureati più brillanti e la mancanza di didattica che prepari gli studenti alla vita aziendale. È l'intera cultura aziendale, e in ultima analisi la competitività del Paese, a soffrirne.

Se i laureati arrivano a lavorare tardi, con poca o nessuna

esperienza e con una preparazione eccessivamente teorica e poco orientata alla vita aziendale, non diventeranno leader prima dei trentacinque anni. L'azienda (e l'Italia intera) si ritrova così con quattro problemi: 1) sarà mediamente in ritardo di una decina d'anni rispetto ai suoi concorrenti internazionali nel fare propri quei cambiamenti tecnologici e culturali che sono associati alla generazione dei nativi digitali; 2) si ritroverà con una squadra di vertice mediamente più anziana quando i trentacinquenni «giovani leader» avranno accumulato l'esperienza necessaria, con tutte le conseguenze del caso in termini di conservatorismo ed eccessiva omogeneità di vedute nel top management; 3) penalizzerà la carriera delle donne, che avranno un periodo più breve delle loro colleghe all'estero per concentrare la maternità e il salto di carriera; 4) rafforzerà una cultura aziendale conservatrice e conformista a tutti i livelli, perché se le giovani leve non avranno la leadership per sfidare le opinioni consolidate, gli anziani penseranno di avere sempre ragione.

IV

Come scegliere?

14

Le prime scelte, dopo le medie inferiori

> «La cosa più importante di tutta la vita è la scelta di un lavoro ed è spesso affidata al caso.»
>
> BLAISE PASCAL

In molti Paesi del mondo in cui le famiglie danno molto valore agli studi dei loro figli, si compiono grandi sforzi per scegliere le scuole migliori. E queste scelte vengono fatte il prima possibile. In Cina, Corea e Giappone è essenziale riuscire a entrare nelle scuole elementari migliori, da cui gli studenti potranno accedere alle scuole medie più selettive, che a loro volta garantiranno l'accesso alle più importanti università. In diverse città degli Stati Uniti il prezzo delle case è più alto se il quartiere dove si trovano consente l'accesso agli asili e alle scuole elementari migliori.

Questo carico di aspettative sugli studi di bambini ancora nel pieno dell'infanzia è oggetto di molte critiche da parte di pedagogisti e psicologi di tutto il mondo. E le autorità scolastiche dei Paesi interessati stanno valutando cosa fare. Lo stress per gli studenti e le loro famiglie è elevato e tanti ritengono che non ne valga la pena. In questi Paesi una delle domande più importanti che si deve porre la famiglia è come bilanciare le giuste motivazioni con un carico di stress accettabile, come spingere i figli sul percorso per loro migliore equilibrando i successi scolastici con le aspettative di un'infanzia normale.

In Italia la situazione è molto diversa: di fatto, scegliere la scuola elementare e media basandosi su criteri di eccellenza o di affinità tra il programma e la vocazione o gli interessi del ragazzo è un evento rarissimo. E, a giudicare dai casi più estremi che si verificano all'estero, non è detto che sia un male.

Alle superiori però il quadro si fa diverso. Non perché l'interesse per le scuole eccellenti si stia diffondendo anche da noi, ma perché sarebbe bene che lo fosse. Perché voler proteggere a tutti i costi i nostri figli dallo stress diventa, da una certa età in avanti, eccessivo e controproducente, anche perché la disinformazione e il pregiudizio che conducono a scelte sbagliate cominciano a pesare in maniera significativa sul futuro dei ragazzi. All'uscita dalle superiori un ragazzo è nell'età in cui inizia a confrontarsi col mondo del lavoro, deve prendersi le sue responsabilità e affrontare un certo livello di stress, mentre si riducono i margini di recupero per un'educazione insufficiente.

Come scegliere allora nel modo più corretto la scuola dei nostri figli? Molto dipende dalla personalità, dalle aspirazioni e dal talento dei ragazzi, mentre non dovrebbero contare le decisioni prese troppo presto sulla carriera da intraprendere, a partire dalla domanda che si fa a tutti i bambini: «Cosa vuoi fare da grande?». Alla quale sconsigliamo di rispondere.

Non chiedersi mai: «Cosa voglio fare da grande?»

Per diversi secoli la nostra civiltà ha offerto ben poche possibilità di scelta ai giovani: i ragazzi ereditavano il mestiere dei padri. Nelle famiglie nobili, con l'eredità che andava al primogenito, i figli minori potevano scegliere (quando non sceglieva la famiglia per loro) tra la vita militare e il clero. Per le donne, la domanda generalmente riguardava il loro matrimonio.

Solo nel secolo scorso i giovani, maschi e femmine, hanno avuto qualche reale possibilità di scelta. Certo, la trasmissione del mestiere di padre in figlio è rimasta, almeno in Italia, ancora (troppo) diffusa. Ma molti hanno avuto l'opportunità o la necessità di fare una scelta diversa. E per quasi tutti optare per un mestiere, che fosse quello di famiglia o meno, significava decidere un «percorso» coerente che partiva dagli studi, proseguiva con l'ingresso nel mondo del lavoro – in azienda, nella pubblica amministrazione, in uno studio professionale – e si sviluppava in una carriera che seguiva anch'essa un percorso ben definito.

Oggi sappiamo che le cose sono diventate più complicate. Che i percorsi spesso non funzionano, che l'ingresso nel mondo del lavoro è sempre più difficile e la carriera sempre meno pianificabile. Eppure in molti (troppi) continuano a cercare la logica del percorso definito. Spesso è quello che viene dalla tradizione della famiglia o dalle aspirazioni dei genitori, con i problemi che abbiamo visto. Ma anche quando la scelta non è eterodiretta, e sembra perciò più direttamente legata alla vocazione individuale, può nascondere una trappola. Che è quella di bloccarsi in una strada senza uscita e rinunciare alle opportunità che la vita intanto ci offre.

Questa scelta sbagliata parte dalla domanda: «Cosa voglio/vuoi fare da grande?» e coinvolge schemi mentali come quello che ci porta a «cercare una strada». Il che presuppone che la strada esista, sia già segnata anche se nascosta, e si tratti solo di trovarla. Spesso con l'aiuto da quegli stessi genitori (e nonni) che dicono di aspettare la fine degli studi per iniziare a lavorare.

È uno schema sbagliato, perché nel mondo di oggi, con le possibilità e le incertezze che crescono a dismisura, cercare di pianificare tutte le scelte della vita è una strategia perdente. Bisogna fare come il giocatore di scacchi che, quando inizia il gioco o anche nel corso della partita, non si chiede come farà a dare scacco matto, ma come conquistare una posizione forte, che gli consenta di difendersi, non lo esponga a rischi eccessivi e gli dia le massime opportunità per il prosieguo del gioco.

Questo non significa non specializzarsi in nulla. In molti casi (ovviamente non per discipline come la medicina), una specializzazione serve come «biglietto d'ingresso» più che per l'effettiva utilità della materia studiata sul lavoro. Perché serve all'inizio della carriera in azienda, anche se molto meno dopo. E perché i datori di lavoro apprezzano la capacità di conseguire risultati in campo scolastico o accademico

Uno dei valori principali della specializzazione è quello di consentire allo studente di affrontare problemi veri, che nella maggioranza degli studi generali, anche universitari, spesso mancano. Per quanto si seguano programmi all'avanguardia, che si basano su efficaci simulazioni di problemi reali attraverso il *case study* o la realizzazione di progetti, si tratta appunto di simulazioni, ovvero di situazioni artificialmente semplificate in modo da consentire allo studente di padroneggiarne gli elementi essenziali senza bisogno di mesi di lavoro. I problemi reali, viceversa, offrono una gamma di sfide pratiche e concettuali che nessuna simulazione potrà eguagliare.

Partecipare a un esperimento scientifico vuol dire far parte di un team che progetta e realizza l'apparato sperimentale, occupandosi di questioni tecnologiche ma anche di budget, che fa i calcoli per progettare lo strumento di misura, che scrive o adatta i programmi che acquisiscono i dati e li analizzano, e che all'occorrenza ripara lo strumento se si rompe. Oltre ovviamente a registrare, interpretare e comunicare i risultati dell'esperimento.

E questo non si applica solo alla ricerca scientifica, ma vale per qualsiasi attività. Gli studenti che, negli istituti alberghieri all'avanguardia, imparano a confrontarsi con i problemi reali della cucina di un ristorante (approvvigionamenti, organizzazione del lavoro, utilizzo di tecnologie per le preparazioni più sofisticate) devono saper padroneggiare una conoscenza specialistica. Confrontarsi con problemi reali è un modo diverso di imparare rispetto all'apprendimento teorico basato su nozioni preconfezionate.

Il modello di specializzazione vincente lo abbiamo già descritto ed è la «T» del progetto Oivallus. Le *soft skills* sono rappresentate dalla barra orizzontale e la specializzazione da quella verticale.

Ma se la scelta di «cosa si vuol fare da grande» non ha molto senso, e la specializzazione derivante dall'esperienza che si fa direttamente sul lavoro conta di più delle tecniche che si apprendono a scuola, quali sono le scelte, le mosse che, all'uscita dalle medie, rafforzano la posizione di uno studente nella partita a scacchi per il lavoro futuro?

La prima, che sembrerà banale ma è largamente sottovalutata, è partire da quello che il ragazzo sa fare e ha voglia di fare nell'immediato, per scegliere la scuola che lo valorizzi al meglio. A partire dalla domanda: quale tipo di scuola?

La scuola superiore più giusta

La prima domanda che gli studenti e le loro famiglie si devono porre alla fine delle medie inferiori è: liceo, istituto tecnico o professionale? Negli ultimi trent'anni gli iscritti al liceo, classico e scientifico, sono aumentati dal 23 per cento al 33 per cento (con una grande crescita dello scientifico a scapito del classico), mentre è diminuita in misura pressoché uguale la percentuale di iscritti agli istituti tecnici (dal 45 per cento al 33 per cento). Il 10 per cento di aumento degli studenti liceali si riflette in un aumento analogo (dal 53 per cento al 63 per cento) dei diplomati che si iscrivono all'università.

Una fotografia tutto sommato abbastanza simile da una generazione all'altra. E infatti per molti studenti la scelta della scuola superiore è spesso scontata e dipende ancora molto dal background familiare. Le famiglie di tradizione benestante, infatti, scelgono spesso il liceo. Purtroppo ancora oggi un'indicazione, anche se indiretta, di quanto pesi il ceto sociale nelle scelte scolastiche è data dall'ubicazione delle scuole all'interno delle città, con le scuole «d'élite» in centro e quelle più «popolari» in periferia. A Milano, per esempio, otto licei classici su dieci sono nelle zone centrali e semicentrali, mentre gli istituti tecnici nelle stesse zone sono due su quindici. Considerando che il criterio principale di ammissione è ancora la residenza vicino alla scuola, si capisce che la distribuzione delle scuole riflette in buona misura quella degli alunni.

Alessandro Lega della Federazione maestri del lavoro sostiene che «in Italia l'orientamento è molto più indietro che in altri Paesi. In Francia e in Germania si inizia dalle elementari a valutare i punti di forza e debolezza degli studenti e si continua fino alle superiori, così che la scelta di quale tipo di scuola superiore fare è il risultato di un periodo abbastanza esteso. Da noi la scelta viene fatta all'inizio dell'anno solare dell'ultimo anno delle medie, basandosi su pochi elementi oggettivi e molto spesso sulla base di aspetti emotivi fortemente influenzati dai genitori...».[11]

E allora, che fare? È difficile offrire raccomandazioni sensate e valide per tutti, e le scuole di uno stesso tipo sono anche molto diverse tra loro, esistono pessimi licei e ottimi istituti tecnici e professionali, ma i tassi di occupazione dicono che la scelta di frequentare l'università è mediamente quella più giusta. E il liceo rimane nella maggior parte dei casi la scuola migliore per prepararsi a una laurea, soprattutto al centro-sud, con buona pace dei sostenitori a spada tratta dei diplomi cosiddetti «utili».

Lo dicono, contrariamente ai luoghi comuni, gli stessi datori di lavoro. Lorenzo Biffi di Adecco lo afferma in modo chiaro: «A meno che non si abbia qualche particolare passione, fare il liceo premia sempre, a condizione ovviamente di averne le capacità». Lo dicono i risultati degli ultimi test

[11] La Federazione ha come missione quella di aiutare i giovani a scoprire il mondo del lavoro. Maestrilavoro.it conta 13.500 soci, divisi in venti consolati regionali e circa cento consolati provinciali.

Pisa e Invalsi, in cui i licei ottengono un punteggio medio in italiano e matematica, rispettivamente di 217 e 212 contro 194 e 199 degli istituti tecnici e 167 e 173 degli istituti professionali. Si potrebbe sostenere che queste competenze siano meno determinanti per fare il cuoco o il barista, non però per fare l'imprenditore della ristorazione, come magari è nelle aspirazioni di un ragazzo che frequenta l'alberghiero. Lo stesso vale per un impiegato del marketing in amministrazione o un tecnico di laboratorio in azienda, che sono le professioni cui dovrebbe preparare l'istituto tecnico: sapersi esprimere nella propria lingua e capire la matematica sono essenziali. E, mediamente, gli istituti tecnici formano queste competenze meno dei licei.

Esistono ovviamente le eccezioni: in provincia di Trento gli allievi degli istituti tecnici hanno un punteggio alle prove di matematica pari a quello dei liceali nella stessa provincia (e superiore a quello della media dei licei del resto d'Italia). Molte scuole d'eccellenza, tecniche e professionali, in altre parti d'Italia potranno sicuramente vantare risultati simili. Ma in media in tutte le regioni italiane, a eccezione della provincia di Trento e della Sardegna (in cui sono invece i licei ad andare male), i punteggi Invalsi dei licei superano quelli degli istituti tecnici di 10-15 punti e quelli professionali di 30-40.

Ovviamente la causa di queste differenze non è detto che risieda nella formazione ricevuta alle superiori. Gli alunni più bravi tendono a scegliere i licei, così come quelli provenienti da famiglie più acculturate e tendenzialmente benestanti. Si crea così una polarizzazione – famiglia benestante-alunni bravi-liceo e famiglia poco acculturata-alunni meno bravi-istituto professionale – che ha una componente meritocratica (che riguarda le capacità) e una antimeritocratica e classista (che riguarda il ceto e la zona in cui si abita).

Che piaccia o meno, questa polarizzazione è un dato di fatto nel nostro Paese. A partire da questa consapevolezza, si danno diverse strategie possibili. Quando lo studente va bene a scuola, anche e soprattutto se lo fa superando l'handicap di una famiglia di estrazione sociale meno elevata, la famiglia dovrebbe fare di tutto per mandarlo prima al liceo e poi all'università, perché quelli che seguono questo percorso hanno più probabilità di trovare lavoro e di guadagnare di più. Quando lo studente non va tanto bene a scuola, invece, si presentano due possibilità. Una, adottata dalla maggioranza delle famiglie con genitori diplomati o laureati, punta a mandare i figli nelle scuole migliori, scegliendo quasi sempre il liceo o, in qualche caso, almeno l'istituto tecnico. L'altra, raccomandata da molti professionisti del mondo della scuola, punta a non forzare il ragazzo in un percorso di studi in cui rischia di fallire: al liceo, uno studente non preparato ha buone probabilità di non farcela. E infatti i numeri degli abbandoni e delle bocciature nelle prime classi sono elevati.

Spesso, dunque, i genitori fanno troppe pressioni, soprattutto quando si tratta di professionisti: si considerano gli istituti tecnici scuole di serie B, ma è un paradosso perché chi ha un livello culturale medio-alto dovrebbe avere anche l'apertura mentale sufficiente per uscire da un sistema di gerarchie scolastiche del tutto opinabile. Anche gli istituti tecnici, se fatti bene, offrono la preparazione necessaria per frequentare l'università.

Bisogna dunque cercare di tenere in seria considerazione le disposizioni e le capacità dei ragazzi, ma allo stesso tempo evitare di dare per insuperabili le difficoltà che possono incontrare negli studi. Come quando sentiamo dire che qualcuno «non è portato per la matematica», dando così per scontato che le nostre capacità, la nostra intelligenza siano caratteristiche innate e immutabili. Come in tutte le abilità umane, l'allenamento e l'impegno fanno una differenza enorme.

Quindi l'unica raccomandazione che possiamo fare è di scegliere una scuola con standard di difficoltà alla portata del ragazzo, ma che richiedano il suo impegno per raggiungerli e che offrano attività e programmi che lo stimolino davvero, evitando i preconcetti.

Troppo spesso, invece, il consiglio dei professori delle medie di lasciar perdere il liceo e andare in un istituto tecnico o professionale arriva in una famiglia di genitori laureati come una doccia fredda. Le scuole medie inferiori alla fine danno a tutti la sufficienza, e i genitori la prendono come un segnale che tutto va abbastanza bene. Quindi non si adoperano per far nascere nei loro figli quel misto di curiosità intellettuale e voglia di impegnarsi che costituiscono due ingredienti fondamentali per il loro sviluppo personale e l'inserimento nella società. Troppo spesso, confortati dai falsi incoraggiamenti di voti un po' regalati, si rendono conto della situazione quando è ormai troppo tardi.

L'indicazione da parte dei professori delle medie su quale percorso intraprendere prende di solito la forma di una lettera di poche righe scritta dalla docente d'italiano, che ha la delega informale da parte del consiglio di classe sull'orientamento, perché è quella che passa più tempo con gli studenti. Secondo molti presidi questo processo è imperfetto per due ragioni. La prima è che i genitori sono impreparati, perché non hanno passato abbastanza tempo a parlare con tutti gli insegnanti per capire i punti di forza e di debolezza dei propri figli, indipendentemente dai voti. La seconda è l'influenza preponderante, nel giudizio, del docente d'italiano, che giudica spesso come lo studente scrive o si esprime oralmente più che, per esempio, la sua capacità di risolvere problemi. Per questo l'unico modo per i genitori e i ragazzi di prendere la decisione giusta è avviare un processo che inizi molto prima e che preveda una discussione continua tra genitori, insegnanti e studenti, volta più a comprendere cosa debba fare il ragazzo per migliorare un voto che a negoziare un voto più alto.

Un passaggio ulteriore, per le famiglie i cui figli decidono di fare il liceo, è la fatidica domanda: classico o scientifico? Cinquant'anni fa il problema non si poneva affatto, i più bravi andavano al classico, punto. Negli ultimi decenni l'attrattiva e le iscrizioni al liceo classico sono però diminuite, e chi lo critica sostiene che oggi la cultura scientifica sia più importante per inserirsi nel mondo del lavoro e capire la società in cui viviamo. Crediamo che questo dibattito sia del tutto fuorviante ed emblematico della mentalità errata per cui si giudica l'istruzione in base alle cose che si insegnano e non sul come le si insegna. È molto più importante fare un buon liceo (e ne esistono di ottimi sia classici che scientifici) e appassionarsi a ciò che si studia che studiare materie ritenute giuste o utili.

È doveroso quindi scegliere in base alle passioni e alle attitudini dello studente, ma con la cautela alla quale abbiamo già accennato. Troppo spesso si sceglie il liceo classico perché «non si è portati per la matematica», e indubbiamente al classico si studia meno matematica che allo scientifico, ma scegliere la scuola per questa ragione e rinunciare ad affrontare quello che in molti casi è un blocco emotivo o un approccio di studio sbagliato è un errore. Molti matematici, ingegneri e scienziati di successo hanno fatto il classico (imparando dopo la matematica che serviva) e d'altra parte rinunciare a comprendere il mondo attorno a noi sotto il profilo quantitativo è una forte limitazione. Chi, al liceo, cancella la matematica dal panorama dei suoi interessi perde un'opportunità per il resto della vita. E sarà meno bravo a fare il medico, l'architetto o il dirigente d'azienda, non solo l'ingegnere. A chi dice di «non essere portato per la matematica» suggeriamo di affrontare il problema, magari cambiando insegnante o scegliendo qualcuna tra le tante (valide) opportunità di supporto.

Ma l'orientamento sul tipo di indirizzo è solo una prima parte della scelta. Per qualunque percorso si sia optato, resta da decidere la scuola giusta. E questo significa andare oltre i programmi e capire quali siano le scuole che insegnano ai ragazzi soprattutto a pensare.

15

Diamo i voti alle scuole

> «Quello che vogliamo vedere è il ragazzo
> alla ricerca della conoscenza e non
> la conoscenza alla ricerca del ragazzo.»
>
> GEORGE BERNARD SHAW

Scegliere l'istituto scolastico è spesso ancora più importante che scegliere il tipo di scuola. Perché le differenze tra le scuole di uno stesso tipo sono molto grandi, soprattutto in Italia.

Molti, giustamente, ritengono che la cosa più importante siano gli insegnanti. Da questo fatto, però traggono una conclusione errata: cioè che, visto che gli insegnanti passano da una scuola all'altra e ci sono insegnanti buoni in scuole meno buone e viceversa, alla fine la scuola in sé conti poco. Invece una scuola è una comunità fatta di tante persone: preside, insegnanti, alunni, famiglie. Come tutte le comunità sviluppa caratteristiche proprie, che vanno al di là di quelle dei suoi singoli membri. E poiché insegnanti, alunni e famiglie scelgono di entrare, restare o lasciare una determinata scuola, le caratteristiche della scuola attraggono le persone che hanno voglia di adattarvisi.

In una scuola molto impegnativa gli alunni devono studiare di più: in genere ci vanno quelli più bravi e volenterosi. Ma anche gli insegnanti devono impegnarsi: si sentono giudicati da alunni brillanti e da famiglie esigenti; il collegio dei docenti è composto da molte persone preparate e l'insegnante debole o con meno voglia di impegnarsi soffre il giudizio dei colleghi; il preside, poi, può sostituire alcuni supplenti inadeguati. Le scuole valide fanno progetti, collaborano con le famiglie e le aziende, chiedono un extra di tempo ed energie a studenti e insegnanti, e a volte (purtroppo) anche un extra economico alle famiglie. Chi lo apprezza ne è attratto, chi non ne vede il valore spesso scappa.

Vedremo ora come valutare le scuole, applicando loro lo stesso metodo che le scuole applicano ai loro studenti: i voti. Per voti intendiamo un insieme di indicatori che vanno dai voti di maturità ai punteggi Invalsi a quelli dei test Pisa, non disponibili per i singoli istituti ma validi come dato statistico per gruppi di scuole.

I voti e i punteggi non sono affatto un indicatore esauriente. Non lo sono per la preparazione dei ragazzi, figurarsi per la qualità delle scuole, che attraverso le performance dei ragazzi vengono valutate indirettamente. Tuttavia sono importanti perché non esiste niente (almeno nel mondo dell'istruzione) di completamente non valutabile. Certo, i punteggi non sono mai esaurienti e vedremo come trovare elementi ulteriori che ci aiutino a capire la qualità della didattica nello sviluppo di capacità di pensiero critico, *problem solving* ed etica del lavoro.

La scuola in chiaro: voti, test e punteggi

Molti genitori non riescono a capire quali siano le scuole giuste. Anche quando sono in grado di accorgersi della qualità dell'insegnamento, spesso ciò accade quando la scelta è stata già compiuta.

Elena Ugolini, ex sottosegretario all'Istruzione nel governo Monti con una lunga esperienza nel mondo della scuola, sostiene che «i genitori italiani mediamente non sanno scegliere le scuole a cui mandare i propri figli. Anche perché percepiscono il cambiamento avvenuto nella società e nel mondo del lavoro, ma spesso non conoscono i modelli di didattica alternativi a quello tradizionale che hanno sperimentato loro stessi. Per questo, in genere, se si preoccupano della didattica si preoccupano di "quante ore di una certa materia" (per esempio inglese) e non del "come" viene insegnata (per esempio preparando al test Sat). Il clima della scuola spesso non li interessa abbastanza e a volte non cercano neanche di capire realmente la qualità dei docenti. Accade sempre più spesso che i ricchi mandino i figli nelle scuole di moda, che in genere sono le scuole inglesi, e i meno ricchi nelle scuole comode, perché vicine a casa».

Ma le cose stanno cambiando, genitori e studenti iniziano a cercare nuovi modi per valutare obiettivamente la qualità di una scuola e dei suoi docenti, al di là del solito passaparola. E iniziano a nascere iniziative per aiutarli in questo sforzo, delle quali vale la pena di ricordarne due: la Scuola in chiaro del Miur e l'Eduscopio della Fondazione Agnelli, che permettono di valutare la qualità delle scuole sulla base dei voti degli studenti. La Scuola in chiaro fornisce informazioni sui voti di maturità di tutti gli istituti e sempre di più anche sui risultati Invalsi (per 2800 scuole su 9000). Il sito fornisce anche altre informazioni come la continuità dei docenti (cioè la percentuale di quelli che cambiano istituto) e l'assenteismo, ma riteniamo che le informazioni sui voti siano di gran lunga le più utili. Il sito di Eduscopio fornisce invece una graduatoria di 4000 scuole superiori basata sui risultati (voti e crediti) al primo anno di università di 700 mila diplomati usciti dalle scuole esaminate.

Le classifiche della Scuola in chiaro e dell'Eduscopio dei licei di una stessa città portano a risultati simili: è ragionevole pensare che diano una rappresentazione veritiera della qualità della preparazione dei loro alunni. Meno indicativi i confronti tra regioni diverse del Paese, influenzati dalle disparità nel metro di valutazione di scuole e università tra nord e centro-sud. Quindi questi siti sono utili per i genitori che vogliono scegliere tra scuole del Comune di residenza, non per quelli che sono pronti a mandare i propri figli lontano da casa per iscriverli alle scuole migliori (troppo pochi, purtroppo). Entrambi sono poi strumenti molto utili anche per i datori di lavoro, che iniziano a consultarli per valutare il curriculum scolastico dei giovani candidati.

Dopo aver acquisito i dati su voti e punteggi, studenti e genitori informati non devono affatto rinunciare al più tradizionale strumento d'informazione, il passaparola con gli altri genitori, perché ci viene naturale chiedere a persone che hanno vissuto la stessa esperienza. Ma il passaparola non deve bastare, nel caso della scuola può essere una grave limitazione, o addirittura farci prendere delle cantonate. Perché i genitori sono molto esposti a elementi d'informazione indiretti e spesso secondari, come ciò che i ragazzi studiano a casa (mentre non vedono direttamente quello che succede in classe, che è molto più importante), il confronto con la scuola che facevano loro (spesso, a torto, idealizzata), una percezione distorta dell'impegno e della quantità di apprendimento dal numero di ore di studio (troppo spesso noiose e inutili) e infine i voti, che spesso contano poco. Tutto ciò quando non vengono influenzati da fattori ancora meno rilevanti, come la qualità delle infrastrutture, le lavagne elettroniche e le gite scolastiche. Per questo Elena Ugolini e altri presidi suggeriscono di parlare con i «genitori illuminati» (cioè quelli che si interessano a come avviene la didattica in classe) e soprattutto con gli studenti, che sanno benissimo se nella loro classe un insegnante spiega bene, se capiscono a che cosa serve quello che studiano e che hanno idee molto precise sulla qualità dei singoli insegnanti.

Il passaparola dei genitori va quindi preso *cum grano salis* e integrato con elementi diversi, ognuno dei quali fornirà una prospettiva diversa.

La prima da considerare, soprattutto per chi frequenta istituti con un'elevata percentuale di accesso diretto al lavoro, è proprio quella dei datori di lavoro.

La reputazione della scuola presso i datori di lavoro

Raramente, purtroppo, si tiene in debita considerazione l'opinione che il mondo del lavoro ha delle scuole. Nel caso delle università le aziende hanno le loro classifiche, che non sono molto diverse da quelle pubblicate da alcuni quotidiani. Tutte sanno più o meno quali sono le migliori università italiane e assumono più facilmente chi proviene da quelle università. Tuttavia la maggioranza delle imprese non assume laureati, ma diplomati. E la reputazione delle scuole presso i datori di lavoro, sebbene un po' meno chiara, è spesso dirimente nel decidere le assunzioni, soprattutto per quanto riguarda gli istituti tecnico-professionali.

Per esempio Adecco conosce bene almeno un centinaio di istituti tecnici, con i quali tiene i contatti da anni attraverso i suoi uffici regionali. Gli uffici di Adecco hanno creato un database di quasi novecento istituti tecnici tra i quali l'azienda ne ha selezionati un centinaio (centoventiquattro per la precisione) che considera i «migliori» sotto il punto di vista della preparazione al mondo del lavoro e con i quali ha collaborato coinvolgendo più di cinquemila studenti. Lo stesso fa Manpower, che ha una lista dettagliata dei migliori istituti tecnici e professionali d'Italia. I criteri di valutazione includono i certificati che l'istituto ottiene dalle aziende, la qualità dei laboratori, la partecipazione a progetti internazionali, l'alternanza scuola-lavoro e la qualità degli stage offerti, oltre che il grado di soddisfazione dei clienti Manpower con i diplomati assunti da quella scuola. Manpower e Adecco investono moltissimo per tenere questa lista aggiornata e i loro selezionatori la utilizzano sistematicamente quando devono valutare il curriculum di un neodiplomato.

Anche le aziende più grandi hanno spesso una lista di istituti tecnici di riferimento, in genere concentrati nella zona in cui hanno sede. In Luxottica ci hanno parlato dell'istituto tecnico professionale Follador di Agordo-Falcade, con cui dal 2012 è nata una partnership nell'ambito del programma aziendale scuola-lavoro.

Questa reputazione è stata costruita con centocinquant'anni di insegnamento rivolto al mondo del lavoro, come ci racconta Bruno Bulf, preside dell'istituto. La scuola fu creata nel 1867 sotto il Regno d'Italia per formare i lavoratori della miniera di Val Imperina. Nel 1960 si è aggiunto il corso per periti chimici e in seguito quello per operatori meccanici. Oggi è diventato un istituto di istruzione superiore perché ha inglobato un corso di liceo scientifico e si è fuso con l'Istituto Professionale Alberghiero di Falcade. Nel 2012 ha diplomato una novantina di allievi. Il 50 per cento di loro, quasi tutti i liceali, ha proseguito con l'università, l'altro 50 per cento è arrivato sul mercato del lavoro, e tutti hanno trovato un'occupazione. Ma il mondo del lavoro è completamente cambiato anche nella professione del perito minerario, e l'istituto Follador ha dovuto rivoluzionare la propria didattica per tenere conto di questi cambiamenti. Il professor Bulf è perfettamente al corrente delle nuove *skills* richieste nel Duemila e di ciò che questo comporta per l'insegnamento: «Le imprese vogliono apertura mentale, e oggi insegnare eccessive specializzazioni tecniche non ha molto senso, perché la tecnologia cambia continuamente. Meglio che i diplomati abbiano la flessibilità per imparare ad adattarsi. I giovani devono imparare a ragionare, a lavorare in team, a usare il digitale e a risolvere problemi».

Una sorpresa a Scampia

Scampia è un quartiere di Napoli con una fama terribile. Droga, criminalità organizzata e disoccupazione giovanile a livelli record. Eppure quando abbiamo chiesto a Ivan Iacobucci della sede Adecco di Napoli di segnalarci un istituto tecnico con un'ottima reputazione, non ha esitato: l'istituto Galileo Ferraris di Scampia. «Negli ultimi quattro anni ho selezionato venticinque diplomati del Galileo Ferraris per i nostri clienti, aziende italiane e multinazionali, e ho ricevuto *feedback* entusiastici su di loro. Al punto che, se posso, scelgo sempre un diplomato di quell'istituto; nello stesso periodo ne ho selezionati quindici da altri istituti, ma quelli del Ferraris erano nettamente migliori. Questi giovani si distinguono non tanto per la loro preparazione tecnica, che è comunque buona, ma per il loro carattere: affidabile, serio, umile, responsabile. Nella maggioranza degli istituti napoletani che conosco, si è perso completamente il valore dello studio per migliorare la propria posizione sociale, non al Galileo Ferraris. Lì i giovani sanno che se ce la fanno hanno maggiori probabilità di vivere una vita migliore.» Alla domanda su quale sia il segreto di quest'istituto, Iacobucci ha risposto: «Credo si tratti dei valori morali dei docenti, che sono la vera spina dorsale dell'istituto. Il loro impegno su come rendere i diplomati più pronti per il mercato del lavoro non ha uguali. Si danno molto più da fare rispetto alle altre scuole».

A Scampia non ci possono essere mezze misure. I docenti che scelgono di restare in questa scuola di frontiera sono persone che hanno deciso di impegnarsi personalmente e sono rispettatissimi dagli studenti, che devono adeguarsi ai valori della scuola. O abbandonare. Molti lo fanno. Il professor Gennaro Borgia, il coordinatore della didattica, ce lo conferma: «All'inizio del percorso abbiamo circa cinquecento studenti nella prima, che però in quinta diventano centocinquanta. La maggioranza abbandona nei primi due anni, perché non si identifica con i valori della nostra scuola. Ma chi va avanti è sicuramente selezionato, perché ha dovuto superare le grandi difficoltà dell'ambiente in cui vive».

I ragazzi di Scampia partecipano con buoni risultati ad alcune competizioni nazionali e internazionali. Sono arrivati alle finali europee del concorso internazionale Zero Robotics. Hanno ottenuto il terzo posto in Europa su un progetto di strategia e programmazione satellitare. Hanno vinto la sezione italiana del concorso di Microsoft YouthSpark con il progetto *Ripuliamo portando innovazione.* Quest'ultima idea ce la racconta Lorenzo Dente, lo studente che rappresenterà l'Italia a Seattle nella finale con gli altri Paesi: «La spazzatura a Napoli è un grave problema, in particolare il nostro quartiere è oggetto di vandalismi di tutti i tipi e molti non fanno la raccolta differenziata. Noi crediamo che sia importante educare la gente al rispetto dell'ambiente. Un altro problema è che da noi pochi pagano il biglietto per i mezzi pubblici. La nostra idea è stata quella di barattare biglietti con la *monnezza*, oggetti in plastica o alluminio che possono essere riciclati. Con i materiali riciclati creiamo poi, in un laboratorio apposito, oggetti come lampade di plastica, fiori, scatole ornamentali e li vendiamo sul web e nella piazza Grandi eventi di Scampia. Il budget iniziale per l'acquisto dei biglietti è stato raccolto con una piattaforma di *crowd funding*».

La capacità dei docenti del Ferraris di creare opportunità per i loro studenti è ammirevole. Racconta ancora il professor Borgia: «Abbiamo ottenuto una collaborazione con la scuola Sant'Anna di Pisa per tredici nostri studenti eccellenti, che iniziano un percorso formativo con questa grande università. Siamo stati selezionati da Assolombarda per presentare il nostro caso a Milano e da Confindustria Veneto. Obiettivamente non sappiamo quanto sia merito nostro e quanto un desiderio del Paese di aiutare i giovani di una delle zone più disastrate d'Italia». La risposta è probabilmente «entrambi», ma un valore di questo corpo docente è sicuramente quello di trasformare un grave handicap in un'opportunità.

Il mondo del lavoro conosce quindi alcuni tra i migliori istituti tecnici e professionali, ma per i giovani studenti questo non può essere l'unico criterio. Occorre cercare di capire cosa succede davvero in classe.

Insegnare a ragionare

I voti (o i punteggi) dicono più sulle capacità degli studenti o su quelle dei professori? È difficile che gli studenti raggiungano risultati d'eccellenza con insegnanti incapaci, e da una scuola con risultati pessimi è meglio stare alla larga, di chiunque sia la colpa. Ma quando i risultati sono più vicini alla media, il giudizio diventa più difficile.

Una scuola di periferia, che si rivolge a studenti provenienti da famiglie svantaggiate, può fare un lavoro eccezionale portando i suoi ragazzi a recuperare il gap e a mettersi in pari con gli altri. Per chi parte con qualche lacuna in più, iscriversi in una scuola così sarà una scelta eccellente. Viceversa un liceo di grande tradizione, con una fama di severità e una rigida selezione avrà, necessariamente, una media di punteggi almeno discreta. Ma il merito potrebbe essere solo dei suoi alunni e non dei professori, che magari fanno poco per appassionare gli studenti e farli crescere.

Come fanno, quindi, le scuole (migliori) a insegnare le capacità di pensiero critico e risoluzione dei problemi? Spingendo gli studenti ad applicare quello che apprendono al di fuori di contesti predefiniti, e a cercare di venirne a capo non con formule e procedure, ma attraverso ragionamento fuori dagli schemi e nell'iniziativa personale. Il successo di questo approccio non è affatto limitato alle attività cosiddette «creative», alle discipline umanistiche o alle scienze sociali. Anzi, è uno dei grandi motori delle scoperte scientifiche. Gli studenti italiani, invece, sembrano soffrire delle stesse debolezze dichiarate dall'insegnante finlandese nel progetto Oivallus (ovviamente in misura maggiore, visti i peggiori risultati sui test Pisa di matematica): tendono a concentrarsi più sulla comprensione della procedura che a capire quale, tra le varie formule e teorie studiate, va applicata a uno specifico problema reale.

Al liceo Mamiani di Roma, durante l'*open day*, una professoressa di scienze racconta come funziona il loro approccio alle esperienze di laboratorio, parte di una corrente pedagogica chiamata *experience based learning*, ed è un bell'esempio di apprendimento che stimola lo spirito critico. «Dividiamo gli studenti in gruppi e poi, invece di raccontargli come realizzare un certo esperimento di chimica o di biologia e controllare come i ragazzi riproducono la procedura appresa, chiediamo loro di progettare un esperimento che illustri uno dei concetti che insegniamo nel corso dell'anno. Può trattarsi anche di un concetto molto semplice, come la legge di conservazione delle masse, l'importante è che il progetto di esperimento sia pensato da ciascun gruppo di ragazzi indipendentemente dall'insegnante. Dopo questa prima fase, i gruppi illustrano al resto della classe i loro progetti e possono utilizzare la discussione per migliorare il loro esperimento, ma non per cambiarlo. Infine l'esperimento viene realizzato e i risultati analizzati. In diversi casi può succedere che l'esperimento che hanno progettato i ragazzi non sia tecnicamente un successo. Cioè che non dimostri quello che doveva dimostrare, perché c'è stato un errore di progettazione, le apparecchiature non erano in grado di misurare le grandezze con la sensibilità che sarebbe stata necessaria, o le misure sono state prese in modo non corretto. Anche in questi casi, però, l'esperienza è formativa per i ragazzi, perché è proprio così che procede la ricerca scientifica, attraverso tentativi ed errori.»

Quest'idea dello studio come *problem solving*, d'altra parte, non è solo limitata alle materie scientifiche. Ernst Gombrich, il grande critico d'arte olandese, nel suo libro *Arte e illusione* affermò che le opere pittoriche possono essere viste essenzialmente come esercizi nei quali l'artista risolve il problema di come riprodurre nell'osservatore determinate sensazioni visive. Questo approccio problematico, orientato a comprendere i problemi che i grandi autori dell'arte, della letteratura e della filosofia hanno affrontato, anziché imparare direttamente le loro soluzioni, è fondamentale se si vuole sviluppare il pensiero critico dei ragazzi.

Elena Ugolini ci parla della sua esperienza al liceo Malpighi di Bologna. Partendo dal presupposto che «insegnare la fisica vuole dire insegnare a spiegare la realtà», «partiamo da problemi da risolvere come: perché Valentino Rossi non cade in curva?». Per risolverli gli studenti si dividono in gruppi, poi devono fare una presentazione ad allievi delle classi inferiori e il voto non è dato solo sulla base della soluzione giusta, ma anche del contributo individuale fornito al gruppo e del voto che prendono gli studenti più giovani, che dimostra se hanno capito o no. Oltre a risolvere un problema, è necessario spiegarlo chiaramente.

Un metodo molto potente per sviluppare le capacità di *problem solving* sono i progetti di gruppo: «costruire insieme» un prodotto, un sito web, un esperimento. Funziona soprattutto nelle materie scientifiche – nei settori più disparati come la biologia, la fisica e l'informatica – ed esistono numerose ricerche che dimostrano che rende l'apprendimento molto più efficace perché gli studenti devono fare ricerche e fare domande. Affinando lo spirito critico e imparando il «come si studia» e non solo «cosa si studia», diventano più bravi a pianificare il proprio lavoro e il proprio tempo, e a collaborare con gli altri. Dato che i progetti sono basati su problemi del mondo reale, l'apprendimento è veramente *hands on*.

Per insegnare la matematica, le scienze e le materie umanistiche con lo spirito di chi spinge gli studenti a risolvere problemi, sono necessari davvero bravi insegnanti. Ma questo atteggiamento è essenziale per far superare a molti quella diffidenza che li spinge a rinunciare a imparare (soprattutto la matematica) perché si considerano «non portati».

Ma, per quanto importanti, le competenze di tipo cognitivo, l'intuizione, il ragionamento e la capacità logica non sono certo le uniche che servono per avere successo, negli studi come nel mondo del lavoro. L'impegno nell'affrontare le prove dello studio è altrettanto importante ed è un primo banco di prova dell'impegno richiesto nei luoghi di lavoro, di quella che abbiamo chiamato etica del lavoro.

L'etica dello studio

In azienda etica del lavoro significa impegnarsi non perché lo dicono le procedure o i capi controllano, ma perché ci si sente responsabili del proprio lavoro. Questa mentalità può nascere a scuola, oltre che ovviamente in famiglia e nel contesto sociale in cui si cresce; quanto più debole è l'etica del lavoro del contesto sociale in cui si nasce e si cresce, tanto più importante è l'etica che si deve imparare nello studio. In Finlandia e nelle «pentole a pressione» asiatiche, la società ha stabilito da anni che un giovane che va bene a scuola troverà più facilmente un buon lavoro, e i fatti sono lì a testimoniarlo ogni giorno a milioni di studenti. La scuola rafforza questa idea, ma il terreno è fertile. Da noi non è sempre così, perché troppo spesso le famiglie italiane sono le prime a non crederci.

Ma come riconoscere le scuole che insegnano l'etica dello studio? E, soprattutto, cosa chiedere agli insegnanti per migliorare quando l'ambiente della classe è lontano dall'essere ideale?

La risposta non è ovvia. Bisogna innanzitutto aderire ad alcuni principi di correttezza: in una scuola seria non si copia e l'insegnante non suggerisce le risposte ai test per far apparire una classe migliore di quello che è. Inoltre bisogna che siano sempre più rari episodi come quello di un'insegnante che chiamò i genitori di un'allieva per dire loro: «Vostra figlia è intelligente e capace, ha un solo difetto: vuole primeggiare». Primeggiare non è un difetto. E chi studia troppo è ritenuto un secchione, come pensano quasi tutti gli studenti, anche di ottime scuole.

Per insegnare davvero l'etica dello studio, poi, è necessario porsi una domanda fondamentale. Bisogna sapere perché si studia.

Vanna Monducci, preside della scuola Bassi di Castelbolognese, ci racconta di una sua seconda media che aveva dei buoni studenti, che però si impegnavano poco. Decise allora di coinvolgerli nella redazione di un giornale di classe, partendo dalla progettazione e dall'identificazione dei ruoli fino alla pubblicazione sul sito della scuola. I ragazzi si cimentarono in un esercizio a cui tutti lavorarono e in soli due mesi la mentalità di molti di loro cambiò. Avevano capito che i loro sforzi a scuola servivano a qualcosa, che non erano semplicemente dovuti.

Per sviluppare l'etica dello studio, inoltre, lo studente deve imparare a distinguere tra la percezione di sé e quella della sua prestazione. Solo così potrà conservare la stima in se stesso (una componente essenziale dell'etica del lavoro) a fronte delle inevitabili battute d'arresto che gli riserverà la vita. Come racconta nel suo saggio *Nessun brutto voto è per sempre* Alessandro Artini, preside dell'Istituto Fossombrone di Arezzo, un brutto voto non è la bocciatura di una persona, ma della sua performance. Ed è proprio così che lo percepisce uno studente ben guidato, che sa che studiando potrà migliorare. In una scuola dove si pratica l'etica dello studio, il mantra «non sono portato per la matematica» non esiste, anche i peggiori migliorano se l'insegnante sa recuperarli e impegnarli. Il professore che trasmette l'etica dello studio è un leader che responsabilizza le persone, non solo assegnando e controllando i compiti, ma motivando a farli.

C'è chi dice che l'impegno in classe si ottenga facendo divertire gli studenti, ma questo è solo parzialmente vero: in nessuna scuola, neanche nelle migliori, la noia è totalmente assente. Esattamente come nel lavoro non ci si può divertire al cento per cento del tempo (si è già fortunati se si riesce a divertirsi per il 50 per cento). L'importante è che lo studente capisca, magari dopo un po' di tempo, perché fa alcune cose che magari lo annoiano e ne accetti l'utilità, esattamente come nel posto di lavoro si sa che quella porzione di noia è parte di una esperienza lavorativa che complessivamente è soddisfacente.

La multidisciplinarietà e i progetti servono ad aumentare le capacità di comunicazione degli studenti, oltre che quelle cognitive. Ma servono anche a rafforzare l'etica dello studio. Una giovane studentessa delle medie di una (rara) ottima scuola americana raccontava come stava studiando il fenomeno degli iceberg. Doveva produrre un piccolo *research paper* con un disegno, descrivendo l'aspetto scientifico, raccontando la geografia e alla fine qualche incidente storico tra navi e iceberg come quello del Titanic. Disegno, scienze, geografia, storia, uso del computer. La giovane studentessa non aveva imparato a memoria la scienza degli iceberg e, in momenti diversi, studiato la loro geografia, fatto due compiti in classe separati e magari un terzo di disegno. Il progetto interdisciplinare la responsabilizzava sul prodotto finito. Aveva lavorato anche di sera per terminare in tempo ed era molto fiera di ciò che aveva fatto.

Con quest'esempio non vogliamo difendere l'interdisciplinarietà a tutti i costi. C'è stata negli ultimi decenni una certa moda in questo senso, che ha prodotto un insegnamento a volte superficiale, specie negli Usa, dove il problema maggiore delle scuole, come sostiene Tony Wagner, sta nell'implementazione acritica dei curriculum decisi delle burocrazie statali, tra cui l'interdisciplinarietà è sicuramente presente. Relativamente all'etica dello studio, il punto chiave non è la multidisciplinarietà come miglioramento della qualità dell'apprendimento (che è rilevante per le capacità cognitive), ma l'interesse della ragazza per l'elemento di scoperta che una ricerca interdisciplinare, anche rivolta solo ad aggregare delle informazioni, comporta.

Un elemento essenziale per lo sviluppo dell'etica dello studio sono però le famiglie. Abbiamo visto l'importanza che hanno nell'eccellenza dei sistemi scolastici asiatici e polacco. Così gli insegnanti capaci sanno coinvolgerle per ottenerne un aiuto nel segnalare ai ragazzi l'importanza e il valore di quanto si fa a scuola, ma sanno anche tenerle po' a distanza.

Elena Ugolini sostiene che «non è vero che gli studenti non vogliono i voti, vogliono solo sapere che senso hanno e cosa fare per migliorarli. I genitori invece vogliono i buoni voti e basta». Anche le famiglie meglio intenzionate devono lasciare che i ragazzi se la cavino un po' da soli nel rapporto con la scuola. Perché il primo fondamento dell'etica del lavoro è assumersi le proprie responsabilità.

L'ultimo pezzo del puzzle, necessario per farsi un'opinione seria su una scuola, è parlare con i presidi per capire se sono leader che possono selezionare e guidare al meglio i propri docenti.

I presidi che fanno la differenza

Una ricerca effettuata anni fa dal Ministero della Pubblica istruzione di Singapore dimostrava chiaramente che le migliori scuole erano guidate dai migliori presidi. Ma come si capisce se un preside è bravo? Bisogna comprendere se è un leader o semplicemente un «dirigente scolastico», che vede la propria funzione soprattutto in chiave amministrativa. Questo è il ruolo di troppi presidi italiani, che si arrangiano in mille modi per tenere le classi il più pulite possibile, gestire i bidelli, far quadrare i conti evitando di tagliare la carta igienica e tenere i rapporti con la burocrazia del ministero, delle regioni e dei Comuni. Di solito sono persone serie, ma a volte frustrate e desiderose di arrivare il prima possibile alla pensione.

Ma ci sono anche tanti presidi che interpretano il loro ruolo in modo molto diverso. Sono dei veri leader e non semplicemente dei dirigenti amministrativi. Innanzitutto sono molto coinvolti nella didattica, influenzando in modo decisivo come si insegna nella loro scuola e guidando attivamente il corpo docente. Non hanno sempre il potere di selezionarlo, possono farlo solo coi supplenti, ma possono indurre i docenti scadenti a cambiare scuola e, soprattutto, attrarre e motivare i migliori. Soprattutto, con la loro guida, possono aiutarli a migliorare. Vanna Monducci sostiene che «un preside può e deve osservare in classe i comportamenti dei singoli docenti, dare suggerimenti, far affiancare gli insegnanti più deboli da quelli più bravi e più esperti e comunque alla fine fare emergere i migliori». Elena Ugolini si autodefinisce «allenatore degli insegnanti» e sa di essere considerata da loro una terribile rompiscatole. E ne va molto fiera.

Questi presidi sono sempre alla ricerca di metodi innovativi per migliorare il modo con cui i docenti insegnano. Sviluppano progetti, dibattiti, interazioni con ospiti esterni. Imparano da altre esperienze e sperimentano continuamente sfruttando una rete di presidi eccellenti come loro con cui hanno stretto rapporti negli anni. Non sono chiusi all'interno della propria scuola e del mondo della burocrazia, ma sono inseriti a pieno titolo nel proprio territorio, dialogando con le imprese (essenziali per gli istituti tecnici), con le università, con le famiglie. Così riescono a trovare stage per gli studenti, orientarli nelle scelte future, portare esperienze della vita reale nella didattica e perfino fare un po' di raccolta di fondi.

Basta parlare con loro per capire che sono dei veri leader. Hanno percorsi diversi, ma le caratteristiche personali sono simili. Sono entusiasti. Appassionati a un lavoro che li coinvolge totalmente. Orgogliosi dei risultati che riescono a portare e fieri della propria scuola. Curiosi e sempre alla ricerca dell'eccellenza.

I genitori italiani che riescono a identificarli fanno un grande passo avanti nel creare per i propri figli un percorso formativo che li porterà ad avere un lavoro migliore.

16

Imparare in modo nuovo

> «L'insegnante mediocre dice. Quello buono spiega. Quello superiore dimostra. Il grande insegnante ispira.»
>
> WILLIAM ARTHUR WARD

Le competenze del Ventunesimo secolo non sono fatte solo di ragionamento, idee brillanti e duro lavoro. La ricetta di Thomas Edison (1 per cento di ispirazione e 99 per cento di sudore) oggi dev'essere rivista, aggiungendovi una grossa dose di capacità di lavorare in gruppo, come nel caso di Kirk Phelps.

Per insegnare ai ragazzi a interagire con gli altri non esiste una ricetta. Le migliori scuole del mondo rilevano quanto sia delicato trovare un equilibrio tra l'insegnamento tradizionale (in cui l'insegnante spiega e trasmette nozioni) e le modalità più innovative (in cui l'insegnante facilita l'autoapprendimento degli studenti, da soli o in gruppo). Ci sono casi come l'Olin College dove l'insegnamento tradizionale è diventato minimo. C'è chi sostiene che la giusta miscela dovrebbe essere di metà e metà. Ma, visto che non è possibile definire una regola precisa, meglio fornire qualche esempio concreto.

La vita reale in classe

Nel secolo scorso, precisamente nel 1924, la Harvard Business School importò dalla medicina l'approccio in base al quale gli studenti studiano un paziente reale, sfidandosi a vicenda per fare la diagnosi e identificare le terapie. Con l'aiuto delle imprese sviluppò alcuni casi reali, che poi diventavano casi da risolvere per gli studenti che facevano il master in *business administration*. Oggi questo metodo è diventato la regola in tutti i master di economia aziendale, e spesso anche nelle lauree specialistiche.

Il caso è un problema reale: un'azienda che lancia un nuovo prodotto del quale è necessario definire la strategia di marketing; un'altra deve decidere su quali business investire e da quali disinvestire; in un'altra ancora il giovane imprenditore si affianca al padre con il quale si creano inevitabili conflitti. Il caso contiene numerose informazioni reali sull'azienda e sul problema da risolvere e termina con la domanda chiave per lo studente: cosa faresti tu al posto del manager o dell'imprenditore? Richiede almeno due o tre ore di lettura, poi viene discusso dagli studenti, suddivisi in gruppi di cinque o sei, e il giorno dopo viene affrontato in aula.

L'abilità dell'insegnante è quella di accompagnare gli studenti in un percorso logico che faccia emergere le diverse possibilità di soluzione. La discussione avviene con il docente che chiede un punto di vista sul tema di partenza, qualche studente che alza la mano, l'insegnante che ascolta le diverse risposte e si concentra su quella che segue il percorso logico corretto, a partire dalla quale costruisce altre domande e coinvolge gli altri studenti, che finiscono per dibattere tra loro punti di vista diversi. Alla fine della discussione, o in un momento successivo, si racconta agli studenti come sono veramente andate le cose, confrontando le loro idee con ciò che ha funzionato (o non ha funzionato) nella realtà.

La «soluzione» a cui gli studenti sono arrivati e che a un certo punto è comparsa magicamente sulla lavagna è quindi il risultato di uno sforzo cognitivo e di un lavoro di gruppo. I ragazzi forse hanno imparato come si lancia quel tipo di prodotto? O come si fa una strategia di un'azienda multibusiness? Come si fa a lavorare con il padre imprenditore? Assolutamente no, perché non sono problemi sui quali si possano dare ricette e il caso dibattuto non si ripresenterà mai identico. Gli studenti hanno imparato come interpretare alcuni fatti, a dibatterli, a usare la matematica come supporto al business, ad arrivare a delle conclusioni e sostenerle coraggiosamente davanti a un pubblico.

Questo metodo non funziona solo nelle *business school.* Diverse scuole italiane fanno progetti simili, alcuni anche molto più complessi. In un liceo di Roma hanno misurato lo sviluppo di diverse specie di licheni in vari punti della città e hanno utilizzato i dati per quantificare l'inquinamento atmosferico prodotto dalle auto e dai riscaldamenti (i licheni, a differenza delle centraline, «misurano» la concentrazione di inquinanti su un'area estesa anziché solo in un punto). Il progetto ha vinto un premio internazionale in Germania.

Un altro caso abbastanza istruttivo è quello di una scuola media di Londra, vicino alla quale c'era un incrocio dove avvenivano spesso incidenti. Gli studenti di diverse classi hanno fatto allora un progetto: hanno misurato il flusso del traffico in diversi momenti della giornata, hanno messo delle videocamere all'incrocio e preparato una presentazione multimediale per il sindaco in modo da ottenere un nuovo semaforo, che poi è stato installato. La particolarità di questo progetto, se lo confrontiamo con quello italiano, sta proprio nella sua limitata profondità scientifica, che può costituire un vantaggio. È difficile pensare che nella scuola londinese ci fosse tra gli insegnanti un esperto di traffico o di segnaletica stradale. Gli studenti avranno dovuto arrangiarsi per lo più da soli e l'insegnante avrà resistito più facilmente alla tentazione di spiegare loro per filo e per segno cosa fare. Anche qui gli studenti hanno dovuto analizzare un problema (la frequenza degli incidenti), ipotizzare una causa (il flusso del traffico misurato nelle diverse ore del giorno), studiare una soluzione (il semaforo), valutandone i pro e i contro, e infine preparare una presentazione per il sindaco. Sforzo cognitivo e lavoro di gruppo, in una scuola media come in un Mba.

Cosa è il denaro?

Il rapporto Oivallus sostiene che è necessario rafforzare le nozioni di economia e di finanza personale che già oggi fanno parte del curriculum delle scuole medie. Viene proposto allora il progetto *Cos'è il denaro?*, orientato a spiegare i meccanismi operativi della nostra società e il collegamento tra lavoro e soldi. Il progetto dovrà spiegare perché esiste il denaro, da dove proviene, dove viene prodotto e dove finisce. Ma non ci saranno solo lezioni sulla storia del denaro, ma anche incontri con un agente di borsa e un imprenditore di officine auto che spiegheranno ai ragazzi, dal loro punto di vista, come si muove il denaro.

L'ignoranza delle nozioni economiche di base, assenti in moltissime scuole d'Europa (e l'Italia certamente non fa eccezione, anzi!), è di per sé abbastanza deprecabile. Ma un progetto simile ha un valore in più rispetto a quello di spiegare agli studenti come funziona l'economia. Permette loro di stabilire un ponte tra quello che imparano a scuola e quello di cui sentono parlare in casa, e forse di capire meglio il motivo per cui la famiglia deve risparmiare e non si può cambiare il telefonino dopo sei mesi, o magari perché si possono fare dei lavoretti estivi. Questo ponte serve a interagire con gli altri in modo intelligente, discutendo della crisi economica degli anni Trenta, che si studia nei programmi di storia, in modo concreto e dei lavoretti estivi-paghetta-telefonino in modo consapevole, senza metterli in compartimenti stagni: il primo che l'etichetta «scuola-teoria-ne parlo col professore», il secondo «vita-pratica-ne parlo con la famiglia e gli amici».

Da quattro continenti contro la Sars

Ogni anno, dal 1996 al 2011, alcuni gruppi di studenti liceali di ogni parte del mondo hanno partecipato a un concorso chiamato Think Quest, organizzato dalla Oracle Foundation. La sfida era quella di creare un sito web innovativo, indirizzato ai giovani, su un tema che stesse particolarmente a cuore al gruppo.

Nel 2003 sei studenti, uno proveniente da Kuala Lumpur, un altro da Singapore, due gemelli olandesi, un egiziano e uno studente di Philadelphia hanno collaborato online per creare un sito su un tema molto caldo in quei mesi, l'esplosione della Sars, il terribile virus che attacca le vie respiratorie con conseguenze anche fatali e che all'epoca fece temere lo scoppio di una vera e propria pandemia. Il team ha fatto tutte le attività di ricerca: ha documentato il tema, intervistato gli esperti, scritto i testi, progettato il sito (video, testi, quiz, immagini).[12]

La tempestività dell'informazione (il fenomeno Sars, poi rientrato grazie all'efficace opera di contenimento delle autorità sanitarie di tutto il mondo, era scoppiato proprio nel 2003) e la capacità di mettere assieme punti di vista, informazioni e *skills* da quattro continenti rendono questo progetto un vero esempio di quello a cui i nostri ragazzi possono aspirare quando si parla di lavoro di gruppo. Innanzitutto gli studenti hanno dovuto fare un grande sforzo di organizzazione del lavoro, analisi e apprendimento. Il materiale sull'epidemia era enorme e ancora poco organizzato, incluso quello sulla biologia del virus, i rapporti medici sugli effetti del virus sull'uomo, i metodi più efficaci per prevenire e curare la malattia, i dati epidemiologici sulla diffusione del virus e le risposte sociali e governative all'epidemia. La grande sfida del gruppo è stata quella di analizzare questa enorme quantità di informazioni, interpretarla, valutarla, riassumerla e sintetizzarla con un obiettivo definito: creare uno strumento di informazione accattivante che convincesse altri studenti a conoscere i dettagli di questa epidemia e

[12] Il sito è disponibile su http://wayback.archive-it.org/3635/20130906074803/ http://library.thinkquest.org/03oct/00738/impact.html.

i modi per proteggersi. Il team ha dovuto fare un enorme sforzo di comunicazione rendendo il materiale interessante, usando estensivamente immagini, animazioni e grafici, ma soprattutto servendosi di una scrittura dei testi concisa ed efficace, in grado di spiegare complessi termini medici ai lettori comuni.

La particolarità di questo team, però, al di là della qualità giornalistica del loro prodotto (bello graficamente, ricchissimo di informazioni, senza l'approccio buonista e ingenuo tipico dei lavori di tanti ragazzi) era la grande diversità geografica dei partecipanti: quattro continenti, cinque nazioni diverse hanno prodotto un risultato di collaborazione a distanza che molte multinazionali farebbero bene a invidiare. I sei studenti, lavorando con quattro fusi orari diversi, durante il periodo di lavoro si sono scambiati quasi tremila email. La prima volta che si sono incontrati fisicamente è stato a San Francisco, mesi dopo l'inizio del progetto, e hanno avuto bisogno di un giorno intero per conoscersi veramente, nonostante lavorassero assieme da molto tempo: gli accenti, i linguaggi del corpo, lo stile di comunicazione e il *sense of humour* non si colgono lavorando via internet. Ma alla fine della settimana si conoscevano molto meglio e in modo nuovo, cosa che rendeva la comunicazione tra loro molto più efficace. E che preludeva alla nascita di un'amicizia.

Al Palazzo di vetro per una settimana

Nhsmun è un'impronunciabile sigla che sta per *National High School Model United Nations*, un progetto di simulazione di una sessione di lavoro dell'assemblea delle Nazioni Unite fatta da studenti di liceo, principalmente americani, ma anche provenienti da tutto il mondo. Vi partecipano anche alcuni licei italiani e sono disponibili (poche) borse di studio, perché il progetto richiede un soggiorno di una settimana a New York a carico degli studenti.

Gli studenti sono divisi in squadre (tipicamente una per ciascuna scuola di provenienza) e a ogni squadra viene assegnato il compito di rappresentare la delegazione di uno dei duecentotré Paesi aderenti all'Onu, che non è mai la loro reale nazione d'origine. Ciascuno studente è il rappresentante del «proprio» Paese in un comitato Onu.

I ragazzi (circa 1800) ricreano in una settimana una simulazione molto realistica di quello che avviene alle Nazioni Unite: riunioni dell'assemblea generale e dei vari comitati (Ecofin per i temi economici e finanziari, Unhr Council per i diritti umani eccetera). L'obiettivo della competizione è far approvare dai vari comitati e poi dall'assemblea generale, con i voti dei duecentotré Paesi, le mozioni d'interesse del Paese che si rappresenta. Prima della simulazione gli studenti devono produrre dei *position papers*, in cui spiegano la posizione e i desiderata del Paese da loro rappresentato in merito a un tema dibattuto della commissione in cui lavoreranno (i temi sono quelli effettivamente in agenda nelle vere commissioni Onu, come l'emigrazione, lo sviluppo sostenibile eccetera).

Gli studenti vanno poi a New York e si chiudono in un albergo per una settimana, con sessioni che iniziano alle sette del mattino (briefing con la delegazione del proprio Paese) e vanno avanti fino alle ore serali e notturne per gli incontri con le altre delegazioni per stringere alleanze e far convergere posizioni. In ogni sessione dei comitati una giuria assegna un punteggio alle delegazioni che presentano con efficacia e ottengono i voti alle loro mozioni. Il Paese (cioè la scuola) che prende più punti vince.

Il progetto rappresenta un esempio di sovrastimolo intellettuale e sociale. Diplomatici esperti impiegano anni per venire a capo dei meccanismi a volte astrusi delle Nazioni Unite, in cui il voto all'assemblea generale degli Usa vale come quello delle Samoa e gli accordi *last minute* e le alleanze tra i Paesi più lontani sono la norma. E mettere dei liceali, che iniziano a studiare la materia di cui devono dibattere solo tre mesi prima, a rappresentare una nazione che non è neppure la propria è un buon modo per aumentare ancora di più la confusione.

Di fatto, per i ragazzi capire il 5 per cento di quello che capita loro in questa settimana di frenetiche riunioni è mediamente già un successo. Al ritorno da un'esperienza simile è difficile che si diventi un esperto di geopolitica internazionale, ma l'aumento della capacità di affrontare esperienze nuove è assicurato.

La trappola per topi

Il progetto Mouse Trap Car Grand Prix, già da anni utilizzato in alcune tra le migliori scuole americane e recentemente introdotto in Europa,[13] prevede che diverse squadre composte da studenti liceali (in Italia le scuole partecipanti sono dieci, tra cui il liceo Malpighi di Elena Ugolini) debbano costruire un prototipo di veicolo alimentato da un motore molto particolare: lo scatto della molla di una trappola per topi. È lo stesso motore per tutte le squadre e vince la scuderia che costruisce il prototipo che con uno scatto del «motore» percorre il tragitto più lungo.

È una sfida con una singolare capacità di abbinare teoria e voglia di sperimentare, tecnologia e inventiva. L'originalità del sistema di propulsione richiede di non ispirarsi a soluzioni collaudate: non è come progettare una bicicletta, in cui la strada più vantaggiosa è perfezionare quello che la tecnologia degli ultimi secoli ha già prodotto. C'è una buona dose di fisica e di ragionamento da mettere in campo per decidere le caratteristiche che dovrà avere l'auto: la finalità ultima è trasformare la parte maggiore possibile dell'energia accumulata nella molla in energia cinetica dell'automobile, e sprecarne la minor quantità possibile in attrito con la pista e

[13] www.mousetraprace.com.

con l'aria. Bisogna quindi ottimizzare i pesi (troppo pesante: fa fatica a partire; troppo leggera: l'attrito la ferma subito), le velocità, la forma che deve essere aerodinamica ma poter alloggiare il motore, la trasmissione e le ruote. Si applicano le nozioni apprese a scuola ma si sperimentano anche capacità nuove, come quella di lavorare con le mani e capire cosa è andato storto. I ragazzi del liceo studiano molta fisica sui libri, ma sanno poco delle sue applicazioni pratiche e questo progetto è per loro una rivoluzione.

I processi tributari in classe

La scuola Vittorio Fossombroni di Arezzo è un istituto tecnico di tipo economico, di quelli che un tempo erano definiti tecnico-commerciali per ragionieri e in cui si studiano materie come l'economia aziendale e il diritto. Recuperando un po' di ore dal programma scolastico, il preside Alessandro Artini e il collegio dei docenti hanno avviato un progetto chiamato *Fisco e Legalità* e rivolto allo studio delle norme tributarie.

Alessandro Artini non si fa illusioni sulla capacità attrattiva della materia – «la normativa fiscale è complessa, talvolta contraddittoria e anche noiosa (non solo dal punto di vista degli alunni...)» –, ma proprio per questo lui e i suoi colleghi hanno inventato un approccio diverso per renderla più interessante. E abituare i loro allievi a un tipo di esperienza che raramente si vive nelle scuole italiane. Un vero processo tributario. «Abbiamo deciso di esaminare alcuni casi di contenzioso tratti dalla realtà, ovviamente rielaborati in funzione didattica. La classe è stata divisa in gruppi e a ciascuno di essi è stato affidato il compito di scrivere un intervento per uno degli attori del processo tributario: il cittadino contribuente, l'Agenzia delle Entrate, i periti, la Guardia di Finanza eccetera. Dopo alcuni mesi di lavoro, ne è nato una sorta di copione, con tutti gli interventi che sarebbero stati tenuti nel processo. Nel frattempo gli alunni avevano assistito a dei veri processi tributari, di primo e secondo grado e in Cassazione.»

L'applicazione pratica delle nozioni apprese, non solo in esercizi pensati *ad hoc* in qualche libro di testo ma a casi veri, già di per sé costituisce uno stimolo importante alle capacità di *problem solving* dei ragazzi, ma il progetto non si ferma qui. Dice ancora Artini: «Al termine dell'anno scolastico, nel mese di maggio, abbiamo infine deciso di "recitare" gli interventi elaborati sui casi di studio. La messa in scena dei processi di per sé rappresenta un momento educativo straordinario, poiché gli alunni imparano a esibirsi in pubblico (avevamo aperto la scuola al pubblico) e acquisiscono competenze relazionali importanti. Ma l'aspetto più singolare della simulazione era sicuramente l'intervento di veri giudici della Corte di Cassazione per emettere le sentenze. Il valore del nostro progetto, infatti, è stato riconosciuto dall'Associazione nazionale dei magistrati tributari, che ha deciso di fornire il suo supporto».

La parte didatticamente più utile sta nell'elaborazione del «copione», poiché gli alunni devono argomentare i loro interventi coerentemente con i casi di studio e con le norme vigenti. Si tratta di trovare le connessioni tra i casi considerati e la previsione normativa, per affermare la colpevolezza o l'innocenza. Ovviamente in corso d'anno la passione di alcuni studenti per la propria posizione di attore del processo degenera in tifoseria e i docenti devono ripristinare la dovuta distanza tra lo studio di una posizione giuridica e l'adesione alla stessa, ma una certa passione è senz'altro benefica. Se non vi fosse in gioco una sentenza, molto realistica anche perché emessa da un giudice vero, difficilmente i ragazzi avrebbero potuto appassionarsi alla materia fiscale.

Il progetto del Vittorio Fossombroni ha ricevuto diversi riconoscimenti, sia dal Ministero dell'Istruzione e dall'Indire (Istituto Nazionale di Documentazione Innovazione e Ricerca Educativa), sia da diversi organi della giustizia tributaria: il Consiglio nazionale della giustizia tributaria ha apprezzato il progetto e lo appoggia. Con il tempo, inoltre, sono stati coinvolti gli ordini professionali (avvocati, commercialisti e consulenti del lavoro) della provincia di Arezzo. L'Agenzia delle Entrate e la Guardia di Finanza vengono annualmente in classe per tenere delle conferenze e dibattere con i ragazzi.

Ma, al di là del valore dell'istruzione tecnica impartita, certamente superiore a quanto si apprende limitandosi a studiare il diritto tributario sui libri di una scuola superiore, è l'aspetto interattivo del progetto a essere più formativo, anche per chi non dovrà mai affrontare un contenzioso tributario in vita sua. Per un ragazzo di diciassette-diciotto anni, l'esperienza di difendere una posizione davanti a un giudice vero non insegna solo il diritto, ma a parlare, ad ascoltare, a sapersi comportare in modo maturo. Una vera palestra di vita lavorativa.

Fare lezione non basta

Nel mondo del lavoro, rispondere a una domanda inattesa, saper criticare in modo costruttivo, saper ascoltare, riflettere, fare domande e comunicare il proprio pensiero in modo chiaro e articolato è assolutamente essenziale. La scuola può avere un ruolo chiave nella costruzione di queste competenze. Sicuramente i progetti che abbiamo appena descritto aiutano, ma non bastano. Ci vogliono anche dibattiti costruttivi in classe che, abbiamo visto, costituiscono l'essenza della didattica degli Mba di stampo anglosassone.

La cultura anglosassone, infatti, è maestra in questo. Trent'anni fa il più anziano dei due autori scelse di far frequentare una scuola inglese al proprio figlio. Era una decisione difficile perché significava farlo integrare meno bene nella cultura italiana nella quale sarebbe cresciuto. E il fatto che avrebbe imparato bene l'inglese non era una ragione abbastanza forte contro questo importante argomento. Una visita in una delle classi della media inferiore della scuola inglese risolse ogni dubbio. Affacciandosi alla classe si vedeva una scena molto diversa da quella tipica di una classe italiana: quattro studenti in piedi ne fronteggiavano altri quattro, anch'essi in piedi. In mezzo l'insegnante seduto su una sedia. Era un dibattito su un tema qualunque. Oggi potrebbe essere, ad esempio: «È accettabile vietare il velo alle studentesse musulmane a scuola?». Quattro studenti dovevano trovare ragioni a favore e quattro quelle contrarie. Poi, dopo quindici minuti di dibattito, le parti si sono invertite. I quattro che erano a favore dovevano argomentare contro e viceversa. L'esperienza di apprendimento era evidente: gli studenti dovevano ascoltare bene le argomentazioni degli altri, costruire un processo logico per trovare gli argomenti giusti ed essere così flessibili nel ragionamento e nella comunicazione da essere in grado di argomentare contro se stessi. Un metodo non molto diverso da quello dei sofisti nell'antica Grecia.

Elena Ugolini, che ha rivoluzionato la didattica del liceo Malpighi di Bologna, conferma come questa nuova cultura si stia lentamente affacciando anche nelle scuole italiane: «Da noi le lezioni di italiano sono basate molto su scrittura e argomentazione scritta e orale e su dibattiti su ciò che si studia. La filosofia si studia non solo come apprendimento teorico, ma anche come spazio alla logica e alla dialettica. L'inglese si studia anche per prepararsi al Sat, che vuol dire saper ragionare in inglese». E anche il modo di insegnare è molto diverso: «Da noi l'insegnamento frontale, con l'insegnante che spiega i testi e gli alunni che prendono appunti, è molto limitato. Spingiamo molto all'interazione e ai dibattiti. Se ci si affaccia nelle nostre classi, si vedono molte mani alzate».

Imparare a fare i dibattiti non serve solo a fare bella figura nei talk show televisivi (in cui peraltro la qualità del dibattito è spesso molto bassa). È un esercizio importante di tre competenze: ascolto (bisogna capire le argomentazioni della controparte per controbattere), analisi distaccata della validità logica di un argomento, indipendentemente dalle proprie convinzioni (per questo si invertono le parti), comunicazione concisa e non erudita (bisogna convincere un pubblico fatto di allievi che si annoiano in fretta, non di insegnanti che mettono un voto alto a chi mostra di sapere più cose possibile). Tre qualità essenziali per comunicare e convincere in un ambiente di lavoro. In un'azienda saper dibattere non serve solo ad aver ragione e fare carriera (il che non guasta, comunque). Aiuta a prendere decisioni migliori. Un capo che sa dibattere sollecita le opinioni dei collaboratori e le critica non sulla base della sua autorità, ma grazie ad argomenti ragionati. Chi chiede un budget per un progetto riesce a metterne in luce gli aspetti positivi. Il dibattito stimola un ambiente non gerarchico e aperto alla discussione. Questa capacità è rara in Italia, nel mondo delle imprese e fuori.

Nelle aule scolastiche italiane le domande sono sporadiche, gli studenti si limitano a prendere appunti e i più ardimentosi fanno una domanda ogni tanto.

Il mondo del lavoro richiede flessibilità e la capacità di convivere con l'ambiguità. E questo ha enormi implicazioni sulla didattica: le aule dove si insegna a convivere con l'ambiguità hanno spesso due relatori sullo stesso tema con punti di vista radicalmente differenti. Gli studenti ascoltano, prendono nota, chiedono chiarimenti e si fanno un'idea propria oppure sanno in che direzione approfondire.

«Capire ciò che non si sa è essenziale per lo sviluppo della scienza» ha detto Roger Kronberg, Nobel per la biochimica e figlio di un Nobel in medicina. Il concetto non è nuovo (il «sapere di non sapere» di Socrate), eppure viene spesso dimenticato. Infatti, come afferma un insegnante finlandese del progetto Oivallus, «molte scuole danno l'impressione che tutto sia già stato inventato e che il mondo sia una ripetizione continua di se stesso».

Concorrenti nella stessa squadra

Questi progetti non servono solo a far uscire i ragazzi dalle classi, a mostrare loro realtà nuove e a far sperimentare approcci cognitivi diversi da quelli che usano di solito, il che è comunque importantissimo. Sono essenziali anche per costruire nuove dinamiche di gruppo. All'interno della classe il rapporto tra studenti e docenti è per lo più individuale. Le dinamiche all'interno della classe generalmente contrappongono il «noi» studenti al «loro» professori, col risultato che i ragazzi interagiscono per fare amicizia, ma poco per imparare assieme. Spesso «cooperare» in classe significa copiare, e «competere» è da secchioni.

Nel mondo del lavoro la chiave è saper lavorare bene con colleghi che sono anche potenziali concorrenti per la carriera in azienda. Nei colloqui di valutazione di gruppo che fanno molte aziende e agenzie interinali, il momento della discussione è essenziale e un candidato – anche laureato o diplomato a pieni voti e molto intelligente – che tende a sovrastare gli altri è visto peggio di uno più tranquillo che pone domande costruttive e fa progredire tutto il gruppo, non solo il suo ego. Ma è anche importante che sappia assumersi dei rischi (idee innovative, sperimentazioni che possono fallire) ed è quindi essenziale che abbia spirito critico. Saper sfidare in maniera intelligente il punto di vista altrui senza offendere nessuno è la chiave per la creatività e il miglioramento del lavoro di squadra, come nell'improvvisazione jazz del progetto Oivallus.

Il lavoro in team dev'essere simultaneamente collaborativo e competitivo, e questo non è facile da insegnare. Alla Johns Hopkins University c'è un detto abbastanza diffuso: «Non è sufficiente dire agli studenti di lavorare assieme. Devono avere una ragione per prendere seriamente ognuno il lavoro dell'altro».

Scorrendo i numerosissimi progetti creativi che le scuole realizzano ci si rende conto di come possa essere diversa la scuola da quella del secolo scorso. Un panorama di stimoli nuovi in cui però è molto difficile orientarsi, soprattutto in Italia, dove le informazioni sono assai frammentarie.

17

Università sì o no? E quale?

> «Le scelte si fanno in pochi secondi
> e si scontano per il tempo restante.»
> PAOLO GIORDANO

Nei capitoli precedenti abbiamo descritto i molti mali che affliggono le nostre università, che sfornano troppi laureati senza reali prospettive, troppo vecchi per il mercato del lavoro e con poca formazione nelle *soft skills* che i datori di lavoro richiedono ai futuri dirigenti. Non stupisce quindi che il «pezzo di carta» sia entrato in crisi presso le famiglie italiane che leggono titoli dei quotidiani del tipo: «Nel mercato italiano la laurea non paga più». E anche i docenti iniziano a sollevare qualche dubbio. Andrea Sironi, rettore della Bocconi, nonostante la sua università vanti un tasso di occupazione del 95 per cento dei laureati, ricorda che «il gap di tasso di occupazione e salari tra laureati e diplomati continua a essere largamente positivo, ma i dati Ocse evidenziano che l'Italia è l'unico Paese dove questo gap si sta riducendo».

Siamo convinti che la laurea in Italia convenga ancora, ma che gli oltre 500.000 giovani che ogni anno terminano le superiori e devono decidere se iscriversi all'università, dove e in che facoltà, prendano molto spesso queste decisioni in modo clamorosamente sbagliato.

Secondo l'indagine E2E, dei cui dati ci siamo già serviti nel capitolo 7, in Italia solo il 28 per cento degli studenti sceglie l'università consultando le statistiche occupazionali, contro il 66 per cento che la sceglie in base a «interessi e inclinazioni personali» e il 58 per cento in base al programma di studio. Le statistiche di Alma Laurea non sono evidentemente molto utilizzate dagli studenti. Anzi, a detta di un docente, «sono più utilizzate dai docenti per fare convegni e dai media per riportare l'ennesima notizia sul declino del "pezzo di carta", che dagli studenti per capire le prospettive occupazionali delle singole università».

Attraverso Alma Laurea, oppure direttamente dai siti delle università (come nel caso del Politecnico di Milano e della Bocconi, che hanno deciso di non fare parte del consorzio Alma Laurea) è possibile recuperare informazioni essenziali sulle prospettive occupazionali dei laureati nelle università italiane, e anche sui loro salari d'ingresso nel mondo del lavoro. Eppure solo uno studente su tre lo fa. È un problema di disinformazione, ma forse anche di scarsa abitudine a prendere decisioni basate sull'analisi di fatti e statistiche, un altro dei problemi di preparazione dei nostri giovani al mondo del lavoro di oggi.

Ora vedremo come si possono orientare in modo più informato queste scelte fondamentali per la vita di un giovane. A partire da quella se iscriversi o meno all'università.

Alla fine l'università conviene

Anche se in misura inferiore rispetto ad altri Paesi, in Italia essere laureati conviene ancora. Sette laureati italiani su dieci trovano lavoro, contro solo cinque-sei diplomati. E gli stipendi continuano a essere più alti, anche se di poco e sempre meno. Essere laureati è comunque un vantaggio che le imprese apprezzano. Un laureato ha sviluppato competenze cognitive e di comunicazione mediamente superiori a quelle di un non laureato, e per le imprese, soprattutto quelle medie e grandi, questo fatto conta.

La laurea è quindi un percorso che migliora i giovani che hanno voglia di crescere e crea opportunità nel tempo. Un giovane laureato, mediamente, avrà più opportunità di un diplomato, anche dopo diversi anni che lavora, e riuscirà a sfruttarle meglio.

Inoltre, nel medio termine, il mondo delle imprese italiane diventerà sempre più interessato ai laureati di quanto non lo sia stato negli ultimi venticinque anni. La crescita dei laureati nel mondo, anche in Paesi con un livello di sviluppo economico decisamente inferiore al nostro, è un fenomeno irreversibile. Per competere, l'Italia dovrà adeguarsi. Anche nel settore dei servizi, meno esposto alla competizione globale, sarà la concorrenza tra italiani a fare la differenza. Le difficoltà occupazionali stanno spingendo molti laureati a impiegarsi in mansioni un tempo ritenute di livello troppo basso, come l'addetto al call center. Ma anche in questi mestieri sono spesso più apprezzati dei diplomati per le loro capacità di interazione e *problem solving*, come ci conferma Amalia Bigatti, responsabile delle risorse umane di Comdata: «Nei call center abbiamo assunto diversi laureati in discipline umanistiche e si sono dimostrati mediamente molto efficaci».

Purtroppo, se è vero che negli ultimi anni abbiamo avuto troppi giovani che sono stati forzati dalle ambizioni delle proprie famiglie a iscriversi all'università anche senza averne le capacità e la motivazione, è vero anche il contrario. Troppi giovani italiani provenienti da famiglie con pochi mezzi hanno rinunciato all'università pur avendo le doti per laurearsi. In molti casi si sono iscritti agli istituti tecnici o professionali e sono entrati subito nel mondo del lavoro, semplicemente perché in famiglia era considerato naturale e i genitori nulla hanno fatto per incoraggiarli a cambiare un destino che sembrava segnato.

Eppure le eccezioni ci sono e dimostrano che un giovane che ha la tenacia, il desiderio e, ovviamente, le capacità intellettuali necessarie, può fare una scelta diversa e dare una svolta alla propria vita.

Giorgio Bassanelli a trentadue anni è capo ispettore del settore frutta, verdura e pesce nell'area vendite di Esselunga, un'azienda nell'azienda che fattura centinaia di milioni e impiega centinaia di persone. Proviene da una famiglia di operai, si è diplomato come perito chimico e poi ha preso la laurea triennale in Agraria alla Statale di Milano. Durante l'università ha sempre lavorato (si è laureato con otto mesi di ritardo per questo motivo): per due anni come venditore per un'agenzia di vendita di libri e per due anni come direttore commerciale di un'azienda con diciotto dipendenti che vendeva acciai inossidabili. Arrivato alla laurea triennale ha valutato la possibilità di prendere quella magistrale, ma ha invece scelto di passare un anno in Australia per imparare l'inglese, fare nuove esperienze e aprirsi la mente. In Australia è sbarcato senza nessun lavoro ma ne ha rimediato uno in tre settimane in un bar-ristorante, dove ha fatto un po' di tutto. Rientrato in Italia è stato poi selezionato nella carriera direttiva di negozio di Esselunga, dove ha iniziato come scaffalista, poi responsabile del magazzino, poi caporeparto dei freschi, poi direttore di negozio, poi ispettore del settore carne e pesce e oggi responsabile di frutta, verdura e pesce, uno dei settori portanti di Esselunga. Bassanelli è definito dai suoi capi uno dei talenti dell'azienda e le sue opportunità di crescere ulteriormente sono illimitate.

Simone Imbolito, anche lui proveniente da una famiglia di operai (padre e madre), si è diplomato in un istituto professionale di Belluno. Dice con umiltà: «Non ero una cima a scuola. Ero bravo in matematica e mi piaceva, ma insufficiente in italiano e in storia, dove bisognava studiare molto, così mi sono convinto che un istituto professionale era la mia strada». Preso il diploma con 99/100, ha proseguito con la carriera prevista per uno come lui, ovvero si è fatto assumere come operaio dall'azienda dove lavoravano suo padre e sua madre. Dopo due anni e mezzo in officina, si è aperta una posizione nell'ufficio tecnico-commerciale e l'azienda ha riconosciuto le sue potenzialità, mettendolo a lavorare sulle offerte per i clienti. Dopo altri due anni e mezzo si è licenziato ed è andato per tre mesi in Inghilterra a imparare l'inglese, mantenendosi con un lavoro in un ristorante. Tornato in Italia, si è iscritto a Ingegneria gestionale a Padova: «Per me il solo fatto di iscrivermi a Ingegneria era un triplo salto mortale». Si è laureato in tre anni, mantenendosi totalmente da solo con un lavoro in pizzeria. Quando ha terminato la laurea triennale, ha deciso di tornare a lavorare, unico del suo corso: «I miei compagni hanno tutti continuato con la magistrale, ma io avevo finito i soldi e avevo comunque già ventisette anni». È stato così assunto da Luxottica per uno stage alla pianificazione di una fabbrica. Dicono di lui i suoi selezionatori: «Ci hanno impressionato la sua forte voglia di mettersi in gioco e la sua umiltà nel cercare in Luxottica un percorso diverso da quello del tradizionale *junior talent*, ma anche la sua ambizione di crescere pur avendo un profilo differente». Dopo pochi mesi gli è stato proposto di gestire un intero reparto di trenta dipendenti.

Questi esempi dimostrano che, in qualche caso, l'università riesce anche in Italia a svolgere il ruolo di ascensore sociale. Ma ci vogliono i giovani giusti. E ci vogliono anche le università giuste.

La laurea serve, ma non basta

Abbiamo visto in precedenza come le università italiane sviluppino poco le *soft skills* nei loro studenti. E questo le aziende italiane lo sanno. Per cui leggono il curriculum di studi dei candidati alla ricerca di indicatori e caratteristiche che coincidono solo in parte con l'identikit del neoassunto ideale (che abbiamo descritto nella seconda parte del libro). Per le altre cose si affidano ai test, ai colloqui, alle esperienze di lavoro, alle esperienze extrascolastiche.

L'etica del lavoro del candidato, che è la qualità più importante, viene giudicata a partire dal suo curriculum universitario attraverso l'incrocio di due domande: quanto si è impegnato negli studi universitari e quanto è probabile che trasferisca lo stesso impegno, responsabilità e passione nel lavoro. La seconda domanda è quella cruciale, ed è la carenza che tantissimi lamentano quando dicono che «l'università è lontana dal mondo delle aziende». Il che non significa che all'università non si insegnino le nozioni tecniche che servono alle aziende, ma che uno studente può essere brillante, appassionato e determinato negli studi ma essere un pesce fuor d'acqua sul lavoro. Questo perché nel lavoro non riesce a individuare le giuste priorità, ha un approccio troppo teorico e tratta con sufficienza i problemi pratici, svolge le sue mansioni estraniandosi dalla realtà dell'organizzazione che lo circonda, che invece impone i suoi tempi, i suoi imprevisti, i suoi vincoli. E, viceversa, studenti pigri e poco motivati all'università possono trovare sul lavoro una spinta diversa e avere successo.

Per individuare le persone giuste, quelle che riusciranno ad avere successo nel lavoro come e più che negli studi, le aziende guardano a due cose nel curriculum universitario di un neolaureato: la serietà del percorso di studi seguito (ovvero la difficoltà della laurea, l'impegno richiesto, i risultati raggiunti e soprattutto con che tempi) e la prossimità della laurea col mondo dell'azienda. Tanto più è vicina, ovvero è una facoltà con un chiaro orientamento al lavoro e un'università con un rapporto consolidato col mondo dell'impresa, tanto più le aziende giudicheranno probabile che il successo negli studi possa diventare successo nel lavoro.

Lo stesso tipo di distanza tra università e mondo del lavoro si registra su altre *soft skills*, come il *problem solving*, dove a volte persone dal curriculum accademico brillante quando si cimentano in azienda falliscono per mancanza di senso pratico o di umiltà nel voler imparare da colleghi più esperti.

Questa capacità di inserirsi nella logica aziendale è l'ostacolo più significativo per un neolaureato ed è tanto più difficile da superare quanto più il neoassunto è avanti negli anni. Quindi aver scelto un percorso di studi che riduca questa difficoltà iniziale è il criterio fondamentale in base al quale le aziende guardano ai diversi indirizzi di laurea.

Due tipi di percorsi

Seguendo il criterio della vicinanza al mondo aziendale, le facoltà e i corsi di laurea possono essere distinti in due gruppi. Il primo gruppo è quello principalmente indirizzato alle imprese. Ne fanno parte le facoltà che sono più o meno direttamente orientate a questo mondo e da cui proviene circa un terzo dei 230.000 giovani che si laureano in un anno in Italia. Sono corsi di laurea come Ingegneria e Informatica (27.000 laureati nel 2013, anno al quale fanno riferimento le statistiche che qui riportiamo) Economia/Statistica (32.000 laureati), ma anche Agraria (5.000 laureati che spesso lavorano nel settore alimentare e della distribuzione, oltre che nelle aziende agricole). Possono essere considerate parte di questo gruppo anche lauree che hanno sbocchi importanti in azienda oltre a carriere nelle professioni, come Scienze delle comunicazioni (per il giornalismo, ma anche per lavorare nel marketing), Psicologia (11.000 laureati, per lavorare nelle risorse umane e nella formazione, oltre che come assistenti sociali).

Queste lauree, al di là del fornire conoscenze tecniche specifiche, che per certi lavori sono importanti (anche se meno di quanto si crede), sono apprezzate dalle aziende soprattutto per un motivo: chi le sceglie dimostra di essere interessato al mondo delle imprese, di prendere decisioni conseguenti sin dalla fine delle superiori e di possedere quindi un buon grado di motivazione al lavoro in azienda. Quando queste caratteristiche si associano a una laurea in un'università impegnativa conseguita in un tempo breve, emerge il profilo di un candidato con una buona dose di etica del lavoro e pragmatismo. Relativamente alle altre *soft skills*, come abbiamo visto, sono pochissime le università italiane che formano davvero i loro laureati, e pertanto anche chi viene da queste facoltà più orientate alle aziende dovrà trovare altri modi, che non siano la laurea, per dimostrare di possederle. Tuttavia, almeno sul piano della motivazione, chi viene da queste facoltà parte col piede giusto con le aziende.

Il secondo gruppo di percorsi universitari comprende le altre lauree, che hanno come destinazione principale mestieri che sono al di fuori del mondo aziendale. Sono le lauree orientate al mondo delle professioni, come autonomi o nel settore pubblico (i 26.000 laureati in Medicina, i 12.500 architetti, i 25.000 laureati in Scienze politiche, i 14.000 laureati in Legge), e quelle orientate al mondo dell'insegnamento e della ricerca (11.800 laureati in Scienze della formazione, 20.000 laureati in Lettere e Filosofia, 14.000 laureati in lingue, 4.300 laureati in educazione fisica, 11.000 biologi, e i 6.600 laureati in materie scientifiche come Fisica e Matematica. A parte qualche eccezione (laureati che hanno lavorato o hanno coltivato per loro conto un interesse verso il mondo delle imprese), questi laureati hanno pochissima dimestichezza con i problemi pratici di un'azienda e chi deve selezionarli spesso dubita fortemente che possano acquisirla. Il loro inserimento nel mondo delle aziende quindi è decisamente più difficile. «Iscriviti a Legge, che ti apre tutte le porte (se non trovi uno studio legale, troverai un'azienda che ti assume)» è uno dei falsi miti più diffusi tra le nostre famiglie.

La scelta tra questi due percorsi è un momento importante. Il 70 per cento dei posti di lavoro è nelle aziende, che preferiscono la prima categoria di laureati, mentre oggi due terzi dei laureati italiani è nella seconda. Sui grandi numeri le garanzie di occupazione sembrano sconsigliare la seconda categoria, a meno di essere sicuri di centrare l'obiettivo della professione, per via di università a numero chiuso (Medicina), il necessario requisito di una forte vocazione, la disponibilità a fare la gavetta a lungo o la capacità di superare concorsi difficili (insegnamento o ricerca, carriera nella magistratura).

Ma se molte lauree in Italia non offrono significative prospettive di lavoro, ciò non è dovuto solo a un eccesso di offerta di laureati in materie umanistiche, ma anche alla povertà della didattica di molte nostre università, che non preparano un laureato triennale in Storia e Filosofia a lavorare nel mondo delle aziende. E se anche nel mondo anglosassone esistono le facoltà del secondo gruppo e anche lì un laureato in Storia (a meno che non abbia studiato a Oxford o a Harvard) avrà qualche difficoltà a inserirsi con efficacia nel mondo del lavoro, le alternative che gli si offrono sono decisamente più varie e allettanti che da noi.

In questi Paesi, come abbiamo già visto, l'acronimo chiave per orientare le scelte dei giovani è oggi Stem (*Science, Technology, Engineering, Mathematics*). La rivoluzione digitale e l'innovazione creano molti posti di lavoro a giovani che hanno queste professionalità. Solo in Europa si stima che nel 2013 ci siano un milione e 300.000 giovani occupati nel mercato delle *app*. Ma in Italia la rivoluzione digitale è in ritardo e la penetrazione dell'*e-commerce* è la più bassa d'Europa (metà della Spagna). Cambierà questa situazione? Sicuramente, ma ci vorrà del tempo. Nel frattempo l'occupazione dei laureati in Scienze e Matematica (due delle cosiddette Stem) rimane bassa.

Questa è la ragione per cui le lauree che in Italia garantiscono la maggior probabilità di occupazione continuano a essere Ingegneria ed Economia, quest'ultima soprattutto nelle università del nord. L'implicazione per il futuro è chiara, anche se un po' triste. Se un giovane diplomato italiano non è interessato a Ingegneria, Economia, Informatica (o Medicina, ma fuori dal mondo aziendale) ma è solo interessato a una facoltà umanistica o ad Architettura, l'unica soluzione è cercare di essere ammesso in un'università d'eccellenza all'estero, dove la didattica e il *brand* dell'ateneo gli garantiranno un posto di lavoro anche nel mondo aziendale.

Se decide di provarci in Italia, allora deve farlo per passione e, se le cose non vanno come previsto, deve essere pronto a cambiare velocemente direzione.

Correggere il tiro rapidamente

Roberto è un giovane siciliano di ventisette anni laureato in Legge alla Luiss di Roma. Voleva studiare Scienze politiche, ma la mamma lo ha spinto a studiare Legge perché «ti aprirà più porte». L'unica porta che gli si è aperta una volta laureato è stata quella di uno studio legale di un conoscente dei genitori in Sicilia, dove ha lavorato per un anno e mezzo. Dopodiché è tornato a Roma e si è trovato un lavoro part-time come istruttore di tennis per bambini (era un ottimo giocatore dilettante) e poi si è iscritto a un master per la gestione sportiva e spera in un posto di lavoro alla Federazione Italiana Tennis (Fit).

Roberto tuttavia era scettico sulle sue possibilità alla Fit, perché «non era abbastanza raccomandato». Eppure l'esperienza come maestro di tennis gli ha insegnato diverse capacità richieste dalle aziende. Per esempio, come adattare il tipo di insegnamento alla personalità di ogni allievo, poiché ci sono quelli più competitivi e quelli più pigri. Poi ha imparato la tecnica del «sandwich», ovvero a partire sempre da un commento positivo: una lode per un bel colpo, poi una critica per un movimento sbagliato, subito seguita da un'altra lode per un altro bel colpo. Ha imparato a fare gioco di squadra con i suoi allievi, anche se il tennis è uno sport individuale. Roberto dovrebbe considerare una carriera nel mondo delle aziende: le agenzie interinali cercano sempre giovani per catene di distribuzione come Decathlon, e comunque le opportunità ci sono, basta cercare su internet e non limitarsi solo a Roma.

Roberto tuttavia è perplesso, non è attratto da un lavoro in negozio, che ritiene davvero troppo poco qualificato per un laureato come lui, e non sa decidersi. Ha ventisette anni e può ancora riconvertirsi, fra tre sarà già troppo tardi

Una bella storia di cambiamento di rotta è quella di Silvia Cafagna, che da Antropologia si è riconvertita a lavorare in un'azienda di telecomunicazioni. Silvia si definisce «sempre appassionata alle diversità, per questo ho fatto il liceo linguistico e sono andata a studiare in Spagna, Germania e Francia. Mi sono iscritta alla Bicocca ad Antropologia e culture orientali, con specializzazione in cinese». Silvia ha preso la laurea triennale a ventun anni, studiando essenzialmente per passione: «Non ho mai capito quei giovani che si iscrivono all'università solo per prendere la laurea, spesso in un'università mediocre». Dopo la triennale ha però deciso di riconvertirsi al mondo delle aziende – «avevo capito che la carriera accademica per gli antropologi non offre prospettive» – e ha preso una laurea magistrale alla Statale di Milano in Comunicazione e marketing. In seguito si è data da fare e, dopo aver mandato una quarantina di curriculum in giro, è entrata in Vodafone, dove sta facendo carriera nel marketing online e nell'*e-commerce*. Silvia non ha perso tempo mentre coltivava la propria passione per l'antropologia, perché ha sempre lavorato mentre studiava: durante il liceo faceva la hostess alla Mondadori, per essere un po' indipendente economicamente e respirare il mondo del lavoro, e poi, durante la laurea, al marketing della Mondadori, con un lavoro su chiamata per la redazione di Mondadori-Electa (settore architettura e design, «ciò che ho imparato ad antropologia mi è servito a poco») e per l'organizzazione di eventi. Non basta. È stata anche selezionata (fra le prime tre su mille ragazzi in Italia) dall'Istituto Italiano della Donazione (affiliato a Sodalitas) e ha lavorato in un'organizzazione che certifica che le donazioni private vengano bene utilizzate: «Ho imparato a dare il giusto peso ai problemi, vedendo tante disgrazie che non immaginavano esistessero al mondo».

Nel caso di Silvia Cafagna la riconversione da una laurea ben poco aziendale all'ingresso in una grande azienda con un incarico di responsabilità ha richiesto di mettere in gioco una combinazione molto ampia di esperienze (piccoli lavori sin da ragazza, volontariato) e caratteristiche personali (passione, intraprendenza, energia). Questi elementi hanno formato in lei un profilo davvero esemplare dal punto di vista delle *soft skills*.

Sono molti i ragazzi che riescono a cambiare rotta. Un giovane laureato in Farmacia, che faticava a fare il farmacista, è diventato informatore medico-scientifico per una grande azienda. Una giovane biologa, dopo aver lavorato in un negozio di abbigliamento, è riuscita a entrare in uno studio biomedico di una catena internazionale che studia terapie contro la calvizie precoce. I casi di riconversioni di successo al lavoro in azienda hanno tutti una caratteristica comune: un cambiamento coraggioso, tipicamente prima dei trent'anni, guidato da una grande spinta a realizzare le proprie passioni approfittando delle opportunità che si presentano.

Marco Massarotto si è laureato in Legge dopo il liceo scientifico a Bassano del Grappa. Come tanti altri ha fatto la scelta di studiare giurisprudenza perché «lascia aperte molte strade». Ha studiato legge con passione, anche se, mano a mano che proseguiva negli studi, aveva sempre meno voglia di fare l'avvocato. L'interesse per la giurisprudenza nasceva infatti dalle cose che studiava e non dai loro sbocchi professionali: «Grazie a un bravissimo professore di diritto romano ho capito che era molto più interessante capire la razionalità e i collegamenti logici della giurisprudenza che imparare a memoria; così lo studio diventava più divertente e anche più facile».

Mentre studiava, Marco si impegnava in attività molto lontane dai testi di diritto, per perseguire quella che era sempre stata la sua vera passione: la comunicazione e le arti visive. Durante l'università ha fatto la comparsa nel cinema, soprattutto a Venezia: «Ho lavorato per una settimana sul set del film *Il paziente inglese* e ho guadagnato tre milioni di lire. Ma soprattutto ho imparato come funziona un'organizzazione con ruoli ben chiari e come si lavora con gli altri». La passione per il cinema era servita a Marco anche per imparare l'inglese, perché dall'età di diciotto anni ha sempre visto film in versione originale, e l'Erasmus gli ha poi permesso di migliorarlo.

Dopo un anno sabbatico a Londra, è tornato in Italia e ha cercato un lavoro nel mondo della comunicazione. Il cinema e la tv non offrivano grandi possibilità e così ha deciso di provare a fare il copywriter in una agenzia di pubblicità. La laurea in Legge non era ideale, le agenzie assumevano per lo più laureati in Economia o Scienze delle comunicazioni, ma Marco ha inviato il curriculum a centoventi agenzie, due gli hanno risposto e una lo ha assunto. Quattro anni come copywriter, molto attivo nell'Art Director Club, e poi l'offerta che aveva sempre sperato: quella di Pirella. E lì ha lavorato per oltre tre anni.

Nel 2000 le agenzie pubblicitarie entrano in crisi a causa della concorrenza del digitale, e nel 2005 Pirella si ristruttura anche in Italia, offrendo incentivi all'esodo. Marco si ritrova così con un piccolo gruzzolo, va negli Stati Uniti, fa qualche lavoretto traducendo la sceneggiatura di serie televisive e poi, nel 2006, decide di entrare nel mondo della pubblicità via internet partendo con i blog. Crea una società, Hagakure, e ha immediatamente la fortuna di avere Fiat come cliente, che voleva sperimentare un blog che commentasse la nascita della Bravo: «È stato un grande successo, in breve sono diventato un'autorità nel mondo dei blog, avendo come clienti agenzie del calibro di Leo Burnett». Hagakure è diventata una delle prime agenzie web specializzate sui social network: prima aveva quindici persone, poi trenta e nel 2011, con l'esplosione della pubblicità sui social network, ottanta. Nel 2013 Marco capisce che per crescere ci vogliono nuove competenze e spalle più larghe, e vende Hagakure al gruppo Dnsee, creando così la più grande agenzia di comunicazione digitale italiana, con oltre duecentoventi professionisti, cinquanta clienti importanti e quasi 20 milioni di euro di ricavi.

Cosa ha permesso a un giovane laureato in Legge di reinventarsi nel mondo della pubblicità con grande successo? Intanto avere studiato con entusiasmo e non per prendere il «pezzo di carta»; poi avere una passione, la comunicazione, che ha interpretato in modo ampio facendo la comparsa su set cinematografici, il copywriter, il web designer e poi scrivendo due libri: «Intendere la comunicazione in chiave poliedrica mi ha permesso di essere flessibile e cogliere le opportunità che comunque mi permettevano di lavorare come freelance, poi come impiegato, manager e alla fine imprenditore».

Purtroppo i casi come quelli di Marco Massarotto e Silvia Cafagna sono rari. Il profilo medio dei laureati in facoltà umanistiche o Legge non promette oggi nulla di buono sulle chance di successo di questi tipi di riconversione. Si laureano mediamente a ventotto anni. Hanno pochissime esperienze di studio all'estero: solo il 7 per cento di loro ha partecipato a programmi internazionali come l'Erasmus (solo 3000 studenti italiani nel 2010 e 2011 lo hanno sfruttato per studiare nel Regno Unito contro 8000 francesi e 9000 tedeschi). Se poi hanno esperienze di lavoro, sono di solito saltuarie, soprattutto in forma di tirocini presso studi professionali, che insegnano poco a lavorare in azienda. Le alternative alla professione, alla ricerca, all'insegnamento (tutti percorsi molto affollati) sembrano essere scarsissime. Sono le ennesime vittime della mentalità del «pezzo di carta», che è dura a morire. La maggioranza di loro farà una vita da precario, a meno di non diventare minimprenditori.

Ma anche per chi ha una laurea tra le più orientate al mondo delle aziende, il successo è garantito solo a una condizione: quella di impegnarsi a entrare nelle migliori università.

Scegliere sempre la migliore università possibile

I dati parlano chiaro. Il tasso di occupazione dei laureati di quelle che sono considerate le università di eccellenza, come il Politecnico di Milano e la Bocconi, raramente scende sotto l'85-90 per cento. Anche gli stipendi sono nettamente più alti. I neolaureati di queste università ricevono più offerte di lavoro e sono apprezzati anche all'estero, dove oltre il 20 per cento va a lavorare. Le multinazionali italiane e straniere privilegiano nettamente i laureati di queste università e spesso non guardano neanche il curriculum di un laureato proveniente da altri atenei, anche con ottimi voti.

Il fattore territoriale, poi, gioca ancora, anche se meno di prima: la Fiat privilegia gli ingegneri meccanici del Politecnico di Torino, Luxottica i bocconiani e gli ingegneri gestionali del Politecnico di Milano, la Coesia gli ingegneri e i laureati in Economia dell'università di Bologna. Le (purtroppo poche) aziende del sud, ovviamente, assumono soprattutto laureati meridionali. Questo vuol dire che i rettori delle università del sud, quando lamentano che i bassi tassi di occupazione delle loro università non sono da attribuirsi alla scarsa qualità accademica, qualche ragione ce l'hanno (anche se a volte è un alibi). Ma ciò non deve distogliere chi sceglie l'università dal fatto innegabile che quelle con le migliori chance di impiego, di fatto, sono al nord.

Perché ormai il mercato del capitale umano universitario è diventato nazionale. Alle *job fair* delle migliori università arrivano ogni anno le principali aziende d'Italia. Al Politecnico di Milano e alla Bocconi ogni anno si presentano quattrocento aziende che cercano neoingegneri e neodottori in Economia. E non si tratta solo di trovare un impiego ben pagato subito dopo la laurea, ma un trampolino per la vita: «Non offriamo un lavoro, ma una prospettiva di carriera» dicono i datori di lavoro che vengono in queste università a contendersi i migliori laureati. Dice Laura Casartelli di Luxottica che «il potenziale di crescita professionale a lungo termine di un laureato di un'università d'eccellenza è molto più alto».

I laureati in un'università d'eccellenza hanno più opportunità per diversi fattori: la selezione, la reputazione dell'università, che rimane sul curriculum e viene considerata importante anche dopo il primo o i primi due lavori, l'abitudine all'impegno, l'etica del lavoro e la fiducia in se stessi di chi ha superato una prova difficile, l'effetto a lungo termine dell'aver iniziato la carriera in una grande azienda e in un percorso spesso destinato ai giovani ad alto potenziale, e infine l'effetto network, che in alcuni casi diventa un vero e proprio club di *alumni* che si aiutano a vicenda a ricollocarsi quando si creano le opportunità.

Il caso più noto è quello della Bocconi, che ha costruito una rete impressionante di amministratori delegati, presidenti di associazioni industriali e bancarie, consiglieri di amministrazione di banche e imprese. Meno noto, ma altrettanto impressionante, è il network di *alumni* del Politecnico di Milano, che è costituito da 130.000 laureati (dei quali 25.000 attivi sul sito web dedicato), tra cui figurano Stefano Pessina, creatore del colosso Alliance Boots, Francesco Caio, attuale amministratore delegato di Poste Italiane, Francesco Starace, attuale amministratore delegato dell'Enel. Iscriversi al gruppo degli *alumni* consente molte cose, tra cui collegarsi con due click con un altro *alumnus*, e può aprire molte porte. Per i laureandi è una fonte preziosa di orientamento (vedono che lavoro fanno quelli che si sono laureati prima di loro) e di contatti per avere consigli e aiuti.

Le università di eccellenza sono all'avanguardia anche nell'attrarre studenti fuori dalla propria regione. Mentre in molte famiglie prevale ancora la cultura del passato che per anni ha privilegiato l'università sotto casa e le lauree facili, la cultura in cui contava il «pezzo di carta» e il suo valore legale, oggi le migliori università hanno un bacino di attrazione davvero nazionale. Il numero di studenti italiani non lombardi che cercano di entrare negli ottimi atenei milanesi è cresciuto moltissimo. Oggi metà degli studenti del Politecnico di Milano e il 70 per cento degli iscritti alla Bocconi non sono lombardi. Alla Bocconi esiste un programma chiamato *Scopri il tuo talento*, che porta ogni anno circa ottocento ragazzi a vivere un'esperienza universitaria di una settimana a Milano già in quarta superiore. Un fattore determinante, anche per la mobilità studentesca, è poi la possibilità di accedere ad agevolazioni e borse per sostenere gli studi. La Bocconi investe ogni anno 22 milioni di euro in un articolato programma di sostegno agli studenti meritevoli, indipendentemente dalla loro condizione economica.

Anche il Politecnico da anni si attiva per andare in giro a cercare i migliori studenti e incoraggiarli a valutare la possibilità di iscriversi: «L'orientamento per noi vuol dire soprattutto informazione, non scoprire le proprie attitudini, come invece lo si intende spesso» dice la dottoressa Pesenti, che da ventitré anni segue l'orientamento al Politecnico di Milano. «In altre università l'orientamento è concepito come un servizio fornito da esperti psicologi che aiutano (o credono di aiutare) il giovane a capire per cosa sia portato, per noi è principalmente costituito dal dare informazioni sul corso di studi e gli sbocchi professionali.»

Il team del Politecnico di Milano conosce le migliori scuole d'Italia perché ha un database dei licei e istituti da cui provengono gli iscritti degli ultimi anni, e ogni anno contatta le scuole per invitare i migliori studenti ai loro *open day*. «La scelta dell'università viene spesso presa troppo tardi, oltre che con poche informazioni» sostiene la dottoressa Pesenti. «Noi da anni stiamo incoraggiando a fare il test di ammissione non all'ultimo momento, a settembre, ma mesi prima, e offriamo tre o quattro possibilità al mese di fare il test, da febbraio a luglio, e possono farlo anche gli studenti del quarto anno di liceo, così, se non va bene, hanno tempo di prepararsi e riprovare. Il numero di studenti che passano il test al quarto anno sta crescendo in modo vertiginoso.» Il Politecnico offre anche due settimane di *summer school* per prepararsi al test di ingresso e la possibilità di farlo via internet da una altra città.

Ma in Italia non ci sono solo i politecnici e la Bocconi. Ci sono altre ottime università, purtroppo quasi sempre nel centro-nord, come Ca' Foscari, Padova, Trento, Bologna, e a Milano la Cattolica, la Statale e la Bicocca. Sono sicuramente note ai datori di lavoro più attivi nell'assumere neolaureati e alle agenzie interinali che sono alla ricerca di giovani futuri dirigenti per i loro clienti, spesso aziende medie che iniziano a riconoscere il valore della laurea in una buona università.

Le buone università in Italia ci sono e, anche se lo Stato è incapace di valutarle, il mercato (e cioè gli studenti e le aziende) inizia a farlo. Secondo le statistiche di occupazione di Alma Laurea, sono spesso quelle a numero chiuso. Ma mentre molti politici, docenti e sindacati continuano a tuonare contro il numero chiuso e i test d'ingresso che «cancellano il diritto allo studio», molti studenti hanno capito che comunque, se si vuole entrare in una buona università, i test bisogna passarli. E la selezione, che pure oggi agli italiani appare severa, se guardiamo cosa succede all'estero non potrà che aumentare. Perché crescerà la concorrenza. Si sta sviluppando così la domanda di corsi specifici per i test di ogni facoltà e, secondo una indagine Doxa, l'84 per cento degli studenti ammessi a Medicina si è preparato con l'uso dei test. E anche le università danno modo agli studenti di prepararsi (per esempio, il Politecnico di Milano organizza corsi via web di matematica e fisica).

Il numero degli studenti più bravi o più ambiziosi che prendono in considerazione le migliori università e che si muovono in tutta Italia alla ricerca di opportunità sta crescendo. Si tratta di un cambiamento limitato a una minoranza (il famoso 28 per cento) e ancora troppo lento, soprattutto se si considera cosa succede nel resto del mondo. Ma il numero di studenti che oggi riesce a iscriversi alla Bocconi è un terzo di quelli che fanno domanda e al Politecnico di Milano i numeri sono simili. Una selezione piuttosto dura, dunque. Ma l'ammissione in università di eccellenza come il Mit e Harvard è molto più selettiva: per ogni studente accettato ce ne sono oltre venti che hanno fatto domanda e non sono entrati. I giovani americani, cinesi, finlandesi, turchi, polacchi che vogliono cercare di accedere alle Ivy League, alle Oxbridge, all'Imperial College (e alla laurea magistrale del Politecnico di Milano e della Bocconi) si danno moltissimo da fare. Assumono consulenti per aiutarli a preparare le domande di ammissione. Mandano il curriculum a destra e a manca. Chiedono raccomandazioni (non all'italiana, ma all'americana: qualcuno che li conosce bene si prende la responsabilità di scrivere una lettera di presentazione), senza il pudore di disturbare persone di successo con cui hanno lavorato. Seguono corsi per prepararsi ai test.

Ma se è vero che nell'ultimo quarto di secolo è molto aumentata la sensibilità di studenti e genitori italiani nei confronti delle opportunità offerte dalle migliori università, esiste ancora un enorme numero di giovani diplomati italiani che fanno queste scelte senza la minima comprensione dei rischi e delle opportunità che queste comportano e che investono pochissimo per cercare di accedere a un'università migliore di un'altra.

Laurearsi in fretta è meglio che avere voti alti

Dopo aver scelto l'università, le decisioni importanti continuano, anche se appaiono meno evidenti. È abbastanza noto che studiare con impegno è fondamentale, soprattutto se si è scelta un'università difficile. Ma l'impegno dei ragazzi troppo spesso si rivolge all'obiettivo sbagliato. Il voto. Infatti, mentre l'età media in cui ci si laurea è troppo alta e più della metà degli studenti è fuori corso, il voto medio è quasi sempre superiore ai 100 su 110.

I datori di lavoro con cui abbiamo parlato ci hanno detto chiaramente che un giovane che si laurea con 90 nei tempi previsti è visto molto meglio di un 110 e lode fuori corso. E lo hanno confermato tutti i sondaggi, dove aver conseguito la laurea o il diploma in tempi rapidi è valorizzato mediamente il 50 per cento in più del punteggio di laurea o di diploma. Eppure molti genitori e studenti non capiscono che i giovani laureati che si presentano tardi sul mercato del lavoro, senza esperienze di lavoro e di vita, danno un segnale veramente pessimo. E ciò per diverse ragioni. Innanzitutto il datore di lavoro può ricavare l'impressione che il ragazzo abbia meno voglia di lavorare che di continuare a studiare, stando a casa da mamma e papà (è un sospetto «bamboccione»). Secondo, può pensare che il giovane non capisca l'importanza che ha nel mondo del lavoro rispettare le scadenze. Terzo, che abbia un approccio nei confronti degli impegni personali e professionali troppo rigido: preferisce fare il massimo per un obiettivo (il voto) e fallirne totalmente un altro (i tempi), invece di cercare la giusta mediazione tra entrambi. Quarto, studia per il voto più che per la sua crescita professionale.

Per un laureato il danno di un ritardo in un'università di eccellenza riguarda per lo più la perdita delle opportunità che gli offrirebbe un ingresso tempestivo sul mercato del lavoro, non il rischio di essere disoccupato. Ma per un laureato in facoltà di scarso interesse per le aziende o in università mediocri, il rischio del ritardo è la precarietà a vita, perché si perdono anni preziosi per riconvertirsi al mondo delle imprese. Un ventottenne laureato in Scienze politiche con 100 e lode in una mediocre università ha meno probabilità di trovare lavoro in un'azienda di un ventiduenne laureato con 90 e con sei anni di esperienze rilevanti, magari all'estero, anche se saltuarie. Ma molti giovani (e genitori) non lo capiscono e si intestardiscono a prendere il 30 e «non rovinarsi la media». Altri si «parcheggiano» all'università, vivacchiando e facendo qualche lavoretto qua e là.

Andrea Sironi, rettore della Bocconi, ammette sconsolato che purtroppo l'abitudine a perdere tempo continua, nonostante molti docenti cerchino di scoraggiarla: «Abbiamo perfino eliminato la possibilità di rifiutare il voto di esame, ma la mentalità è purtroppo così radicata che è difficile da combattere».

Gli studenti italiani pensano che il loro 110 e lode possa segnalare ai datori di lavoro le loro capacità e il loro impegno, come fanno le *high distinctions* e le *deans' lists* delle migliori università del mondo. Ma si illudono. Come abbiamo visto, a Harvard, Mit, Oxford, Insead, non si può andare fuori corso: trascorso il triennio/quadriennio o il quinquennio del master ci si deve laureare e basta. Non esiste l'opzione di prendere più tempo per ottenere un voto migliore. Gli studenti che hanno meritato i voti migliori lo hanno fatto nello stesso tempo degli altri e sono quindi chiaramente più bravi.

Il nostro sistema non spinge a laurearsi in fretta anche perché mancano gli incentivi economici: agli studenti e alle famiglie l'università costa poco (se non in termini di mancato reddito da lavoro) e gli atenei ricevono i loro fondi indipendentemente dal numero dei fuori corso.

Ma, lo ripetiamo, laurearsi in fretta è meglio che laurearsi con 100 e lode fuori corso. È giunto il momento che se ne accorgano anche gli studenti italiani. Devono capire che il tempo non è gratis.

18

Studio e lavoro, perché e come

«L'esperienza è l'insegnante più difficile.
Prima ti fa l'esame, poi ti spiega la lezione.»
ANONIMO

La combinazione di una buona istruzione e una seria esperienza di lavoro durante gli studi è molto interessante per i datori di lavoro. Eppure da noi questo avviene molto meno che all'estero. Nel personale di ristoranti e alberghi si notano solo capelli bianchi e non giovani studenti. Sono ancora pochi i ragazzi che, anche se stanno crescendo, cercano una paghetta guadagnata e non regalata, e all'università in pochi lavorano durante le pause estive. È vero che da noi non esiste l'apprendistato alla tedesca e le università non sono organizzate, ma c'è anche un serio problema di mentalità. La cultura del «prima si studia e poi si lavora» non incoraggia i giovani a darsi da fare. Eppure quando si studia e si lavora i risultati sono molto positivi. Come ci testimoniano le storie di tanti ragazzi.

Lavorare studiando è possibile

Ci sono giovani che hanno sempre cercato di lavorare durante gli studi. Anche mentre frequentavano le scuole superiori. E molti hanno poi avuto successo nel lavoro.

Il *summer job* presso un'azienda può essere una esperienza apparentemente poco formativa, perché molti giovani si trovano a fare fotocopie o a svolgere lavori di segreteria. Ma, alla fine, questi ragazzi che si annoiano e credono di non avere imparato nulla ne hanno comunque tratto due vantaggi: innanzitutto avranno respirato l'aria che tira in un'azienda e poi, soprattutto se avranno cercato di interagire con i colleghi e di darsi un po' da fare, avranno capito qualcosa dell'organizzazione del lavoro, della gestione delle priorità, del modo con cui si comunica con i colleghi e con il capo. E avranno infine un'esperienza da valorizzare nel curriculum.

I giovani italiani che fanno dei *summer job* sono molti meno dei loro coetanei europei. Sono la metà che nel Regno Unito (35 per cento contro 60 per cento durante l'università) e i numeri negli Usa non sono diversi.

Le *internship* in Italia non sono facili da trovare, perché le aziende non sono abituate a offrire stage durante gli studi (se vogliono uno stagista ne trovano tantissimi già laureati e pronti a prolungare, se richiesto, la loro esperienza senza il vincolo di dover tornare a studiare) e le università non sono abbastanza organizzate. Alcuni atenei sono più avanti degli altri nell'offrire opportunità di lavoro per i loro studenti e così pure le scuole, soprattutto alcuni istituti tecnici e professionali. Per Giovanni Azzone rettore del Politecnico di Milano «rafforzare il programma di *internship* è una nostra priorità, i nostri laureati trovano già quasi tutti lavoro, ma ci rendiamo conto che le *internship* creeranno per loro ancora più opportunità professionali». Anche in Bocconi gli stage sono una priorità: sono obbligatori per la laurea magistrale e fortemente consigliati per quella triennale: 4.200 stage ogni anno, di cui il 30 per cento all'estero.

E comunque, internet viene sempre in aiuto dei giovani più volenterosi che non hanno il supporto di università organizzate nel trovare loro il lavoro in una azienda. EuropeInternships.com e Globalplacement.com sono siti che da anni ormai aiutano gli studenti di tutto il mondo a trovare opportunità di lavoro (Globalplacement.com vanta di aver trovato 350.000 *internship* dalla sua fondazione). Le opportunità non mancano, anche se non è facile essere selezionati e la sola conoscenza dell'inglese non è sufficiente. Bisogna dimostrare di avere una certa dose di iniziativa, sapersela cavare in situazioni nuove o avere un minimo di esperienza nel settore, anche solo con lavori molto semplici. Prima di cercare il lavoretto saltuario nello studio legale del padre o fare il portiere di notte in un albergo (comunque utili in assenza d'altro), conviene sempre cercare tra le aziende, più apprezzate dai selezionatori.

Per andare all'estero, soprattutto, è fondamentale darsi da fare, cercare l'intermediario giusto, procurarsi il visto se necessario, insomma organizzarsi prima. Tanti, invece, vanno senza preparazione e sperano di trovare qualcosa in loco. Alcuni, più intraprendenti o fortunati, mettono a frutto anche questo momento di ricerca e riescono a farne un proprio punto di forza. Altri, purtroppo, perdono tempo e non fanno un'esperienza così interessante come potrebbero. Sempre meglio che restare a casa con la mamma, naturalmente, ma è un po' un'occasione sprecata.

Lo ha testimoniato, tra gli altri, su «Solferino 28», un blog del «Corriere della Sera», Giada Martini, a Londra dal 2010 e creatrice lei stessa di un blog per ragazzi italiani a Londra. Giada conosce bene l'impreparazione di tanti connazionali che arrivano e le scrivono. «Il mito dell'italiano che impara l'inglese facendo il cameriere è duro da sconfiggere. Ma come te lo dice il capo "lava 'sti piatti"? A disegnini?» E poi «non bisogna trascurare i social network. Non hai LinkedIn e magari su Facebook hai le foto in vacanza a Ibiza? Difficile che ti assumano».

La ricerca di lavoro in una città come Londra, peraltro, insegna molto anche su come muoversi verso le aziende più qualificate in Italia, perché il sistema inglese adotta dei criteri di selezione molto severi anche per i lavori più brevi e più semplici. Continua Giada: «Il sistema di selezione all'estero è molto diverso dal nostro. Per questo noi spesso non veniamo presi. Gli errori più comuni dei curriculum italiani? Dare troppo peso all'istruzione e poco alle *skills*: le capacità relazionali, ad esempio, o la conoscenza di temi specifici, vanno segnalati. E poi una certa approssimazione: il più grosso problema degli italiani in cerca di fortuna all'estero è che si vive di leggende metropolitane, c'è questo immaginario anni Settanta del lavapiatti sgrammaticato che diventa un *self-made man*. Non è così. Molto dipende da te, da come ti adatti, dal tuo carattere. E soprattutto da quanto hai le idee chiare e sai quello che vuoi fare. Devi pensare una cosa: cameriere o manager, qui arrivano in mille da tutto il mondo per fare quello che vuoi fare tu. La concorrenza è enorme: e qui sta la chance, se la sai cogliere. Il tuo carattere si forgia, impari a farti valere e a far vedere che vali. Però è dura».

Internship, summer jobs anche di basso profilo all'estero, lavoretti in azienda, alla fine qualunque cosa è meglio che presentarsi a ventisei anni in un'azienda senza avere mai avuto a che fare con altre persone che lavorano e senza aver avuto responsabilità diverse dal fare i compiti a casa e studiare per gli esami.

C'è però una altra possibilità per prepararsi al mondo del lavoro durante gli studi, poco sfruttata dai giovani italiani.

Il volontariato: non solo per fare del bene

Il volontariato può essere estremamente utile, ma anche in questo caso con una distinzione tra lavori che insegnano a muoversi nelle organizzazioni no profit più serie e impegnano le capacità della persona in contesti difficili dal punto di vista organizzativo e quelli che richiedono solo buon cuore e impegno personale.

A ragazzi intraprendenti e capaci le organizzazioni di volontariato offrono spesso incarichi con responsabilità da manager senza richiedere esperienze lavorative pregresse e sono perciò davvero molto utili per entrare e crescere nel mondo aziendale. Assistere gli anziani nel proprio quartiere è certamente nobile e testimonia un forte senso dell'etica e dell'impegno (e molte aziende lo apprezzano), ma non è molto utile sul piano della crescita delle proprie capacità di inserimento in un'organizzazione.

L'anno di stage presso l'Istituto Italiano della Donazione ha rappresentato un'ottima esperienza formativa per Silvia Cafagna, come abbiamo visto. L'ha messa in contatto con il mondo delle aziende quando ha dovuto organizzare la conferenza annuale della Donazione con Assolombarda. Le ha fatto fare esperienza con processi non molto diversi da quelli aziendali quando doveva certificare l'utilizzo delle donazioni con una vera e propria certificazione di qualità, non dissimile da quella che si utilizza nelle imprese per molti prodotti e servizi. E infine le ha insegnato «a dare il giusto peso ai problemi», qualità essenziale per interagire in organizzazioni complesse.

Il volontariato può essere quindi un'ottima palestra per sviluppare le *soft skills*. Se fatto in modo serio e per un periodo di tempo significativo, contribuisce allo sviluppo di diverse competenze: quelle relazionali, perché spesso ci si confronta con realtà diverse dalla propria e in molti casi difficili, dove sono fondamentali la disponibilità, l'ascolto e la capacità di entrare in relazione con delicatezza, rispetto e umiltà, e quelle di creatività, *problem solving*, flessibilità e autonomia. Le associazioni non sono sempre così organizzate e spesso sta all'ingegno e all'iniziativa del singolo trovare il modo giusto per risolvere nel modo migliore gli imprevisti.

Ma non si tratta solo di imparare le *soft skills* più utilizzate in azienda. Ci sono altre qualità che si sviluppano e che arricchiscono la personalità, anche agli occhi dei datori di lavoro. Caratteristiche come la generosità, la capacità di perseguire l'obiettivo anche a costo di un sacrificio personale, di valorizzare le diversità, di vedere la bellezza, l'unicità e il valore dell'altro indipendentemente dalla sua apparenza, dal suo status sociale e dai suoi limiti.

Beatrice Landi è una giovane che lavora in Luxottica, con una esperienza di volontariato da scout, dai sette ai diciotto anni. Diventata «capo squadriglia» ha gestito un team di ragazzi di diverse età, che una volta alla settimana visitava una casa di riposo per anziani o persone disagiate. Ciò che Beatrice considera formativo della sua esperienza non è solo il fatto di avere avuto da giovanissima un'esperienza di leadership. Dice che per lei è stato essenziale «imparare ad andare oltre la prima apparenza e i pregiudizi, essere disponibile a metterli in discussione per guadagnare una visione più ampia della persona che mi stava davanti e approfondire il rapporto con lei».

Questo tipo di empatia è alla base di molte *soft skills* che abbiamo descritto. Interagire con altre persone in azienda non è facile, spesso non si capisce bene perché fanno o dicono cose che a noi sembrano strane o sbagliate. Viene la tentazione di imporre il proprio punto di vista (se si è il loro capo) o di lasciare perdere (se si tratta di un collega). Ma chi ha una lunga esperienza di leadership nel mondo delle aziende sviluppa queste doti di empatia genuina per necessità: sa che senza l'aiuto degli altri non avrà successo. E per un giovane di ventitré-ventiquattro anni il volontariato è un'ottima occasione per costruirsi questa capacità. Vale anche la pena notare che all'estero il volontariato sta diventando sempre più una vera professione e che i giovani che hanno dimostrato una particolare sensibilità al tema, alla fine ne hanno tratto un vantaggio.

Le opportunità di fare esperienze estremamente formative nel volontariato, anche all'estero, ci sono e sono tante. E pure in questo caso internet è uno strumento potentissimo. Ci sono le vacanze-lavoro organizzate da network mondiali che mandano migliaia di giovani in campi di lavoro in tutti gli angoli del pianeta. I progetti sono di ogni tipo: costruire una scuola in Estonia, tutelare il patrimonio culturale in Turchia, partecipare alle squadre di soccorso per un'alluvione in Serbia.

Il volontariato è una straordinaria opportunità per un

giovane studente di vivere esperienze formative intense che lo aiuteranno enormemente nel mondo del lavoro e nella vita. C'è però una categoria di giovani studenti che non ha bisogno di esperienze di lavoro, perché lavora già. E non sanno se convenga riprendere o continuare gli studi.

Chi lavora deve continuare a studiare?

Ci sono giovani che dalla fine delle superiori hanno sempre lavorato. Di solito lo fanno perché ne hanno bisogno per mantenersi o perché hanno trovato un buon lavoro e vogliono tenerselo. Alcuni di loro, mentre lavorano, decidono di studiare per aumentare le proprie opportunità di sviluppo professionale. Spesso provengono da famiglie di reddito basso, oppure i loro genitori hanno iniziato a lavorare presto e quindi ritengono normale cercarsi un impiego dopo le superiori. In alcuni casi sono ragazzi che vengono indirizzati all'istituto tecnico o professionale e poi al lavoro sulla base del background familiare, ma che poi decidono di fare l'università.

Le storie individuali possono essere diverse. Può esserci il caso di un giovane che lavora e fa studi serali o lavora part-time, come Giorgio Bassanelli, che aveva contratti di lavoro flessibili da venti ore la settimana. O come Simone Imbolito, che ha lavorato per poter mettere da parte abbastanza denaro per prendere la laurea triennale. Il caso di Silvia Cafagna ci insegna quanto una buona esperienza di lavoro durante gli studi possa essere determinante per riconvertirsi a un percorso di carriera di tipo aziendale.

Questi casi sono comunque rari in Italia. Gli studenti universitari che lavorano più di cinque ore alla settimana, e che quindi sono quelli che non fanno solo lavori estivi o volontariato, in Italia sono il 18 per cento, la metà che nel Regno Unito. E un buon numero di loro non si laurea, perché In Italia un giovane che ha un lavoro serio trova grandi difficoltà a fare studi impegnativi.

Dietro questo comportamento c'è ancora un problema di mentalità. Come abbiamo visto, lo studio universitario, in Italia, è percepito come un elemento di prestigio più che come un vero ascensore sociale che offre consistenti vantaggi reali. La mentalità dei genitori, che spinge all'università figli anche non all'altezza perché *devono* prendere il «pezzo di carta», coesiste con una percezione molto bassa del valore economico della laurea. Questa visione del titolo di studio come una specie di titolo nobiliare (infatti da noi si chiamano tutti «dottore», mentre all'estero lo sono solo i medici e i dottori di ricerca) scoraggia la spinta di chi già lavora nel continuare gli studi. Chi ha voglia di migliorare il suo status economico si darà da fare lavorando di più e facendo gli straordinari, mettendo da parte i soldi per avviare un'attività imprenditoriale o comprarsi la casa, ingrossando le fila di una classe industriosa fatta di milioni di partite Iva e di famiglie quasi tutte con una casa di proprietà. Nella mentalità italiana, a chi vuole farsi da sé serve lavorare, non laurearsi. E non aiuta il modello di tanti imprenditori italiani non laureati.

Ma questo è un grave errore. Perché un giovane che riesce a continuare gli studi in una buona università, pur lavorando o avendo lavorato, è molto apprezzato dalle imprese, soprattutto perché dimostra un forte desiderio di migliorare il proprio futuro, che è alla base della vera etica del lavoro. Ma non si accettano sconti: lo studio deve essere una cosa seria e bisogna laurearsi il prima possibile. Una laurea in Storia dell'arte presa a trent'anni serve a poco. Dice Claudia Bertoli: «Anche se apprezziamo questi casi di ragazzi che tentano di arricchire il proprio curriculum con lo studio, dobbiamo spesso riportarli alla realtà e deluderli». È quindi importante conseguire una laurea con dirette applicazioni nel mondo delle imprese e idealmente qualche attinenza con i nuovi lavori di oggi.

19

Trovare il lavoro giusto

> «Il lavoro non mi piace. Non piace a nessuno,
> ma a me piace quello che c'è nel lavoro:
> la possibilità di trovare se stessi.»
>
> JOSEPH CONRAD

Se la scuola non insegna ai giovani le competenze cognitive e le *soft skills* richieste dalle aziende e se queste non vengono neppure acquisite con esperienze di lavoro durante gli studi, non c'è da stupirsi che i ragazzi si presentino impreparati al momento della verità del loro percorso formativo: la ricerca del posto di lavoro.

Ci sono giovani che avrebbero molte opportunità, perché si sono diplomati in buone scuole o laureati in buone università, e però non le sfruttano. Ce ne sono altri, con titoli di studio meno brillanti o percorsi formativi meno attraenti per le aziende, che potrebbero comunque ambire a una carriera di successo completando la propria formazione con esperienze di lavoro adatte, ma limitano le proprie possibilità di sviluppo futuro perché non accettano di partire dal basso, riconvertirsi o emigrare. Altri infine, con una formazione debole o di scarsissimo interesse per le aziende, hanno davvero poche chance e, invece di cercare di reinventarsi il proprio futuro, si aggiungono ogni giorno alla lista di quelli che vi hanno rinunciato.

Eppure, anche in un mercato del lavoro difficilissimo e in crisi come quello che c'è oggi in Italia, ciascuna di queste categorie ha molte più opportunità di quanto si crede. È però necessario vincere alcuni gravi handicap di mentalità che condizionano pesantemente i comportamenti dei giovani nella ricerca di lavoro, come li hanno condizionati nella scelta delle scuole e nella (non) alternanza tra scuola e lavoro. Cercheremo ora di dare qualche suggerimento per affrontare la ricerca del lavoro superando questi pregiudizi.

Non un mestiere, ma una passione

«Molti miei coetanei che studiavano con me non dimostravano alcun interesse né per quello che studiavano né per altro, studiavano per prendere il diploma o la laurea, senza nessuna passione, e si stupivano che poi alla fine restassero sottoccupati o disoccupati» dice Silvia Cafagna.

Molti selezionatori di giovani con cui abbiamo parlato hanno espresso un parere che possiamo sintetizzare così: «Durante le superiori o al più tardi durante l'università è essenziale che il giovane inizi a raggiungere un'autoconsapevolezza che gli permetta di capire in quale contesto lavorativo darà il meglio di sé. Studiare con passione serve appunto a questo». Senza passione, quindi, non nascerà mai lo spirito di sacrificio e l'etica del lavoro tanto richiesti dalle aziende.

Tutti i giovani di successo con cui abbiamo parlato hanno dimostrato di avere una cosa in comune: grande entusiasmo e voglia di provare nuove esperienze, mettersi in gioco, testare i propri limiti, muoversi fuori dal proprio contesto abituale e cercare continuamente la propria strada con una determinazione da adulti. Questa passione si traduce in un livello di energia che si percepisce nei primi cinque minuti di conversazione e che viene apprezzata istantaneamente dai bravi selezionatori nei colloqui di assunzione. «Perché ti interessa questo posto di lavoro?» è una domanda apparentemente banale, a cui però troppi giovani rispondono in maniera incerta, senza idee chiare e proiettando un'immagine confusa e insicura di sé.

L'entusiasmo, la cosiddetta personalità di un candidato,

si misura non da cosa ha fatto, ma da come lo ha fatto e come lo racconta. Alla domanda: «Quali sono i tuoi punti di debolezza?» è impressionante vedere quanto differenti siano le risposte tra i giovani. C'è chi è in grado di descrivere benissimo i propri difetti e addirittura volgerli in positivo, dimostrando di aver capito a fondo le qualità richieste dal lavoro per il quale viene interpellato: «Credo comunque che nella vostra azienda potrei dare il meglio di me e che i miei punti di forza abbiano un peso maggiore dei miei difetti nel contesto di questo lavoro, e comunque ho sentito che fate molto per aiutare i giovani a colmare le proprie lacune». C'è chi invece balbetta: «Non me ne viene in mente nessuno».

Conoscersi a vent'anni non è facile, ma è possibile. Non si tratta di sapere cosa si vuole fare per i prossimi trent'anni, ma di avere chiaro per cosa si prova entusiasmo in quella fase della propria vita, sapendo che in futuro potrà cambiare. E avere il coraggio e la determinazione di seguire quello che si ritiene più giusto per sé in quel momento. La mancanza di entusiasmo e di chiarezza su se stessi è la causa principale della perdita di opportunità di molti giovani, che pure hanno studiato in una ottima università e non avrebbero problemi a trovare un lavoro.

Il limite di questi ragazzi è che hanno spesso un approccio troppo miope alla ricerca dell'azienda giusta, perché trovano un lavoro, ma probabilmente potrebbero trovarne uno migliore. E questo riduce le loro opportunità non solo nell'immediato ma anche nel medio-lungo termine, perché riduce lo slancio della loro crescita professionale.

Come evitare questo rischio? Iniziando con il non porsi preclusioni sul settore in cui lavorare.

Non tutti gli ingegneri costruiscono

In molti anni abbiamo incontrato centinaia di giovani di successo la cui professione non aveva nulla a che vedere con ciò che avevano studiato. Ingegneri che non avevano mai costruito né progettato nulla. Filosofi e letterati che avevano fatto carriera nella direzione delle risorse umane. Laureati in Lingue che non usavano le lingue straniere. Storici dell'arte che non avevano mai lavorato in un museo. Perfino medici che non avevano mai curato un malato.

Eppure molti giovani italiani tendono a cercare lavoro solo in aziende che operano in settori che ritengono affini alla propria formazione. E così perdono le opportunità di trovare lavori migliori. Dice Claudia Bertoli di Adecco: «Facciamo di tutto per spiegare ai ragazzi delle scuole che quello che hanno studiato è solo uno dei criteri che deve guidare la ricerca del lavoro, che bisogna pensare a esperienze diverse. Ci scontriamo però contro un'alleanza fortissima tra la scuola e la famiglia, che invece spingono i ragazzi a scegliere un settore che ritengono più vicino alle loro conoscenze tecniche e così sottraggono loro molte opportunità».

Sara Pessina è un giovane ingegnere biomedicale che lavora nell'informatica per la finanza di Luxottica. Quando si è laureata, gli ingegneri con la sua formazione ricevevano diverse offerte di lavoro da aziende di tecnologia biomedicale, così Sara iniziò a mandare curriculum e a fare colloqui con le aziende specializzate. Nel frattempo le si presentò l'opportunità di iniziare uno stage in Luxottica e questa esperienza le fece scoprire un mondo completamente diverso: «Ho visto l'opportunità di imparare cose nuove, di valorizzare la mia competenza nel risolvere problemi nel dipartimento di informatica in cui facevo lo stage, lavorando in team coi colleghi dell'informatica e della finanza, persone totalmente diverse da me per formazione, in un settore completamente nuovo». Nel frattempo le arrivò anche un'offerta di lavoro nel settore biomedicale, ma non l'accettò. Preferì rinunciare all'opportunità di un posto fisso e corse il rischio di proseguire lo stage in Luxottica, scegliendo l'azienda giusta e non il settore per cui aveva studiato: «Ho intuito che era una grande opportunità in un'azienda che valorizzava le mie qualità e nella quale c'era un clima di lavoro entusiasmante, e oggi sono felice di averla colta». Ma come capire qual è l'azienda ideale per cui cercare di lavorare?

I voti alle aziende

Aziende multinazionali come Google e Luxottica, leader nei loro settori e all'avanguardia nell'innovazione, ricevono ogni anno milioni di curriculum da giovani che vorrebbero lavorare per loro. Quelli fortunati e bravi, che riescono a essere selezionati, sono pochissimi. Ma per fortuna le opportunità non ci sono solo nelle grandi multinazionali: in Italia ci sono molte aziende, meno note al grande pubblico, che aspirano a creare quello che Daniela Polito definisce un forte *employer brand*, un'immagine di azienda che promette ai potenziali dipendenti un buon lavoro, con possibilità di crescita professionale.

Great Place to Work («un bellissimo posto in cui lavorare») è un'organizzazione mondiale guidata in Italia da Alessandro Zollo, che pubblica ogni anno una classifica delle aziende in cui «è bellissimo lavorare». Come fa Great Place to Work (Gptw) a stilare questa classifica? Con un questionario di sessanta domande a cui devono rispondere tutti i lavoratori dell'azienda, dall'operaio ai dirigenti. Queste domande riguardano per lo più il clima aziendale: il personale si sente valorizzato? È contento del rapporto con i colleghi? Le promozioni sono meritocratiche? Ci si può fidare dei capi? Eccetera. Gptw elabora poi una classifica delle grandi e una delle piccole aziende in cui i dipendenti sono più soddisfatti. Quest'anno il vincitore della classifica delle grandi aziende che operano in Italia è Microsoft, e quelle che hanno avuto i migliori risultati sono tredici (nessuna italiana, tutte multinazionali). Il vincitore della classifica delle aziende con meno di cinquecento dipendenti è Cisco. La prima realtà italiana in questo gruppo è la Loccioni, che produce nelle Marche sistemi di misura e controllo della qualità dei prodotti e dei processi industriali.

Chi partecipa a Gptw è spesso un'azienda che vuole rafforzare il proprio *employer brand*, oltre a sfruttare il questionario per avere un raffronto tra i propri risultati e quelli dei migliori. Ma per un giovane che sta valutando diverse opportunità di lavoro, queste sono indicazioni preziose, perché danno informazioni importanti sul clima aziendale e sulle probabilità di essere valorizzato appieno. La sola partecipazione al programma è un buon indizio, perché indica che l'azienda si pone il problema della sua reputazione presso i dipendenti.

Gptw e le organizzazioni simili sono solo una delle tante opportunità che i giovani hanno oggi per capire meglio le aziende per cui lavorare. Possono parlare con ex studenti che sono andati a lavorare nelle aziende. Possono chiedere ad amici dei genitori che ci lavorano. Possono cercare su internet (molte imprese mettono sul sito i profili Facebook dei loro dirigenti). Possono leggere la stampa e tenersi informati sulle aziende che sembrano muoversi più di altre.

Eppure pochi si danno da fare per saperne di più. E commettono così un grave errore, perché moltissime imprese italiane non sono proprio un *great place to work*: chi le guida gestisce le risorse umane come nel secolo scorso, chiedendo come unica *soft skill* che non rompa troppo le scatole. E offrono perciò ben poche possibilità di crescita.

Coesia è una multinazionale italiana con sede a Bologna, poco nota al grande pubblico, che progetta e realizza impianti industriali. Dà lavoro a quasi 6000 persone in tutto il mondo. Oggi è considerata una delle aziende italiane di maggior successo in termini di crescita e di redditività. Claudio Colombi, responsabile delle risorse umane, ricorda come «il successo di Coesia è basato sulle persone che ci lavorano, siamo essenzialmente una società di tecnologia, dobbiamo integrare giovani capaci che provengono da culture e aziende diverse grazie a un sistema di valori unico».

L'*employer brand* di Coesia è molto chiaro, secondo Colombi: «Innovazione tecnologica e orientamento ai nostri clienti, che sono organizzazioni globali, e alla crescita». I criteri di selezione dei neoassunti sono stati rivoluzionati negli ultimi anni: prima si selezionavano i candidati unicamente in base a ciò che avevano studiato e in particolare al loro curriculum tecnico, oggi contano molto le *soft skills*, in particolare il senso di responsabilità, la passione, il rispetto per gli altri. Coesia lo scorso anno ha lanciato un programma chiamato Coesia Engineering master, con il quale ha selezionato quattordici tra i migliori neolaureati in Ingegneria in tutta Italia (da Milano, Bologna, Padova, Bari, Salerno, Firenze), con un processo massiccio di scouting in cui sono stati esaminati centinaia di curriculum.

Cercare un impiego anche in settori diversi da quelli per i quali si è studiato e approfondire la conoscenza dei potenziali datori di lavoro sono due suggerimenti importanti per coloro che non hanno grossi problemi a inserirsi nel mondo delle aziende. Ma c'è un'altra categoria di giovani che corre rischi diversi e per i quali valgono comunque i suggerimenti di cui sopra. Più qualcun altro.

Chi non ha l'imbarazzo della scelta

Ci sono molti giovani che, purtroppo, non hanno granché da scegliere, perché la loro formazione non offre tante opportunità. Sono proprio loro quelli che, superando una serie di pregiudizi e vincendo la pigrizia o la paura del nuovo, dovrebbero più di altri allargare i propri orizzonti per cogliere le poche opportunità che vengono loro offerte. Sono quelli che l'ex ministro Fornero chiamò *choosy*, «schizzinosi». Il termine era abbastanza infelice, perché fa pensare a persone che preferiscono non lavorare piuttosto che fare un lavoro pesante o umile, mentre spesso non è così.

Appartengono a questa categoria quei giovani che comunque hanno preso un diploma o una laurea studiando con impegno, ma senza attirare l'interesse delle aziende. Grazie al titolo di studio e alle conoscenze che possiedono, riescono comunque a trovare qualche lavoro e sbarcare il lunario. Potrebbero però fare molto di più se fossero capaci di valorizzare meglio le *skills* che hanno acquisito, si dessero più da fare utilizzando i molti canali di accesso al lavoro oggi disponibili, e vincessero le loro remore nei confronti di molti impieghi.

«Con una laurea triennale in Antropologia e una magistrale in Comunicazione alla Statale di Milano, avevo un curriculum inadatto alle offerte di lavoro che trovavo su internet» racconta Silvia Cafagna. E così si è data da fare studiando i siti dei potenziali datori di lavoro che avrebbero potuto essere interessati non al suo curriculum, ma alla sua persona. Silvia ha cercato di capire se qualche azienda con una buona reputazione potesse essere interessata al suo profilo e alla proposta di valore che lei potenzialmente rappresentava. Ha studiato le aziende, ha parlato con datori di lavoro e agenzie varie e ha navigato internet in lungo e in largo. Soprattutto è rimasta aperta a tutte le possibilità che potevano sembrare interessanti, non escludendo nulla. Come ha fatto Marco Massarotto, che con una laurea in Legge è diventato imprenditore di successo nel web.

Convincere Roberto, il giovane avvocato siciliano laureato alla Luiss e insegnante di tennis per bambini, a cercare lavoro in un'azienda è stato relativamente facile. Quando però si è passati a esaminare quali aziende potevano essere interessate al suo profilo, sono emerse le difficoltà. Una di questa poteva essere Decathlon, che avrebbe probabilmente apprezzato le *soft skills* da lui sviluppate insegnando sport ai bambini. Ma la sua risposta è stata disarmante: «Preferisco non cercare lavoro nel settore commerciale». L'atteggiamento di Roberto è tipico di molti giovani italiani, che danno molto più valore a un'azienda che produce qualcosa rispetto a una grande azienda della distribuzione.

E se i giovani sono schizzinosi nei confronti della distribuzione di articoli sportivi, immaginiamo qual è il loro atteggiamento nei confronti della distribuzione alimentare. Aziende di grande successo come Esselunga vengono snobbate da ragazzi che non capiscono che la grande distribuzione offre, a chi le sa cogliere, ottime opportunità. E soprattutto che un lavoro in azienda, qualunque lavoro, rafforza il curriculum enormemente più di un periodo passato a non fare nulla o aiutare un parente nella sua attività. Anche qui c'è un grave problema di mentalità delle famiglie. «I genitori non vedono bene che il figlio che ha studiato venga a fare il salumiere. Noi assumiamo anche laureati e ne assumiamo sempre più, ma c'è una resistenza enorme da parte delle famiglie. La mamma si vergogna che le amiche incontrino la figlia alla cassa o il figlio in reparto quando vanno a fare la spesa» dice il responsabile della selezione in Esselunga. Oltre a una (comprensibile) resistenza per le pesanti condizioni di lavoro in un supermercato (se si lavora nel negozio, non negli uffici), ne emerge un'altra, spesso più forte, data dallo scarso prestigio sociale che ha servire al banco dei salumi. Il nostro Paese coltiva i miti dell'operaio, del contadino, dell'artigiano, tutti mestieri per i quali abbondano, giustamente, le attestazioni di dignità. Della dignità dei salumieri, però, parliamo molto meno.

I pregiudizi degli italiani non si limitano a snobbare Decathlon ed Esselunga. Si estendono anche, come abbiamo visto, alle agenzie interinali. Ma, più di tutto, si rivelano insormontabili nei confronti del tabù per eccellenza: l'emigrazione.

Partire conviene

I datori di lavoro sono ben consci dei limiti che la cultura antimobilità delle famiglie italiane rappresenta per l'occupazione dei giovani. Daniela Caputo, dirigente di Manpower, è stata per quattro anni responsabile del progetto mobilità, che aveva l'obiettivo di portare alle imprese del nord giovani diplomati tecnici dalle regioni del sud. Il progetto è iniziato nel 1999 ed è stato interrotto nel 2008, con l'esplosione della crisi. A quel punto, purtroppo, a soddisfare la domanda depressa di tecnici neoassunti bastavano i diplomati del nord. La situazione pre-crisi, invece, rivelava come i problemi della disoccupazione dei giovani in Italia andassero ben oltre le difficoltà dei cicli economici: «La domanda c'era, ma la mobilità era bassa, per cui organizzavamo praticamente tutto noi, per vincere le resistenze psicologiche e le barriere pratiche. Organizzavamo gli appartamenti, il viaggio, li accompagnavamo alla stazione e li prendevamo all'arrivo. Davamo anche un supporto psicologico, per spiegare che era meglio la pioggia di Spilimbergo lavorando che essere disoccupati sotto il sole della Puglia e della Calabria».

Il supporto psicologico si è rivelato altrettanto importante di quello logistico: «Spesso dovevamo convincere le mamme oppure dare una seconda possibilità a quelli che dopo qualche giorno o mese venivano presi dalla nostalgia e tornavano a casa, in barba al contratto che avevano. Li richiamavamo, ma spesso sparivano nel nulla, il telefono era staccato; quelli che trovavano il coraggio di riprendere i contatti con noi chiedevano scusa e venivano incoraggiati a riprovare, e spesso le cose andavano bene». Manpower fungeva un po' da mamma e ricreava quasi una nuova famiglia lontano: «Qualche volta nei nostri appartamenti si creavano delle vere comunità».

Peraltro, le aziende del nord non hanno pregiudizi nei confronti delle scuole e delle università del sud. Daniela Caputo, fiera di essere nata in Salento, afferma con decisione: «Pregiudizi contro scuole e università del sud non ne ho mai visti, semmai li ho visti contro scuole e università poco valide». Alcune facoltà di Ingegneria del sud sono molto stimate al nord e anche molti istituti tecnici. Inoltre Manpower (come altre agenzie interinali) dà una garanzia di selezione, perché conosce le migliori scuole da cui attingere e poi seleziona il giovani.

Nei quattro anni in cui Daniela Caputo ha guidato il progetto mobilità, il suo team ha gestito oltre 5.000 missioni di lavoro temporaneo di giovani in mobilità territoriale. Il 4 per cento dei candidati ha rinunciato all'opportunità di lavoro prima di partire, il 6 per cento entro il primo mese, l'1 per cento oltre il primo mese. Daniela Caputo è molto fiera che alla fine nove giovani su dieci, grazie al suo programma, hanno accettato, sono partiti e sono rimasti.

Manpower non è l'unica ad aver scoperto che si può fare business con l'immobilità dei giovani italiani. Letizia è una neodiplomata pugliese in ragioneria che a diciannove anni ha mollato tutto, è andata a Londra, ha lavorato con un'agenzia di ricerca del personale e poi ha creato la propria agenzia, che porta a Londra giovani italiani che vogliono lavorare nel settore alberghiero. Letizia ha recentemente ricevuto un riconoscimento come la più giovane imprenditrice di successo di Londra.

L'immobilità geografica costa cara a quelli che hanno un diploma o una laurea poco richiesta dal mercato e per i quali spesso l'unica chance è proprio quella di andare a cercarsi il lavoro lontano, dove ce n'è di più. Ma costa cara anche a quelli che hanno diplomi o lauree ricercate come gli ingegneri o i bocconiani, che spesso rinunciano a un'opportunità più interessante per restare a Milano o a Torino.

Molti ragazzi fanno un ragionamento economico: «Con lo stipendio da neoassunto fuori casa a stento mi pago l'affitto, le bollette, da mangiare e qualche viaggio a casa, e così non mi resta nulla in tasca. Se invece resto a casa coi miei faccio qualche lavoretto, e 2-300 euro al mese per me li rimedio, in attesa che capiti l'occasione». È giusto? Nient'affatto, perché, se l'occasione non arriva, si è buttato via il prezioso periodo tra i venti e i trent'anni. Senza contare che le aziende del sud assumono molto più volentieri un ragazzo con cinque anni di esperienza a Milano che uno che ha tirato a campare tra lavoretti vari a casa sua.

Lasciare la famiglia a vent'anni è dura. Anche perché le occasioni, specialmente oggi, non arrivano tutte con le piacevoli caratteristiche di un lavoro a tempo indeterminato in una bella azienda. Ci sono lavori part-time, lavori brevi, lavori saltuari in cui all'inizio lo sforzo, anche economico, di lasciare casa dei genitori sembra non valere la pena. Ma è un investimento essenziale se non si ha la fortuna di trovare un lavoro bello e stimolante sotto casa. È essenziale, insomma, vincere la pigrizia e andare a cercarsi il lavoro. Con qualunque mezzo.

Dove incontrare il lavoro?

Fino a pochi anni fa un giovane italiano neodiplomato o neolaureato che cercava lavoro non aveva accesso a molte opportunità. Le aziende cercavano ognuna per proprio conto e pubblicavano inserzioni sui quotidiani come «azienda meccanica cerca caporeparto con esperienza nelle macchine a controllo numerico» oppure «azienda tessile assume venditori automuniti». Per le aziende della grande distribuzione si doveva portare il proprio curriculum direttamente nel negozio in cui si cercava personale. L'università metteva raramente in contatto con i potenziali datori di lavoro e nella maggioranza dei casi si doveva ricorrere alle conoscenze personali, le ben note «raccomandazioni». Oggi in molti casi succede ancora così, soprattutto per le piccole aziende, ma complessivamente per un giovane accedere alle opportunità di lavoro è immensamente più facile. Intanto le università sono molto più attive nell'organizzare degli *open day* con le imprese, ovvero delle giornate di presentazione delle offerte di lavoro e incontri tra studenti e aziende, e in qualche caso le stesse scuole superiori si attivano per creare opportunità di lavoro o apprendistato. Non tutte e non tutte altrettanto bene, per questo nella scelta della scuola e dell'ateneo devono contare molto la reputazione i contatti con il mondo delle imprese.

La tecnologia digitale, però, ha stravolto il mondo delle inserzioni e creato un numero considerevole di aggregatori che rendono molto più facile l'accesso al mondo del lavoro. Ci sono i siti specializzati nella ricerca di personale che funzionano più o meno come i quotidiani del passato, solo con un numero di inserzioni molto maggiore. Ci sono i siti dei quotidiani. Ci sono le agenzie interinali. Ci sono i social network. Ci sono, infine, i siti internet delle aziende: quasi tutte quelle medio-grandi hanno una sezione «lavora con noi», e in quelle più grandi e organizzate vengono pubblicate le descrizioni delle posizioni per cui si cercano collaboratori.

Grazie a internet le imprese possono anche spiegare meglio il lavoro che offrono e l'ambiente in cui il candidato si troverebbe a lavorare. Da molti siti aziendali si possono conoscere nomi e profili dei dirigenti: si ha così un'idea delle persone con cui si andrebbe a lavorare, tanto più che i futuri capi spesso spiegano la natura del loro lavoro e le competenze di quelli che lavorano nel loro team.

Ma c'è anche il rovescio della medaglia. L'aumento di concorrenza. L'accesso è più facile per tutti e quindi per ogni posto c'è una competizione enorme. Le aziende e le agenzie interinali ricevono infatti centinaia (o in qualche caso migliaia) di curriculum per ciascun posto di lavoro, ma non possono intervistare tutti i candidati e devono fare una preselezione a tavolino; secondo uno studio del National Citizen Service[14] gli esaminatori ci mettono meno di nove secondi a valutare un curriculum vitae. «C'è una crisi pazzesca, ho mandato in giro decine e decine di curriculum e nessuno mi ha risposto»: quante volte lo abbiamo sentito dire? Ma non è la crisi, sono internet, Adecco e Manpower

[14] Programma britannico che offre ai giovani un periodo di formazione e lavoro volontario.

e gli *open day* delle università che fanno arrivare all'azienda molte più alternative tra cui scegliere.

Grazie a internet le aziende possono specificare il profilo del giovane che cercano molto più chiaramente delle brevi (e costose) inserzioni sui quotidiani. Può inoltre chiedere di specificare informazioni che non vengono generalmente scritte nel curriculum, facilitando il processo di preselezione. Luxottica, per esempio, chiede ai candidati di indicare a che età sono andati via da casa, rendendosi indipendenti dalla famiglia, e se hanno fatto attività no profit.

La concorrenza è enorme e non la si batte mandando più curriculum degli altri, ma migliorando e rendendo più evidenti le caratteristiche che determinano l'interesse del proprio profilo per il datore di lavoro, quello che gli addetti del settore definiscono *personal value proposition* o *personal brand.*

Ma molti ragazzi italiani non lo hanno capito. Parecchi selezionatori ci hanno detto che troppo spesso il giovane risponde frettolosamente alla prima inserzione che trova, rimane deluso se nessuno lo contatta o, peggio, non si presenta se viene convocato per un colloquio, perché evidentemente «ci aveva provato un po' con tutti».

Sui siti specializzati appaiono anche i «consigli per il lavoro»: come scrivere il curriculum, farsi fare una lettera di presentazione, prepararsi al colloquio, ma gli italiani li seguono poco. E molti giovani non usano ancora abbastanza un nuovo strumento molto potente, che in tutto il mondo sta stravolgendo il mercato del lavoro.

Non solo social, *ma anche* professional network

La vera novità nel mondo del *digital recruiting* sono i social network come Facebook, Twitter e LinkedIn. Le relazioni sociali coltivate in chiave digitale. In Italia siamo, come sempre, indietro rispetto ad altri Paesi, ma la situazione sta cambiando di anno in anno.

I social network stanno trasformando il modo con cui i datori di lavoro e i candidati interagiscono. Lo strumento più efficace per la selezione professionale del nuovo millennio è LinkedIn, meno noto al grande pubblico italiano rispetto a Facebook ma che all'estero è già da tempo diventato uno strumento fondamentale per la selezione del personale. LinkedIn è un sito web di networking professionale. Il suo scopo è quello di connettere i professionisti e i lavoratori di tutto il mondo per creare opportunità professionali. Un utente che si registra su LinkedIn crea un profilo che include il proprio curriculum scolastico, la sua esperienza di lavoro e le sue competenze, e si inserisce così in una rete di conoscenti con cui si è entrati in contatto professionale. LinkedIn diventa così il modo più efficace di costruire e comunicare il proprio *personal brand* e rafforzarlo attraverso segnalazioni da parte di altre persone.

LinkedIn sta diventando uno strumento essenziale per i suoi partner, che sono le direzioni delle risorse umane delle aziende e le agenzie interinali. Grazie a questo sito un datore di lavoro può cercare persone con professionalità specifiche e chiedere referenze su di loro.

Secondo un'indagine che viene svolta annualmente da Adecco e dall'Università Cattolica di Milano, nel 2013 quasi il 50 per cento[15] dei selezionatori di personale ha utilizzato regolarmente i social network. Lo hanno fatto per diverse ragioni, tra cui verificare il curriculum (il 16 per cento), allargare il bacino dei candidati (ancora un 16 per cento), trovare candidati «mirati» e informarsi sulla rete di contatti professionali del candidato (14 per cento). Il 50 per cento dei selezionatori usa LinkedIn e il 30 per cento usa Facebook. E, alla fine, ben il 34 per cento delle aziende ha selezionato qualcuno tramite i social network.

Marcello Albergoni, a capo di LinkedIn Italia, racconta lo sviluppo vertiginoso che la sua azienda sta avendo nel

[15] Nel 2014 la percentuale è arrivata al 66 per cento.

nostro Paese: «Abbiamo otto milioni di iscritti e aumentiamo al ritmo di due nuovi iscritti al secondo. Gli italiani, dopo avere adottato in massa Facebook, hanno capito che la sfera personale e quella sociale sono separate, e stanno iscrivendosi in massa a LinkedIn. Siamo ancora sotto il Regno Unito, dove gli iscritti sono quindici milioni, ma abbiamo raggiunto la Francia (otto milioni) e superato la Spagna (sei milioni)».

Quindi, mentre un selezionatore su due usa LinkedIn, solo un giovane italiano su tre lo usa; il contrario avviene per Facebook, dove un giovane italiano su due lo usa per cercare lavoro, mentre solo un'azienda su tre lo usa per la ricerca di personale.[16] Marcello Albergoni conferma che tra i sette milioni di iscritti a LinkedIn, i neolaureati e neodiplomati sono meno di mezzo milione. Meno che nei Paesi più avanzati, dove questo strumento viene addirittura usato dai ragazzi per cercare lavoro durante gli studi e mettere sul proprio profilo gli esami e i voti universitari, così che le aziende inizino a coltivarli sin da giovani: «In Italia LinkedIn sta facendo diversi progetti con le università, per costruire delle pagine gratuite che permettano di capire il percorso di carriera dei laureati di qualche anno prima e magari stabilire un rapporto con loro».

Il potenziale, però, non è solo per i giovani laureati, ma anche per chi non ha una laurea. Racconta ancora Marcello Albergoni che quando Costa Crociere deve cercare il personale per una nave e deve assumere magari 1300 persone, usa LinkedIn per trovare cuochi, camerieri, disc jockey e perfino preti.

Ma bisogna darsi da fare. Costruire bene il proprio profilo è essenziale. Questo vuol dire non solo inserire ciò che si è studiato e le lingue che si conoscono, ma anche quegli elementi che permettono ai potenziali datori di lavoro di capire

[16] Nell'indagine 2014 le proporzioni sono: quattro candidati su dieci usano LinkedIn e due aziende su dieci usano Facebook.

le *soft skills* che si posseggono. Molto spesso questi elementi vengono un po' banalizzati, ridotti a parole chiave come «capacità di lavorare in team», «adattabilità», «leadership». Rispetto a chi non scrive nulla, scriverlo è già qualcosa, perché quanto meno si chiarisce che se ne comprende l'importanza. Ma in un mondo di concorrenza crescente spesso dichiararlo non basta. Bisogna dimostrare perché. Un conto è dire che si posseggono doti di leadership, un altro è dire che si è guidato un gruppo di volontariato (o anche di boy scout) e si sono così affinate queste doti. Meglio ancora se, magari nell'eventuale colloquio, si è in grado di riferire quali esperienze, nel concreto, hanno avuto questo effetto.

Costruirsi un personal brand

Claudia Bertola, Laura Casartelli e Daniela Caputo usano la stessa espressione per sintetizzare i grossi limiti di molti giovani italiani nei confronti di un potenziale datore di lavoro: «Incapacità di costruirsi un *personal brand*», una storia convincente di se stessi, con le proprie forze e debolezze, le proprie passioni, le proprie ambizioni e aspirazioni, evidenti e meno evidenti.

Reid Hoffmann, il fondatore di LinkedIn, sostiene l'importanza di «mantenere un proprio *brand* indipendente da quello del datore di lavoro». È bello mettere molta passione in ciò che si fa e anche identificarsi con l'azienda per cui si lavora, ma oggi i rischi che poi il job sparisca e si resti solo con un'immagine che non esiste più sono alti. Per questo Hoffmann sostiene che il titolo di una persona su LinkedIn non debba essere «*product manager* della azienda XXX», ma imprenditore, stratega di prodotto, investitore. Insomma, si dovrebbe mettere in evidenza ciò che si è più che dove si lavora.

Definire un *personal brand* efficace vuol dire innanzitutto conoscersi. Ma come si fa? Internet abbonda di questionari di autovalutazione, suggerimenti di esperti, conferenze di accademici, e per un ragazzo che non ha mai visto un'azienda o fatto colloqui di lavoro è sicuramente utile leggerne qualcuno. Ma per conoscere davvero le proprie aspirazioni e le proprie capacità non c'è nessun vero sostituto dell'esperienza personale. Il modo migliore è quindi quello di sperimentare, fare molte esperienze di lavoro e di studio, il più possibile diverse. Con un obiettivo essenziale: conoscersi bene. Se un giovane non si conosce, non avrà mai una forte *personal brand* da comunicare ai potenziali datori di lavoro.

Il *personal brand* è un misto di esperienze di studio ed extrascolastiche, di apertura a mondi diversi e di progressiva comprensione dei propri punti di forza. È un percorso che deve cominciare presto ma che può durare a lungo e per il quale ci vuole il coraggio di sperimentare. Una volta che lo si è acquisito, però, si è in grado di trasmettere sicurezza e un'immagine solida di sé, carte fondamentali da giocarsi nel «momento della verità»: il colloquio di lavoro.

Il colloquio di lavoro

Sono ancora tanti i giovani che escono dal colloquio di lavoro frustrati, perché si è discusso di tutto tranne che del loro curriculum: «Non mi hanno chiesto nulla di ciò che ho studiato e fatto e mi hanno fatto solo domande su che persona sono». La realtà è che il selezionatore è interessato a capire le capacità del candidato, non a farsi ripetere le informazioni riportate nel curriculum. Le esperienze di lavoro, di studio o nelle attività extrascolastiche devono servire proprio a sottolineare quali competenze si siano acquisite, quali tratti della personalità si siano sviluppati e quali difficoltà si siano superate.

La maggioranza delle aziende utilizza oggi per la selezione più o meno gli stessi metodi che le società di consulenza usano da cinquant'anni. Si sottopone un caso al candidato.

È capace di fare le domande giuste per risolverlo? Dimostra capacità analitiche? Sa «leggere» i numeri e trarne conclusioni significative? Sa argomentare in modo intelligente? Si tratta quindi di una valutazione delle capacità cognitive dei candidati. Le *soft skills* sono molto più difficili da valutare. Intanto dipendono molto dal tipo di azienda e di lavoro per cui si viene selezionati: in una società di consulenza si deve valutare l'indipendenza intellettuale del candidato ma anche la sua abilità nel trattare con i clienti (dire al cliente quello che si pensa, ma farlo con garbo) e soprattutto la sua capacità di essere convincente nell'esporre il proprio pensiero. In altre aziende si valuta se il candidato è in grado di comunicare in un contesto di gruppo, quando le idee migliori le portano altri e il leader deve saperle valorizzare. Oppure, se si tratta di una piccola azienda che cresce, si guarda alla capacità di lavorare in un ambiente un po' destrutturato. Ma in tutti i casi il bravo selezionatore deve notare l'esistenza di una molla speciale, una passione particolare, una caratteristica personale che gli farà ricordare quel candidato e non un altro.

Come fanno le aziende a valutare queste *skills*? Dichiarare di possederle non basta. Chi aspira a un posto di lavoro farà bene ad apparire sicuro di sé, ma senza esagerare o sembrare «finto». Una presentazione brillante di se stessi aiuta a evitare errori banali, ma i selezionatori capaci chiedono qualcosa di più. Esistono, alla fine, due metodi per arrivare a vedere quello che c'è sotto la superficie della presentazione che il candidato fa di se stesso. Il primo metodo è quello di mettere alla prova il suo carattere e le sue *soft skills*. Un tempo andavano di moda le valutazioni e i test psicologici, e c'è qualcuno che ancora crede all'aiuto della grafologia. Ma queste valutazioni «indirette» convincono poco la maggioranza dei selezionatori. Più diffuse sono le prove di gruppo (per testare le capacità di lavoro in team) e la verifica della predisposizione del candidato a reagire positivamente alla pressione. A volte questa pressione arriva direttamente dall'intervistatore, che si mostra aggressivo, incalzante, contraddice con decisione il candidato o mostra di valutare poco alcuni aspetti della sua esperienza. I migliori reagiscono a questi attacchi con maturità. Mantengono la calma, illustrano le motivazioni di quello che pensano senza farsi impaurire, ma non insistono in modo cocciuto.

In qualche caso si è sottoposti alla «prova dell'inbox» (il vassoio della posta in arrivo, o più modernamente, la cartella delle email in ingresso). Si simula una situazione d'ufficio, in cui, per esempio, il candidato è un addetto alle vendite che riceve richieste e reclami dai clienti. Gli si chiede di rispondere a una serie di mail e telefonate, man mano che arrivano, decidendone la priorità. Il flusso è tale che non si può rispondere esaurientemente a tutto, per cui bisogna decidere. Spesso le cose davvero importanti arrivano quando il candidato è già immerso nel cercare di rispondere a quello che, fino ad allora, gli sembrava la priorità numero uno. Sembra banale, ma bisogna ricordarsi che queste non sono prove di velocità di risposta, ma di maturità di giudizio e flessibilità. Bisogna organizzare il lavoro, ma anche cambiare le priorità in risposta a stimoli esterni.

Il secondo metodo per verificare le *soft skills* del candidato è quello di chiedergli, all'interno delle esperienze del suo curriculum, di illustrare le capacità che ha utilizzato e sviluppato. A volte la richiesta arriva in modo diretto: «Mi racconti un caso in cui ha dovuto persuadere qualcuno a fare qualcosa che non voleva». Un candidato dotato di capacità di comunicazione e intelligenza emotiva metterà in secondo piano la dimostrazione che aveva ragione lui, evitando frasi come «Gli ho dimostrato che doveva fare come sostenevo io perché, punto uno, punto due, punto tre eccetera». Si concentrerà invece sugli aspetti più *soft* dell'interazione: perché la persona da convincere era contraria? Qual era il suo atteggiamento dal punto di vista emotivo? Era impaurita? Cosa ho detto o fatto per fargli cambiare idea? Altre volte la richiesta è più ampia e lascia al candidato l'opportunità di evidenziare le *soft skills* che ha maturato: «Che difficoltà ha dovuto superare nel lavoro che le hanno affidato in questo stage?»; «Che competenze ritiene di aver sviluppato con questo corso di specializzazione?»; «Perché ha scelto questa università?». Su queste domande è importante che il candidato si prepari a fornire una lettura del suo curriculum non solo dal punto di vista di «cosa ha fatto» (che è già scritto), ma anche di quello di «perché ha scelto di farlo» e soprattutto di «a cosa gli è servito», in termini di competenze (ovviamente non solo tecniche) acquisite.

In altre aziende, come per esempio Coesia, i candidati vengono sottoposti a un test sulle *soft skills* detto Opq (*Occupational Personality Questionnaire*, «questionario per la personalità sul lavoro», che è un altro modo di definire le *soft skills*). Questi rispondono a domande molto dettagliate, elaborate da una società specializzata che poi analizza i risultati descrivendo un profilo psicologico, che viene anche dato al candidato e discusso con lui. I colloqui servono per selezionare ulteriormente i giovani, che poi passano a una fase di *assessment* (valutazione).

Le migliori aziende investono enormemente nel processo di selezione, molto più di quanto facessero anni fa. Dopo un eventuale primo filtro fatto da società specializzate, i candidati vengono sottoposti a colloqui individuali, con selezionatori delle risorse umane, in genere qualificati a seconda della categoria di persone da assumere o del reparto di destinazione. In momenti successivi, in genere alla fine del processo, viene fatto il colloquio con il futuro capo.

Incontrare questi giovani selezionatori (più spesso selezionatrici) fa capire come è cambiato il mondo delle risorse umane. Sono per lo più giovani laureati in Ingegneria, Economia, Psicologia, Filosofia, selezionati a loro volta con questi stessi metodi, parlano delle *soft skills* con la maturità di un amministratore delegato di una grande azienda. Costituiscono una vera tribù globale.

Sui siti di Adecco, Manpower, Great Place to Work appaiono una serie di blog, articoli, newsletter, interviste con esperti su come fare bene un colloquio. Non esiste una ricetta per il colloquio vincente, dato che ogni azienda e ogni lavoro sono diversi dagli altri, e soprattutto ogni candidato è diverso dall'altro, ma ci sono alcuni suggerimenti da tener sempre presente:

- Fare anche domande, non parlare sempre. Saper ascoltare è estremamente importante e i bravi selezionatori apprezzano spesso più una domanda intelligente che l'ennesima descrizione di ciò che si è fatto.
- Dimostrare di avere capito le specificità dell'azienda e soprattutto del lavoro offerto (o altrimenti fare domande). Mettere in evidenza i propri punti di forza che sono allineati a quelle specificità, ma riconoscere anche le proprie carenze, cercando comunque esperienze, anche lontane, che facciano capire che quella debolezza può essere rapidamente colmata.
- Non farsi destabilizzare da domande strane («Provi a cantare una canzone», o «Cosa sarà utile tra 400 anni»?) o aggressive («Cosa le fa pensare che la nostra azienda possa essere interessata a uno come lei?»).

Alla fine, però, sono tutte piccole tecniche che servono a poco se il candidato non ha costruito durante la formazione il suo *personal brand*, la sua «proposta di valore per l'azienda». Se ce l'ha, un bravo selezionatore la tirerà fuori.

Non cercare lavoro solo quando si è perso quello precedente

La mancanza di *soft skills* è un grave handicap per molti giovani, anche quando un lavoro lo hanno trovato: «I giovani italiani confondono il tempo indeterminato con il tempo infinito» dice Daniela Caputo di Manpower. Non capiscono infatti che, anche una volta realizzato il sospirato ingresso nel mondo del lavoro, i problemi non sono affatto finiti. Non solo perché si tratta sempre più spesso di lavori a termine, precari o addirittura forme di stage/apprendistato con retribuzioni quasi inesistenti. Anche nei lavori a tempo indeterminato viene a mancare un elemento essenziale della crescita professionale della società industriale: la carriera pianificata e sicura.

Un tempo chi iniziava un lavoro in azienda o nella pubblica amministrazione aveva davanti a sé una strada segnata, magari in salita, ma chiara. I migliori, o i più fortunati, o quelli che stavano più simpatici al capo, o quelli che dicevano sempre di sì (le aziende di un tempo non erano certo tutte meritocratiche) potevano avanzare. Gli operai diventavano caposquadra, i giovani tecnici quadri e poi dirigenti. Alcuni leggendari *self-made men* facevano la carriera da fattorino a capoazienda. Tutto il sistema aziendale era disegnato su questa logica: gli stipendi crescevano in rapporto all'anzianità; il capo doveva conoscere il mestiere dei collaboratori per poter dare loro istruzioni precise; la carriera si svolgeva in un unico luogo fisico (la fabbrica), oppure le aziende e le amministrazioni articolate sul territorio (come l'Enel e i Carabinieri) programmavano la rotazione periodica degli incarichi e, per essere promossi, bisognava aver girato varie sedi.

Oggi le aziende non pianificano più la carriera delle persone, e non solo perché è per loro più conveniente così, ma anche perché il mondo è cambiato. Tecnologia, globalizzazione, concorrenza fanno sì che la trasformazione delle aziende stesse sia ormai all'ordine del giorno.

Marco Massarotto, dopo avere realizzato il suo sogno di fare il copywriter in Pirella, ha dovuto cercarsi un altro posto, perché il digitale ha creato una concorrenza formidabile alle agenzie di pubblicità tradizionali. Ma non si è fatto scoraggiare, si è dato da fare e, come abbiamo visto, quella «disgrazia» è stata la sua fortuna.

Reid Hoffmann sostiene che nel secolo scorso «un giovane prendeva un lavoro alla Ibm o General Electric e il percorso professionale era più o meno definito, il giovane veniva formato, allenato e man mano che acquisiva esperienza scalava la gerarchia organizzativa, lasciando spazio per altri giovani che entravano dal basso. Se un giovane si comportava bene, ogni scatto di carriera dava più denaro, potere e sicurezza del lavoro e, alla fine, a sessantacinque anni si andava in pensione. Le persone non erano completamente certe che tutto ciò avvenisse automaticamente, ma c'era una certa convinzione che se uno era competente, operoso e non completamente sfortunato, alla fine le cose andavano così». Oggi, sostiene Hoffmann, lo scenario è completamente cambiato: «L'incertezza è aumentata nel mondo delle imprese e così esse investono poco nei giovani che assumono, perché non è chiaro se ne valga veramente la pena, visto che probabilmente il giovane cambierà lavoro diverse volte. Un giovane che viene assunto riceve così poca formazione, le aspettative sono che impari cosa deve fare e si renda autonomo in poche settimane. Se un giovane vuole imparare nuove competenze o semplicemente migliorare quelle che ha, si deve dare da fare in prima persona. Il patto di lungo termine tra lavoratore e azienda, che garantiva un lavoro per la vita in cambio di fedeltà per la vita, è stato sostituito da un contratto di breve termine basato sulla performance, che può essere interrotto in qualunque momento da entrambe le parti».

Per i futuri dirigenti la pianificazione delle carriere non è più possibile: «Togliere la parola carriera dal vocabolario» dice Francesco Buquicchio di Egon Zehnder «e accettare una grande mobilità all'interno della azienda è essenziale». Purtroppo sono tanti i casi di giovani che hanno rifiutato nuovi posti di lavoro lontani dalla *comfort zone* del reparto dove lavoravano e della città dove vivevano ed erano nati.

Per tutti i lavoratori, quindi, dirigenti o no, la sicurezza non è mai garantita, anche se il contratto è a tempo indeterminato: «Quando un lavoratore si sente dire che il proprio reparto è stato soppresso e si vede offrire x mesi di retribuzione per lasciare il lavoro è un vero shock» dice Daniela Polito. Certo, perdere il lavoro non è un'esperienza facile da affrontare ma «è essenziale prepararsi alla mobilità in uscita».

Come? Innanzitutto mantenendo una rete di relazioni all'esterno dell'azienda in cui si lavora. Se si perde il lavoro, le opportunità non verranno dalle conoscenze al suo interno. Per questo è essenziale mantenere il più alto numero di contatti anche quando si ha un tranquillo contratto a tempo indeterminato. I social media come LinkedIn servono anche a questo, a mantenere e costruire relazioni che possono rivelarsi utili al momento giusto.

Hoffmann ricorda che «Il networking per molti assume connotati negativi, sono quei giovani che sfruttano sempre la relazione con gli altri per chiedere qualcosa per sé, collezionano centinaia di biglietti da visita, mandano decine di biglietti da visita agli ex compagni di studio». Il vero network si costruisce con persone selezionate, che ci assomigliano quanto a valori personali e ai quali si offre il proprio aiuto prima di chiederlo: «Più è grande il proprio *address book* e meno probabile è che le relazioni del network siano profonde». E poi il network non dev'essere un altro lavoro, bisogna anche divertirsi. Se diventa un'ossessione che riempie il tempo libero, corre veramente il rischio di diventare solo un'inutile formalità.

Il network da solo, però, non basta. Bisogna tenersi continuamente aggiornati su ciò che succede nel mondo del proprio lavoro, parlando con persone diverse, tenendo le orecchie e gli occhi bene aperti su ciò che sta succedendo fuori dalla propria quotidianità. Confrontandosi con i propri clienti e fornitori non solo sulle cose che riguardano i problemi di tutti i giorni. Navigando in maniera intelligente e sapendo selezionare ciò che può essere utile. L'obiettivo è quello di fare un piano per se stessi che sia «persistente e flessibile». Secondo il fondatore di LinkedIn, «bisogna ascoltare il proprio cuore e le proprie passioni, ma anche il mercato». Se un giovane ha idee belle che lo appassionano e potrebbero tornare utili per un prossimo lavoro, deve coltivarle con tenacia ma essere pronto ad abbandonarle rapidamente se vede che non hanno mercato. Ma anche questa forma di intelligenza è una *soft skill* del Ventunesimo secolo che purtroppo la scuola italiana raramente insegna. E i giovani italiani la devono imparare da sé.

Conclusioni

In questo saggio ci siamo rivolti a tutti coloro che sono interessati al lavoro dei giovani nel nostro Paese: in particolare le famiglie e tanti docenti sensibili al problema. A partire dalla nostra diagnosi, dalla nostra esperienza nel mondo aziendale e dalle numerose discussioni che abbiamo avuto su questo tema con manager, esperti di organizzazione e selezione del personale, docenti e giovani, abbiamo anche dato dei suggerimenti e fatto delle proposte, molte delle quali indirizzate alle famiglie, come quelle sulla scelta delle scuole.

In queste ultime pagine riteniamo però essenziale rivolgere una raccomandazione ai veri protagonisti del nostro libro: i ragazzi che guardano al loro futuro lavorativo. Che devono finalmente prendere in mano la propria vita, a cominciare da quando iniziano a essere adolescenti e si presentano le prime scelte, come il tipo di scuola superiore che intendono frequentare. Le numerose storie di giovani di successo che abbiamo narrato in questo saggio hanno proprio questa caratteristica in comune: sono stati loro stessi a fare le proprie scelte e a determinare il proprio percorso, magari anche opponendosi alle pressioni affettuose dei genitori.

Siamo convinti che l'obiettivo dei ragazzi debba essere quello di costruirsi delle competenze personali, quelle che abbiamo chiamato *soft skills*, che agli occhi dei futuri datori di lavoro rispondano chiaramente a questa domanda: «Che cosa ha di speciale questo giovane e perché devo assumere lui e non un altro?». Avere una risposta a questa domanda è cruciale, perché il nuovo lavoro è diventato molto concorrenziale, anche per colpa della crisi ma soprattutto a causa della crescita smisurata del numero di contatti, della tecnologia e dei nuovi intermediari che fanno sì che per ogni opportunità di lavoro ci siano decine di potenziali concorrenti. E perché le aziende italiane hanno finalmente capito che le competenze (soprattutto quelle *soft*) dei loro dipendenti sono determinanti per il loro successo. E sempre di più lo capiranno nei prossimi dieci-vent'anni, perché questa crisi ha cambiato le regole del gioco: o si è in grado di avere e trattenere il personale migliore o si sparisce dalla scena.

I giovani che ce l'hanno fatta e che abbiamo incontrato hanno storie personali e profili molto diversi: hanno fatto studi differenti, hanno iniziato a lavorare chi in piccole aziende, chi in una grande multinazionale. E quindi avevano tutti delle risposte molto diverse alla domanda «Cosa mi rende speciale per un'azienda che vuole assumermi?». Tutti però condividevano, anche se in misura diversa, alcuni valori e caratteristiche personali che hanno permesso loro di costruirsi una risposta convincente.

Valori come voler prendere in mano il proprio destino, sentendosi, come si dice in inglese, *in charge*, volersi mettere continuamente in gioco, capire che le opportunità di impiego non ci sono dovute e che per conquistarle dobbiamo offrire ai datori di lavoro qualcosa di unico nel nostro profilo personale, diverso da quello che hanno gli altri. Questi valori, queste convinzioni si traducono in una serie di scelte e atteggiamenti nella vita di tutti i giorni, che abbiamo sintetizzato in nove regole.

1. *Fare le proprie scelte per convinzione, non per fatalismo.* Molti di questi giovani si sono ribellati a un percorso na-

turale scelto dai loro genitori e dalla professione del proprio padre. Tutti avevano quella *can do attitude* che faceva capire a chi stava loro di fronte che sapevano quello che volevano e avrebbero fatto di tutto per ottenerlo.

2. *Non cercare mai alibi.* Questi giovani non si sono fatti mai spaventare dalle difficoltà del contesto o dalla crisi. Non hanno incrociato le braccia nell'attesa di tempi migliori, consapevoli che i tempi non sarebbero mai stati migliori, perché il tempo che passava era inesorabilmente contro di loro. Avevano chiaro che per i datori di lavoro il tempo passato a «lavoricchiare» dava un pessimo segnale del loro impegno e della loro serietà. Non hanno mai detto che «in Italia non c'è la meritocrazia e l'unica cosa che conta è una buona raccomandazione». Le numerose giovani donne le cui storie abbiamo raccontato non si sono mai lamentate della discriminazione contro il genere femminile della nostra società e delle nostre imprese: se l'hanno citata lo hanno fatto solo per sostenere che per loro è stato anche più duro che per il fratello maschio.

3. *Conquistare rapidamente l'indipendenza dalla famiglia.* Questi giovani sono andati via da casa il prima possibile e non hanno ricercato la protezione dei genitori. Semmai hanno trovato stimoli per dimostrare alla propria famiglia quanto fossero migliori di come venivano considerati. In molti casi sono stati fortunati, perché il padre non ha detto loro «non guadagnerai nulla facendo il copywriter», in qualche altro hanno dovuto andare contro forti pregiudizi e spesso lavorare per mantenersi sin da giovanissimi. Anche se venivano da famiglie abbienti, hanno cercato di guadagnarsi da soli la paghetta il prima possibile. I giovani che restano troppo a lungo sotto l'ala protettrice della famiglia rimangono insicuri per tutta la vita. Se non si è capaci di essere responsabili di se stessi, non si potrà mai essere responsabili nei confronti di altri, e questo le aziende lo sanno benissimo.

4. *Abbandonare le comodità e cercare le difficoltà.* Rifiutare le scelte più comode è un modo per saggiare i propri limiti e dimostrare a se stessi e agli altri che si è in grado di superarli. Cercare le scuole più difficili, trasferirsi all'estero non per una semivacanza ma per lavorare seriamente con capi esigenti e colleghi di culture profondamente diverse è fondamentale per crescere, come ci dimostrano tante storie che abbiamo raccontato.

5. *Non avere paura di fallire.* Anzi, accettarne i benefici nascosti. È la logica conseguenza di chi cerca le difficoltà. Perché le cose difficili a volte non riescono. Chi ha avuto successo nel mondo del lavoro (e nella vita) ha subìto almeno una crisi o un fallimento. Che però si è rivelato essenziale per il suo sviluppo personale, perché imparare dai propri fallimenti è molto utile. E poi riprendersi da un fallimento dà sicurezza e fiducia in se stessi. La paura di fallire genera paura di cambiare e pessimismo, i due peggiori nemici del successo professionale (e della felicità).

6. *Scoprire in fretta le proprie passioni.* Rinnovarle continuamente e alimentarle sul lavoro. I giovani che seguono un percorso predestinato dal proprio stato sociale e dalla famiglia raramente lavoreranno con passione. E senza passione per il proprio lavoro non si diventerà mai veramente bravi a farlo. La passione è uno dei fattori più ricercati dai selezionatori più esperti. I giovani di cui abbiamo raccontato le storie hanno scoperto le proprie nei modi più svariati, ma alla fine il tratto comune è sempre lo stesso: si sono messi in gioco in realtà diverse da quella in cui sono cresciuti.

7. *Scegliere le proprie scuole da veri «clienti» dell'istruzione.* I ragazzi che ce l'hanno fatta avevano punti di vista molto chiari su cosa volevano dalle scuole che sceglievano, fosse aiutarli a realizzare le proprie passioni o a trovare un

lavoro. E sulla base di questi obiettivi hanno giudicato la bontà di una scuola rispetto a un'altra, di un insegnante rispetto a un altro. E quando non sono riusciti a raggiungere i loro obiettivi, hanno avuto il coraggio di cambiare. Il «pezzo di carta» per loro non aveva significato, volevano le migliori opportunità e sapevano sceglierle.

8. *Costruirsi una reputazione personale*, cercando di associarsi all'eccellenza. Uno dei ragazzi che abbiamo incontrato ci ha detto: «Preferivo essere l'ultimo nell'eccellenza (in università o in azienda) che il primo nella mediocrità». Una parte essenziale della loro reputazione è stata la rete di contatti e di conoscenze che si sono costruiti negli anni (le loro, non quelle dei loro genitori) e che si sono rivelate fondamentali come referenze, contatti, consigli e aiuti pratici.

9. *Diventare cittadini del mondo*. Molti ragazzi di cui abbiamo raccontato la storia hanno avuto esperienze all'estero impegnative. E questo non aiuta solo a mettersi in gioco e a crescere sul piano personale, ma conta molto anche per le aziende. Per l'inglese, certo, ma anche perché è una prova tangibile di essere in possesso di molti dei requisiti che i datori di lavoro cercano: avere iniziativa, saper badare a se stessi, voler uscire dalla famiglia, voler investire nella propria crescita professionale.

In questo momento ci sono centinaia di migliaia di giovani italiani che stanno per iniziare il percorso di studi e di lavoro che determinerà il loro futuro. Ci auguriamo che questo saggio serva a loro e alle loro famiglie per costruirlo nel modo migliore.

Ringraziamenti

Questo libro si è formato raccogliendo le testimonianze di capi di azienda, responsabili del personale e della selezione, docenti, presidi e giovani che hanno affrontato, per lo più con successo, l'inserimento nel mondo del lavoro.

Nicola Pelà, Laura Casartelli e il team della direzione delle risorse umane di Luxottica hanno descritto come una delle aziende di maggior successo in Italia negli ultimi dieci anni seleziona i candidati. Andrea Guerra, che l'ha guidata in questo periodo, ci ha fornito suggerimenti preziosi in merito a molte delle tematiche presenti in questo saggio.

Ervin Riccobon di Ferrari, Claudio Colombi di Coesia, Milena Mondini di Admiral, Massimo Canturi e Amalia Bigatti di Comdata, David Abravanel di Google, Massimo di Pietracaprina e Stefano Cazzaniga di Humanitas, ci hanno fornito testimonianze preziose. Federico Vione, Lorenzo Biffi e Ivan Iacobucci di Adecco, Stefano Scabbio e Daniela Caputo di Manpower, Luca Valsecchi di GI Group ci hanno descritto il mondo del lavoro in Italia visto dalle agenzie interinali. Alessandro Lega ci ha dato la prospettiva della Federazione dei maestri del lavoro. Alessandro Zollo di Great Place to Work ci ha fornito dei sondaggi interessanti sulle aziende dove si lavora meglio.

Francesco Buquicchio di Egon Zehnder, Giulia Belloni di

Russel Reynolds, Niccolò Boggian di Michael Page ci hanno dato una prospettiva nuova di ciò che vogliono le aziende nel Ventunesimo secolo dai loro futuri dirigenti.

Marcello Albergoni ci ha aperto il mondo di Linkedin e ci fatto comprendere il suo straordinario potenziale per migliorare il percorso professionale dei giovani che lo sanno usare.

Vanna Monducci, Elena Ugolini, Alessandro Artini, Alfredo Fiore e Gennaro Borgia, Bruno Bulf, Gabriella Riccobon, Giovanni Biondi e Antonella Zuccaro hanno arricchito la nostra prospettiva del mondo della scuola. Tre rettori di ottime università ci hanno stimolato coi loro suggerimenti: Giovanni Azzone del Politecnico di Milano, Andrea Sironi della Bocconi e Carlo Carraro di Ca' Foscari. Andrea Carandini dell'Università La Sapienza ci ha dato una prospettiva originale sulla preparazione di molti giovani laureati di facoltà umanistiche. Chiara Burberi di Reedoc ci ha dato la prospettiva di una neoimpreditrice del mondo dell'istruzione.

Il contributo di un grande comunicatore come Piero Angela è stato essenziale per rendere questo saggio più interessante per i suoi lettori.

Benedetta Arese, Luca Lisandroni, Silvia Cafagna, Giorgio Bassanelli, Simone Imbolito, Marco Massarotto, Davide Canavesio, Beatrice Landi, Moreno Gionfriddo, Patrizio Ruffinoni, Sara Pessina sono solo alcuni tra i giovani le cui esperienze e storie hanno dimostrato che in Italia si può trovare un ottimo lavoro se si costruisce il giusto percorso formativo.

E infine Cristina Mazzantini, Renata Mele, Paola Bonomo. Mattia Adani e Luciano Balbo che ci hanno seguito con pazienza, intelligenza e affetto nelle nostre precedenti avventure editoriali e che hanno continuato anche in questa leggendo e aiutandoci a migliorare il nostro pensiero sin dalle prime bozze.

Indice

II – IL LAVORO CHE CAMBIA

III – LA SCUOLA CHE NON CAMBIA

IV – COME SCEGLIERE?